은퇴기 부부의 탄자니아 선교에세이

말씀처럼, 사랑을 배우다

은퇴기 부부의 탄자니아 선교에세이

말씀처럼, 사랑을 배우다

초판 1쇄 발행일 | 2024년 1월 20일
서울대교구 인가 | 2023년 12월 8일

지은이 | 송성호·강은형
펴낸이 | 이재호
책임편집 | 이필태

펴낸곳 | 리북(LeeBook)
등 록 | 1995년 12월 21일 제2014-000050호
주 소 | 경기도 파주시 회동길 50, 4층(문발동)
전 화 | 031-955-6435
팩 스 | 031-955-6437
홈페이지 | www.leebook.com

정 가 | 18,000원
ISBN | 978-89-97496-71-6

은퇴기 부부의 탄자니아 선교에세이

말씀처럼, 사랑을 배우다

송성호 · 강은형 지음

제가 토마스와 로사 부부를 처음 만난 것은 두 분이 선교 파견 준비를 열심히 하던 한국에서였고, 다음은 두 분이 소박하지만 보람 있는 일을 하던 탄자니아에서였습니다. 세 번째 만남은 두 분이 꼰솔라따 선교사 정신의 기원에 좀 더 가깝게 다가가고자 로마에 왔을 때였습니다. 두 분과의 만남은 저에게 주님의 선물입니다.

이처럼 인연을 이어온 두 분이 탄자니아 선교 체험을 나누는 책을 출판한다니 참으로 기쁩니다. 저는 제 마음에 울리는 선교의 세 가지 측면을 말씀드림으로써 이 기쁨을 함께 하고자 합니다.

선교는 아름답다

선교는 아주 신비스러운 '어떤 것'이어서 일단 그것이 마음에 자리 잡으면 우리를 상상할 수 없는 곳까지 데려갑니다. 여러분의 선조는 그 믿음을 스스로 받아들였고, 박해에도 불구하고 이 사람에게서 저 사람에게, 한 가족에서 다른 가족에게 전해졌습니다. 그 믿음은 계속 퍼져 나갔고, 마침내 한 부부에게 자신들의 익숙한 환경과 문화, 편안한 생활을 떠나 잘 알지 못하는 나라 탄자니아의 새로운 사람, 문화, 생활 환경에 직면할 용기를 주었습니다. 물론, 식별 과정과 준비는 필요했습니다. 하느님께서 가족과 친구, 본당 공동체와 한국에서 일하고 있는 꼰솔라따 선교사들을 통해서 이 모든 것을 준비해 주셨습니다.

선교는 단순하다

토마스와 로사는 탄자니아에서 음고웅고 직업기술학교의 학생들을 돕고, 여러 모임에 참여하고, 가정을 방문하고, 사람들의 이야기를 듣고, 작은 도움들을 주고, 그들이 할 수 있는 한 최선을 다해 문제들을 해결해가면서 살았습니다. 이런 일들은 '단순'해 보입니다. 그러나 있는 것을 그대로 받아들이는 단순한 마음과 아름답기도 하지만 피할 수 없는 문제와 한계도 함께 있는 선교지의 현실에 진정으로 몰입하는 것이 필요한 일입니다. 언어, 문화, 음식, 경제적 어려움, 위기의 순간과 기쁨의 순간들이 이 책에 잘 기록되어 이야기되고 있습니다.

선교는 모두의 임무

제2차 바티칸 공의회는 교회의 창립과 현존의 목적은 "말과 행동으로 그리스도를 선포"하는 것이라고 선언하였습니다.선교교령 15 평신도도 성직자와 마찬가지로 교회를 구성하는 중요한 부분이며 교회 내 근본적 역할이 있습니다. 교회 안에 '공동합의성'시노달리타스* 을 촉진하기 위해 프란치스코 교황께서 하고 있는 커다란 노력을 모두들 보고 있지 않습니까? 우리 각자는 모두 중요하며, 기여할 무언가를 가지고 있고, 그것을 실천할 기회를 부여받았습니다. 선교 역시 교회 구성원 모두의 힘을 필요로 하고, 공동 책임감의 정신으로 '함께' 해야만 이루어집니다.

---

* 시노달리타스는 '교회는 하느님 백성이 함께 하는 여정'이라는 의미이다. 하느님의 뜻을 찾는 '식별'을 위해 모든 하느님 백성이 친교 안에서 함께 참여하고 경청하며 논의하는 여정과 정신을 담고 있다.

평신도 선교사로서 로사와 토마스의 체험은 선교의 이 세 가지 측면을 깨닫게 하며, 우리 모두가 이 길을 따라 걷도록 이끌어 줍니다. 저는 선교를 향한 두 분의 용감한 선택에 온 마음으로 감사합니다. 계속해서 신앙을 나누십시오. 그러면 주님께서 두 분을 끊임없이 축복하실 것입니다.

2023년 9월

로마에서
꼰솔라따 선교수도회 총장
제임스 볼라 렝가린 신부

연애를 했고, 가정을 꾸렸고, 아이들을 낳고, 장남장녀로 대소사를 챙기고, 각자 사회생활을 하고, 교회를 다니던 보통의 이웃집 부부인 우리가 예순이 다 돼서 아프리카 탄자니아에 가서 만 3년을 살고 왔다. 귀국 초기에는 몸 안팎에 붙어있던 피로를 떼어내는 일 외에 무엇을 할지 아무 생각이 없었다.

넉 달쯤 지나 본당에서 감사미사를 봉헌했다. 이때 우리를 선교사로 양성해 주셨던 강 디에고* 신부님께서 파견지에서 돌아온 선교사가 해야 할 일을 말씀해 주셨다. 첫째는 '기억하기'로 파견지에서 느꼈던 기쁨과 실망, 어려움은 물론이고 사랑하게 된 사람들과 알게 된 상황을 기억하라는 것이다. 둘째는 '이야기하기'인데, 수행한 선교 사업과 체험을 증언하여 많은 사람이 알게 하는 중요한 활동이라 하셨다. 마지막으로, 파견에서 돌아온 것으로 선교 소명이 끝난 것이 아니며 계속해서 '공동체의 선교의식을 살아있게 하기'라고 하셨다. '아! 이제부터 해야 할 일은 기억하고 나누기구나!' 마침 알음알음 초대를 받아 신문과 잡지에 글을 썼고, 크고 작은 체험 나눔도 했다. 오랜만에 만난 친구들은 물었다.

"세상에! 살이 엄청 빠졌네!", "도대체 왜 간 거야?", "아프리카는 무척 더웠을 텐데, 고생 많았네.", "가서 무슨 일을 했어?" 우리는 한국에서는 전혀 상상하지 못했던 이런저런 사건들과 느낌을 나누었고 친구들은 신기해 했다.

* 강 디에고 신부는 이탈리아 출신으로 꼰솔라따 선교수도회 소속 사제이다. 1988년 한국으로 파견되었고, 현재 영성지도와 종교간대화를 주로 하신다. 2017년부터 두 평신도 선교사를 양성하였다.

그러다 한 친구가 우리의 이야기를 책으로 써 보는 게 어떠냐고 권했다. 우리 나이에, 부부가, TV '동물의 왕국'이나 '걸어서 세계속으로'에서나 보았던 탄자니아라는 나라에 가서, 단기 여행을 해도 책이 나오는데 삼 년이나 살다왔다는 게 예사롭지 않다는 거였다. 듣고 보니 그렇긴 했다.

우리는 베이비붐 세대다. 우리가 20대 때는 어디를 가나 20대가 많았고, 우리가 은퇴할 때가 되니 은퇴 후를 설계하는 프로그램이 쏟아졌다. 앞서거니 뒤서거니 은퇴한 친구들은 남아도는 시간을 어떻게 보낼까 고민하며 여행을 하고, 취미 활동을 찾았다. 맛집을 찾아다니고, 여행사 광고 도시마다 인증샷을 찍고. 시간을 잊게 하는 취미 생활은 삶의 의미를 채워줄까? 자녀나 친구에게 몸 이곳저곳이 아프다고, 없던 주름이 생겼다고, 이제 청춘은 다 갔다고 하소연하며 보내기엔 아직 젊지 않은가! 나에게 남은 시간은 곧 나의 생명이다. 세상 단 하나의 예외도 없이 확실히 유한한 생명. 길다면 길고, 짧다면 짧은 내 생명을 어떻게 허무의 늪에 빠지지 않게 해 줄까?

머릿속에 이런 질문이 한번쯤 스쳐간 적이 있는 분들과 우리 이야기를 나누고 싶었다. '이런 선택지도 있구나!' 하는 전혀 새로운 삶의 길로서. 채워가는 방식이 아닌, 비우고 맡기니 오히려 절로 풍성하게 차올랐던 우리의 체험을.

'왜 가게 되었는가?'를 시작으로 '초기의 당혹, 좌절 그것은 왜 일어났으며, 어떻게 극복해 내었을까?', '선교사로 산다는 것은 무엇을 하며 어떻게 사는 것일까?' 등 살면서 생긴 의문들에 고민하며 나름대로 찾아낸 답을 정리해서 엮었다. 일기를 쓰라는 양성지도 신부님 말씀에 따라 써 왔던 일기에 기초해, 꼰솔라따 선교수도회 잡지에 십여 차례 보냈던 보고서를 모으고 좀 더 보충하였다. 써 놓고 보니 그곳에서 사귄 보통 사람들에 대한 이야기가 부족하다. 초기에는 말이 부족하여 깊은 이야기를 못했고, 나중에는 코로나 조심하느라 편안한 사귐을 못한 것이 아쉬울 따름이다.

선교사로 살면서 험한 바람과 출렁이는 파도 속에서도 엄마 등에 업혀 잠든 아기처럼 깊은 평화와 감사, 충만감을 느꼈다. 낯선 길을 기꺼이 나섰을 때만 새로운 풍경의 아름다움을 볼 수 있다. 눈에 보이기는 우리 단 두 사람이 걸었지만, 그 길을 가도록 뒤에서 많은 이들이 기도와 응원으로 동행했다. 꼰솔라따 선교수도회의 탄자니아 관구, 로마 본부의 신부님들, 우리를 선교사로 양성해 주신 강 디에고 신부님의 식별과 안내, 타므랏 관구장님을 비롯한 한국 꼰솔라따 신부님들의 격려와 따뜻한 포옹, 걱정하며 기도해준 본당 교우들과 친구 등 응원 부대가 든든하게 뒤를 받치고 있었다. 우리가 선교사로 산 것은 우리를 너무나 사랑하시고 그 사랑을 전하기를 간절히 원하시는 아빠 하느님께서 하시는 큰 공사에 벽돌 한 장으로 참여하는 커다란 은총이었다.

우리가 만난 시간과 사회적, 영적 공간이 어우러진 풍경 스케치를 나눈다.

차 례

1장
바람에 몸을 맡긴 듯

2장
첫 발 떼기

3장 지옥에서 천국으로

4장 미리 좀 배워둘걸

5장
탄자니아를 만나다

6장

세상 어느 귀퉁이

1장

바람에 몸을 맡긴 듯

이링가 시내에서 음고응고마을로 접어드는 도로. 산길을 따라 내려가다 보면 넓은 하늘과
땅이 펼쳐진다.

나에게 무슨 일이

'도대체 이게 무슨 뜻일까?' 아무리 머리를 굴려 봐도 무슨 말인지 알 수 없었다. 한국말 '가거라.'일까 '떠나라.'일까? 아님 영어 '고.'? 아니면 내로사가 헛들은 것일까? 곰곰이 기억을 떠올려 봐도 그 울림이 소리인지, 아니면 그냥 뜻만 알게 된 건지 설명할 길이 없다. 다만 객관적인 사실은 그 순간에는 물론이고, 그 순간을 떠올리기만 해도 가슴이 꽉 찬 듯 벅차오르고 눈물이 울컥울컥 솟아 나왔다는 것이다. 이 글을 쓰는 지금도 눈물이 나려는지 인상이 찡그려지며 눈이 아려온다.

그 일이 일어난 때는 2016년에 모잠비크 선교지 순례를 마치고 돌아온 며칠 후였다. 미사 중에 성체를 모시고 자리로 돌아와 있었는데, 소리는 아니었지만 뜻은 분명하게 알아들을 수 있었다. "가거라!"

그 순간 숨이 훅 들여 마셔지고 눈물이 주체할 수 없이 흘렀다. 어떤 느낌의 눈물인지 되살려 보아도 커다랗게 뭉뚱그려진 한 덩어리였지만, 돋보기를 들이대고 살펴보듯 굳이 나눠보자면 벅차오르는 감동과 기쁨, 표현할 수 없는 고마움 그런 쪽이었다. 그 순간이었는지 시간이 얼마나 더 흐른 뒤였는지 모르지만, 분명한 것은 나에게 '어딘가로 가라.'고 하신다는 것이고, 이것이 너무나 명백해서 나로서는 아무 일도 일어나지 않았다고 부인할 수 없었다.

'아~ 내게 원하신 것이 이것이구나. 결국은 이렇게 쓰시려고 그동안 나를 가까이 부르고, 가르치고, 기르고, 훈련시키셨구나.' 하며 지나온 삶의 조각들이 순식간에 한 줄에 꿰어지듯 맑아지고 주위가 환해지는 느낌이었다.

요즘처럼 해외여행이 유행하기 오래전, 나는 국제학회 참가를 핑계로 여러 나라를 다니는 경험을 일종의 특권처럼 누렸고 은근히 자랑스러웠던 때가 있었다. 어느 해인가는 그해 여름에 내가 비행기를 몇 번이나 타는지 헤아려 본적이 있다고 동료들이 말할 정도로 다녔다.

그랬던 내가 몇 년 전부터는 어떤 나라를 더 가 본다는 것에 그다지 흥미가 없어졌다. 일상의 의무에서 해방되어 기분 전환이 되고 호기심을 채워주는 일종의 휴식과 유희로서의 여행의 가치를 모르지는 않으나 딱히 큰 비용을 들이면서까지 그렇게 채워야 할 욕구를 느끼지 못했기 때문이었다. 아니, 내 속을 더 깊이 들여다보면 여행을 다니며 노는 것을 너무나 좋아하지만, 나만을 위해 큰돈을 쓰는 것에 죄책감을 피하고 싶어서 그런 욕구가 눌려져 있었는지도 모르겠다.

그래도 꼰솔라따 수도회에서 하는 선교지 순례에는 세 차례 참가한 적이 있었는데 케냐, 몽골, 폴란드·토리노 순례였다. 그때마다 단순한 관광을 넘어서는 체험, 즉 현지에서 일하고 계신 선교사들과 현지 신자들을 만나고 어울리는 특별한 매력과 감동의 기억이 있었다.

첫 순례였던 2004년의 케냐 선교지 순례에서 한 자선 병원에 갔는데 마당의 빨랫줄에 누리끼리하게 해진 런닝들이 널려 있었다. '걸레를 많이도 널어 놓았구나!' 했는데, "아기들 기저귀예요."라는 말을 듣고는 가슴과 머리가 울리는 큰 충격을 받았다. '나는 백화점을 다니며 예쁜 옷을 고르고, 피부과를 다니며 정기적으로 피부 관리를 받으며 살았는데, 그 돈이면 이곳의 아기 기저귀 전부를 깨끗하게 바꾸고도 남고, 한 아이가 1년을 기숙사에 머물며 공부할 수 있는데 그런 귀한 돈을 나를 치장하는 데 썼구나!' 이것은 처음으로 내 삶의 모습을 돌아보게 만든 사건이었다. 한국에 돌아온 후 백화점도 피부과도 끊었고, 사고 싶은 게 있으면 한 번 더 생각했고, 적지만 그렇게 모은 것을 나누는 내 삶의 전환점이 되었다.

그로부터 10년 뒤 아프리카의 모잠비크 선교지 순례가 준비되고 있다는 소식에 우리 부부도 참가하기로 했다. 그때만 해도 '모잠비크도 케냐와 비슷하지 않을까?' 하며 특별한 기대는 없었다. 그런데 떠나기 전부터 왠지 하느님께서 이 순례에 불러주신 이유가 있을 것만 같은 느낌이 들어서 순례하는 내내 '왜 저를 이곳까지 부르셨어요?'라고 여쭈면서 다녔다. 왜 그런 기도를 드리면서 다녔을까? 지금 와 보니 어떻게 그런 기도를 했는지 신기하다.

그 순례길에서 내게 보여주신 것은 장난기 가득한 너무나 예쁜 아이들, 양손으로 두드려 특별한 리듬으로 맑은 소리를 내는 매력적인 북소리와 그 리듬에 맞춰 몸을 흔들며 독특한 창법으로 성가를 흥겹게 부르는 모습, 단순한 선과 색채로 표현한 그림들이었다.

특히, 이곳 사람들과 함께 사는 것이 선교라며 우리 순례객들에게 자상하게 손수 후식을 가져다주시던 아흔 가까이 되신 노선교사 신부님께 감동을 받았고, 나이를 가리지 않고 남녀 평신도 선교사들이 함께 일하고 있는 점이 인상적이었다. 하나 더, 가뭄에 흙먼지가 날리는 곳을 종일 다닌 어느 날, 너무나 샤워를 하고 싶었는데 물은 양동이 반 통뿐이었다. 내 안에서 올라오는 불편함에 대한 부대낌은 위생과 청결에 집착하는 나 자신의 한계를 보여주었다. 그래서였는지 그 어려운 오지에서 살아내신 선교사들의 하느님께 대한 신뢰와 의탁이 더 대단한 감동으로 다가왔다. 그렇게 20여 일의 순례가 다 끝나가도록 기도의 답은 얻지 못했다.

집으로 돌아와서 조금 전에 있었던 일이 무엇이었는지 깊이 묵상해 보고 싶었다. 토마스가 잠든 후, 늘 하던 대로 십자가와 자비의 예수님 성화 앞에서 초를 켜고 예수님을 바라보며 앉아 있었다. 또다시 감동의 눈물이 흘러내리며 감사와 기쁨과 평화가 넘쳐 주체할 수 없을 정도였다. 순간적으로 지내온 삶의 여정이 영사기 필름처럼 돌아갔다.

케냐 선교지 순례를 통해 삶의 전환점을 만들어 주신 것, 몽골 선교지 순례 후 꼰솔라따 선교 영성에 접하고 배우고 함께 하도록 이끌어 주신 것, 신앙의 맛도 모른 채 주일미사 참례만 겨우 하며 의무만 지키던 맹탕 신자였던 내가 성경공부를 시작하게 하시고 말씀봉사자로 불러주고 가르쳐 주신 것, 예수회의 영신수련과 영성깨어

모잠비크 시골 성당의 Y자 모양 십자가와 제단화. 단순한 선과 현지의 색채를 이용하고 있다.

나기 수련을 시키신 것, ME부부*로서 봉사하며 배우자와의 관계를 성숙시켜 주신 것, 하느님 안에 머물며 진정한 사랑으로 시부모님을 간병하는 시험을 치르게 하시고, 전례분과장으로 부르셔서 깜깜한 길을 하느님께 의탁하며 걷는 법을 가르쳐 주신 것 모두가 한 줄에 꿰어지며 이 부르심 안에 통합되는 것을 느꼈다.

작은 나에게 이렇게 하느님의 뜻이 함께 있어 왔고 불림을 받았다니, 기쁨이 넘쳤지만 고요했고, 감사가 감동으로 복받쳐 올랐지만 지극히 평화로웠다.

다음 날 내 삶의 동반자인 토마스에게 이 사실을 알렸다. 토마스는 신기해 하며 "우리는 부부이니 우리 중 한 사람을 부르신 것이 분명하다면, 다른 쪽도 같이 불린 것이 아니겠어?"라고 했다. 토마스가 그렇게 얘기해 주니 사랑스럽고 고마웠다. 그러면서 토마스도

모잠비크의 순박한 자매들. 아기를 포대기에 둘러 안고 다니는 풍속이 있다.

---

* ME는 Marriage Encounter의 약자로 혼인한 부부들이 더 깊고 풍요로운 혼인 생활을 하도록 돕는 부부일치운동으로, 가톨릭교회 내 활동 단체의 하나이다.

"나도 모잠비크 선교지 순례 때 길에서 만났던 아기와 그 아기를 등에 업은 젊은 엄마와 눈을 마주치며 인사를 했던 기억이 떠오르네. 그때 이렇게 순박한 사람들과 함께 사는 선교사의 삶도 행복할 것 같다는 생각을 했어."라고 했다. 사실 토마스는 선교사의 소명보다는 새로운 삶에 대한 호기심으로 받아들였던 것 같았다.

일단 배우자의 지지를 얻었으니 성령의 말씀인지 식별하기 위해 영신수련을 지도해 주셨던 신부님께 전화를 드렸다. 진지하게 들어주신 후 "이후에 추가적인 사인이 있을 수 있으니 잘 보세요."라고 말씀해 주셨다. "헛소리를 들은 게 아니냐?"고 하지 않고 진지하게 들어주셔서 고마웠다.

토마스는 "꼰솔라따 선교지 순례 후에 생긴 일이니 꼰솔라따 수도회에 상의를 드려보면 어때?"라는 의견을 주었다. 그래서 수도회에서 우리가 속한 선교가족모임을 이끄시는 디에고 신부님을 찾아가 이런 일이 있었다고 말씀을 드렸다. 신부님께서는 차분하게 들으셨다. "우리 수도회에 평신도 선교사라는 게 있는데, 그것은 자원봉사자와는 달라요. 나도 전에 평신도 선교사를 양성해본 적이 있어요."라고 말씀하셨다. 나의 내적 흥분과는 사뭇 다른 담담함에 조금 실망스러웠지만 내심 '수도회의 다른 신부님들과 회의를 하시지 않을까?' 하며 답을 기다렸다. 그렇게 기다리며 일주일, 이주일이 지나 한 달이 다 되어 갔지만 신부님께는 아무런 소식이 없었다.

아프리카 어때요?

한 달 후 수도원 모임에서 디에고 신부님을 만났다. "어떻게 되었어요?"라고 여쭤보니, "신부님들과 회의 때 상의할 거예요. 그런데, 어디로 가고 싶어요?"라고 물으셨다. 나로서는 "모르겠어요."라고 했다. 그동안 '내가 어느 나라로 가게 될까? 몽골 같은 아시아의 나라? 아니면 남미나 유럽의 스페인일까?' 하며 풍경과 사람들을 그려보며 상상의 나래를 폈지만, 정작 가라고 하신 분이 원하시는 곳이 어디인지 몰랐기 때문이었다.

신부님께서는 "아프리카 선교지를 다녀온 후에 생긴 일이니 아프리카는 어때요?"라고 하셨고, 나는 고향에 가라는 듯 반갑고 기뻤다. "아프리카 나라들 중 순례를 다녀왔던 모잠비크는 공용어가 포르투갈어이고 부족어도 배워야 할 텐데, 영어가 통하는 케냐는 어때요?"라고 제안하셨고 나는 물론 "너무 좋아요."라고 했다. 케냐는 스와힐리어를 배워야 하지만 영어도 통하고 무엇보다 꼰솔라따 수도회의 한국인 베니뇨 신부님이 있는 곳이기 때문이라고 하셨다.

수도회 신부님들의 회의를 거쳐 디에고 신부님이 베니뇨 신부님에게 편지를 보냈고 드디어 답장이 왔다. 베니뇨 신부님은 "우리가 오는 것은 환영하지만, 현재 있는 곳이 개척해야 하는 선교지이다. 발령받은 지 겨우 두어 달 밖에 되지 않아 사제관도 성당도 없고, 물도 전기도 원활하지 않아 우리가 지낼 것이 걱정된다."고 하셨단다. 모잠비크의 오지 마을을 다녀온 경험을 떠올려보니 당장 살 집도 문제고, 무엇보다 세탁기를 쓸 수 없는 곳에서 손빨래를 하며 사는 것은 조금만 움직여도 쉽게 피곤해지는 나로서는 애초에 불가능해 보였다.

디에고 신부님께서도 우리의 안전을 걱정하셨고 상의 끝에 그곳은 포기했다. 나중에 베니뇨 신부님께 들었는데 양동이에 물을 받아 간신히 씻고, 작은 태양광 판넬 하나에서 휴대폰을 충전하고, 가지고 간 여행 가방을 제대 삼아 미사를 올리셨다고 했다. 만약 우리가 갔더라면 선교에 도움을 주기는커녕 신부님께 큰 짐이 될 뻔했다.

그 후 디에고 신부님께서 탄자니아를 추천하셨는데, 한국에 오래 계셨던 피터 신부님이 있어서 응급 시 한국어 소통과 의지가 되고, 스와힐리어를 배워야 하지만 두 번째 공용어가 영어라 초기 의사소통이 용이하며, 정치가 비교적 안정적이라 안전한 나라라는

수도회에서 파견식 날 미사 후, 성소식별과 양성을 해 주신 강 디에고 신부님과 함께.

것이 그 이유였다. 수도회의 식별에 맡기고 있었던 나는 물론 좋다고 답했다. 디에고 신부님께서는 탄자니아 관구장님께 추천 메일을 보냈고, 우리도 자기소개서를 보내드렸다.

답장을 기다리는 동안, 우리처럼 나이 많은 사람도 받아줄지 걱정되었다. 모잠비크 순례 때 세 명의 평신도 선교사를 만났는데, 한 사람은 30대 청년이었고, 한 사람은 중년으로 40대 중후반쯤 되어 보였고, 한 분은 일흔 가까이 된 분인데 젊었을 때부터 시작해서 현지에서 나이 들어간 경우였다. 우리는 벌써 환갑을 바라보는 50대 중반이니 현지에서 초짜 선교사로는 곤란해 할 것 같았다. 드디어 탄자니아 관구장님으로부터 답장이 왔다. 우리를 환영한다는 것과 평신도 선교사 파견에 관한 비교적 구체적인 의견도 함께 왔다. 너무나 반가웠고 감사했고 여러 사람과 과정을 통해서 '말씀'이 이렇게 구체화 되는 것이 신기했다.

이 사실을 팔순의 아버지께 말씀드렸다. 아버지께서는 눈가를 적시며 감격해 하셨다. 아버지께서는 당신께서 가고 싶었던 길을 딸이 가게 되는 것이 감격스러우셨나 보다. 우리의 결심을 들은 큰아들과 며느리가 고맙게도 추억여행을 세 차례나 준비하고 함께 해줘서 소중한 추억을 선물받았다. 아들 내외의 손편지에는 "아빠 엄마의 결심을 존경합니다. 환경이 어려워서 힘들까 봐 걱정돼요. 힘들면 언제든지 돌아오세요."라고 써 있었다. 우리를 기쁘게 해주고 싶어 애쓰는 아들 내외의 정성과 마음이 사랑스럽고 고마웠다.

가까운 친구와 동생들에게도 알렸다. 신앙심이 깊은 친구와 동생들은 신기해하면서 대단하다는 반응들이었다. 글쎄…. 나로서는 단순히 부르심을 받았기에 그 길을 가는 것뿐인데, 왜 대단하다고 하는지 그들의 반응이 오히려 의아했다. 내가 바라고 원하고 계획해서 하는 일이 아니었고, 내게는 당연하고 자연스러운 응답이었기 때문이었다. 우리 부부와 친하게 지내던 한 신부님께서는 아프리카 나라로 간다는 말에 "심리적으로 도시의 복잡함을 떠나 자연에서 사는 것에 대한 동경으로 그런 것일 수도 있지 않을까요? 한 두어 달 시골의 자연 속에서 살아보면 어떨까요?"라고 제안하기도 하셨다. 토마스의 대부 신부님께도 말씀드렸는데 아주 진지하게 받아들여 주셨다. 이 또한 식별의 과정이 되었다.

우선 할 준비는 탄자니아의 공용어인 스와힐리어를 배우는 것이었다. 우리는 스와힐리어 노래를 찾아 듣기 시작했고, 곧 수도원의 탄자니아와 콩고 출신 신부님들께서 스와힐리어를 매주 한 번씩 지도해 주셨다. 처음에는 탄자니아 사람들과 소통하기 위해 공부한다고 생각하니 사랑에 빠진 사람처럼 쉽고 재미있었다. 애니메이션 〈라이온 킹〉에 나오는 '심바'는 스와힐리어로 '사자'라는 뜻이고, '라피키'는 '친구'라는 뜻이라는 걸 알고는 왠지 흐뭇했다. '바바 예투'라는 합창곡도 들었는데, '우리 아버지'라는 뜻이고 주님의 기도를 노래로 만든 것인데 '문명'이라는 유명한 게임의 시그널 음악으로 쓰일 정도로 아주 멋진 곡이었다.
그런데 갈수록 점점 많아지는 단어들과 은근히 어려운 규칙들이 잘 외워지질 않았다. 영어를 중학교 때부터 배웠지만 별로 좋아하지 않았고, 날 때부터 한국어 하나만으로 여태 살아왔고, 가뜩이나 언어 영역과 암기를 못하는 태생 이과인 내가 나이 들어 단어 암기를 하니 대여섯 개 외우면 금방 서너 개 잊어버렸다. 그래도 다행인 것은 스와힐리어가 싫지는 않았다. 한편 디에고 신부님의 지도로 선교에 대한 교회 문헌과 수도회 문헌들을 공부했다. 그중 한국어로 번역되어 있는 문헌도 몇 개 있었지만 대부분 영문으로 된 것을 함께 읽고 신부님께서 설명해 주시는 방식으로 진행되었다. 그때까지는 우리가 선교 체험이 없어서 머리로만 이해되었지 크게 실감나지는 않았다.

그렇게 준비를 해 가던 어느 날, 문득 주위를 둘러보니 살고 있는 집과 환경이 소박하나마 쾌적하고 좋았다. '이렇게 깨끗하고 편안하고 좋고, 신앙생활도 봉사도 가족과 친척은 물론이고 주위 친구들과의 관계도 만족스럽고 행복한데, 낯선 곳에 가서 불편하고 힘들게 생고생을 하는 게 아닐까?' 하는 생각이 들어 며칠 마음이 산란했다.

그러다가 미사 중에 제단 옆의 성모상을 바라보는데, "내가 같이

이스라엘 성모 수유성당의 성모 수유화. 아기 예수를 데리고 이집트로 피난하는 중에 머물렀다고 전해지는 동굴에 있다.

가 주마." 하시는 듯 했다. '아~ 혼자가 아니구나!' 엄마가 같이 가신
다는 게 마음이 놓였다. 사실 이스라엘 성지 순례를 갔을 때, 가는
곳곳마다 '이 땅을 예수님이 걸으셨겠지.' 하며 예수님의 마음과 눈
빛을 그려보며 감동을 느꼈다. 그런데 가장 기억에 남는 곳은 뜻밖
에도 성모님 수유성당이었다. 예수님께서 인간인 마리아와 요셉에
게 모든 것을 맡겨야 하는, 혼자서는 먹지도 입지도 씻지도 대소변
을 가리지도 못하는 아기로 태어나지 않으셨는가! 선교지에서 우리
가 아기처럼 아무것도 할 수 없는 상태라도 주님께 모든 것을 맡기
고 가게 되면 성모님께서 젖을 먹여주고 돌보아 주실 거라는 믿음
을 선물해 주셨다. 아무리 주위가 소란해도 엄마 등에 업힌 아기는
머리가 이리저리 젖혀질 정도로 푹 자는 것처럼.

달콤 쌉싸름한 맛

준비 기간 중인 2017년에 6주간 답사여행을 갔다. 도착해서 며칠 피터 신부님이 계신 다레살람의 분주 영성센터에서 지냈다. 피터 신부님은 케냐 사람인데 한국에서 10년 정도 선교사로 있다가 탄자니아로 파견받아 일하고 있었다. 신부님은 영성센터 사제관 작은 경당*에서 아주 오랜만이라며 한국어로 미사를 봉헌해 주셨다.

분주 영성센터는 선교영성 교육을 위한 피정집 같은 곳이었다. 그곳에는 어르신 신부님 한 분도 현역으로 일하고 계셨다. 성함은 쥬세페인데, 여든이 넘었고 귀가 어두워서 보청기를 껴야 대화가 가능해서인지 평소에 말씀이 없으셨지만 구부정한 허리에도 안팎을 다니며 부지런히 일하셨다.

미사를 집전하실 때는 말씀에 힘이 있고, 강론도 간단명료하게 하셨다. 스와힐리어를 모르는 우리를 위해 영어로 하고, 다른 사람들에게는 스와힐리어로 설명을 해 주셨다. 가끔 한마디씩 하는 유머가 따뜻해 웃음이 나고 기분 좋았다. 저녁 식사 후에 곧 사라져서 어디로 가셨나 했더니 주방에 들어가 직원 자매들이 일찍 퇴근할 수 있도록 설거지 뒷정리를 돕고 계셨다. 나로사도 들어가 거들면서 보니 하루이틀 하신 게 아닌 듯 숙련된 손놀림이셨다. 30여 년 전에 꼰솔라따 수도회의 총장을 지내셨다는데, 왕년의 지위와 상관없이

---

* 경당은 하느님 경배의 장소라는 면에서 성당과 같지만 기본적으로 일부 특정 신자들(여기서는 수도원 소속 회원들)을 위한 것이고, 성당은 모든 신자를 위한 곳이란 점이 다르다.

인자한 할아버지 혹은 아버지처럼 주변 사람들을 돌보고 계신 것이 감동으로 다가왔다.

숙소방은 넓고 깨끗한 침대 위에 천장형 선풍기가 매달려 있었고, 음식도 다양하고 아주 맛있었다. 미세먼지 하나 없이 맑고 쾌청한 날씨에 햇빛과 산들바람이 어우러져 부드럽게 느껴졌다. 근래 한국에서는 미세먼지, 초미세먼지를 늘 확인하고 때로는 하늘이 노랗게 보일 정도의 황사로 맑은 하늘을 보는 일이 드물었는데. 선교센터 한편에 한가롭게 앉아 잘 가꿔진 정원의 보라색, 흰색의 꽃들을 보며 좋은 휴양지에서 쉬고 있는 듯 편안하고 평화로웠다. '이렇게 좋은 선물을 주시려고 부르셨나? 이렇게 좋은 곳인 줄 알면 한국의 친구들이 모두 다 오려고 할 텐데…' 하며 우리를 불러주신 하느님께 감사했다.

며칠 후부터 우리를 초대해 주신 관구장 무수망게 신부님을 따라 탄자니아 관구의 본부와 선교지들을 다녔다. 무수망게 신부님은 유쾌하고 활달한 분이셨는데, 우리를 데리고 다니며 신자들 앞에서 한국에서 올 평신도 선교사라고 소개하셨다. 우리는 간단한 스와힐리어로 인사했고 가끔 한국 성가 '하느님의 어린양'을 불렀다. 이 성가는 무수망게 신부님의 희망곡이었는데 신부님께서 이탈리아에 계시는 동안 배운 유일한 한국 성가였고 비교적 단순한 음의 짧은 곡이었기 때문이었다. 우리가 방문한 선교지는 병원, 학교를 비롯하여 크고 작은 본당 16곳이었다. 앞으로 와서 살 거라는 기대는 이전의 선교지 순례와 다른 정다운 느낌을 주었다. '여기 와서 같이 산다!'

다레살람과 이링가에서는 나뭇잎이 푸른 녹색이었는데, 건조지역으로 가니 나뭇잎은 푸석한 연갈색으로, 흙은 회색빛으로 부서져 있고 중간중간 덤불로 바뀌었다. 또 바오밥나무가 뿌리 모양의 가지를 하늘로 뻗고 거대한 덩치로 서 있는 풍경 속에 굵지 않은 나무막대들 사이를 흙으로 메워 지은 낮은 흙집들을 지나 산자 본당에 갔던 날은 왠지 마음이 울컥했다. '이곳이 바로 하느님의 땅이구나! 이곳에 이곳 사람들과 함께 계시는구나!' 하는 감격스러움이었다. 전기가 들어오지 않아 본당의 발전기를 끄는 밤 9시가 되면 주위에 불빛이라곤 하나도 없어 머리 위로 하늘의 별들이 쏟아질 듯했다. 가끔씩 유성이 떨어져 내리고 온 하늘을 가득 메운 별빛이 그렇게 환하게 느껴질 수가 없었다.

손님 숙소의 화장실에는 뚜껑 없는 물통에 검은 이끼가 잔뜩 낀 양변기가 있었고, 푹 꺼진 매트리스의 일인용 침대가 두 개 있고 각각 모기장이 달려 있었다. 찬찬히 둘러보니 은근히 모기가 많아 모기장 하나를 내려 펼쳐보니 구멍이 숭숭 나 있었다. 말라리아에 걸릴까 봐 무서워서 그중 나은 모기장이 있는 침대에 둘이 몸을 옆으

이링가로 가는 길가의 노점상과 바오밥나무.

로 세우고 칼잠을 잤다. 다음 날 아침에 "잘 잤어요?"라고 물으시는 관구장님께 어젯밤 숙소 상황을 말씀드렸더니 너무 미안해 하셨다. 오랫동안 이 본당에 손님 방문이 없었기에, 그렇게 상하도록 몰랐나보다. 우리는 "이 정도는 괜찮아요."라고 말씀드렸다. 전에 갔던 모잠비크 선교지의 구멍 하나만 뚫려 있던 화장실과 전기가 나가서 깜깜했던 숙소의 경험이 예방 주사가 되어 주었다.

선교지에서 만난 신부님들로부터 이런저런 이야기를 들을 수 있었는데, 보통 본당 하나에 공소가 스무 개가 넘는 곳도 많고 아주 멀리 떨어져 있어 번갈아 방문하는데도 두 달에 한 번 방문하기도 어렵다고 했다. 더구나 우기에 흙길이 잠기거나 길이 망가지면 아무리 사륜구동차라도 물이 빠지고 길이 복구될 때까지 방문할 수 없어 일 년에 두어 번 정도밖에 못 가는 곳도 있다고 했다.

기억나는 공소가 하나 있는데, 그곳에 도착해 차에서 내리자 다리쪽이 따끔따끔했다. 아래를 보니 잠깐 사이 신발과 바짓단에도 가

탄자니아의 도도마에서 흙길을 두 시간 달려 도착한 산자라는 마을의 집. 나무기둥 사이를 흙으로 메워 넣어 벽을 만든다.

시 돋은 열매 같은 것들이 잔뜩 붙어 있었다. 차 타이어에도 빼곡하게 박혀 있어서 이것을 어떻게 떼어야 하나 하고 주위를 둘러보았는데, 어느새 아이들이 우리를 둘러서 있었다. 앗! 발이 맨발이었다. 불과 서너 살로 보이는 아이도 역시 맨발! 눈물이 왈칵 났다. 어린 살이 이런 따가운 것들에 스치고 흙과 돌바닥을 밟고 걸어 다니는 사이에 점점 굳은살이 되어가겠지만 그동안 얼마나 아플까! 얼른 운동화 아니, 슬리퍼라도 신게 해주고 싶었다.

선교지들 대부분은 시골에 있고, 물류나 재정이 어려우니 자급과 신자들 복지를 위해 대부분 농사를 짓고, 소나 양, 염소를 키우는 목축을 하고, 쌀이 나는 지역에서는 정미소도 운영하기 때문에 직원도 스무 명에서 서른 명 이상 두었다. 신자들과 협력을 해가며 일할 수밖에 없지만 직원과의 신뢰가 문제라고 하셨다. 어느 이탈리아 신부님께서는 본당의 살림살이를 어느 똑똑하고 성실해 보이는 신자에게 믿고 맡겼는데 어느 날 그가 성당 돈을 훔쳐 달아났고, 이런 사례가 드물지 않다고 하셨다.

성당 마당에서 보이는 아이들이 때가 새까맣게 낀 옷, 솔기가 떨어진 옷들을 입고 있었는데, 왜 그런지 이해가 갔다. 물이 귀하기 때문이었다. 이 밖에도 탄자니아 학교에서는 교과서 없이 공부한다는 것, 세컨더리학교*를 나온 후 극소수의 대학 진학생을 제외한 일반 청년의 교육이 거의 없다는 점, 시간 관념이 부족해 약속 시간을 너무 안 지킨다는 등의 어려움도 말씀해 주셨다. '에구…. 우리가 이곳에 와서 살 수는 있을까?' 점점 자신이 없어졌다. 선교지 맛보기를 한마디로 하면? 겉은 달콤하고 속은 쌉싸름한 맛!

---

* 세컨더리학교Secondary School는 초등학교 7학년을 졸업한 후 진학하게 되는 과정으로 보통 과정 4년, 고급 과정 2년으로 나눠진다.

바람에 몸을 맡긴 듯

드디어 떠나는 날이 되었다. 전날 밤에 짐을 싸느라고 토마스는 새벽 3시가 되어 잠자리에 들었고, 나로서는 밤을 꼬박 새고 나서야 간신히 짐을 다 꾸렸다. 출발 당일 오전에는 병원에 들러 내 편두통 약을 챙기고 은행 일들을 보았고, 오후에는 세 살배기 손녀딸과 놀았다. 무심하게 노는 손녀를 바라보니 콧날이 시큰해지고 눈물이 났다. '이 예쁜 아가가 자라는 것을 삼 년이나 보지 못한다니.' 슬픈 마음이 들었다.

사돈과 아들 내외가 공항까지 데려다 준다는 것을 극구 사양했다. 큰 가방 4개와 작은 가방 2개의 짐 때문에 승용차 한 대로 갈 수도 없고, 집 근처에 공항버스가 있어서 편하게 갈 수 있어서였다. 사실 더 큰 이유는 감정을 감당할 자신이 없어 공항에서 눈물을 보이기 싫었기 때문이다.

저녁 7시쯤 집 근처 공항버스 정류장 의자에 손녀와 앉아 있는데 눈물이 쏟아졌다. 옆에 큰아들 내외가 다가와 앉았다. 우리는 아들 내외와 인사를 했다. "사랑한다."고 말했고, "사랑해요."라는 말을 들었다. 누가 보거나 말거나 눈물이 났다. 3년. 어찌 보면 별로 길지도 않은 시간인데 왜 그리 눈물이 나는지. 죽음에 가까이 다가가는 느낌 같았다. 우리가 아들딸과 손녀를 너무 사랑하고 애착하기 때문인가 보다. 예쁜 며느리는 "언제든 오고 싶을 때 다시 오세요."라며 우리를 위로했다. 배웅 나온 사돈, 친구 내외와 인사를 했다. 마침내 8시가 되고 버스가 왔다. 다시 한번 아들딸과 포옹하고 손녀와 작별 인사를 하고 버스에 올랐다. 창밖으로 아들 내외가 간절히 인사하는 모습이 보였다. 버스 안에서 또 한참을 울었다. '사랑스런 아들딸 그리고 너무나 사랑스러운 우리 손녀!'

지난 몇 달간 계속해서 우리의 물건들을 정리했다. 혹시라도 우리가 돌아오지 못하게 될 경우, 우리 물건을 정리할 자녀들의 고생을 줄여 주기 위해서였다. 현지답사 때, 교통사고 소식을 여러 번 들었다. 우리가 머문 6주 사이에 이링가 교구와 관련된 큰 사고가 세 건이나 있었고 그중 한 건은 사망자도 있었다. 대도시 시내를 제외하고는 대부분의 도로가 왕복 2차선인데 느린 화물차를 만나면 중앙선을 넘을 수밖에 없어서 언제 사고가 나도 이상하지 않을 정도였다. 우리라고 사고가 나지 말라는 법도 없고 말라리아를 포함해 알지 못하는 풍토병도 있으니까.

이사 전에 집안의 물건을 정리하고 버려 본 경험이 있는 사람이면 누구나 공감하듯 집안에 들어와 있는 어느 것 하나 자신의 손때와 추억이 들어있지 않은 물건은 없고, 그것들을 버리는 것은 자신의 일부를 떼어 버리는 것과 같은 아픔이나 아쉬움을 주었다. '미련을 갖지 말자.'고 수없이 되뇌면서 한 가지씩 들여다보고 버렸고, 신앙서적들은 본당에 기증을 했다. 서른 개가 넘던 화초들은 이 집 저 집으로 나누어 보냈다. 그렇게 정리하고 나니 안방이 비워졌고 창고 한편과 작은 방 하나에 우리 살림이 다 들어갔다. 아직도 남긴 것들은 정말 필수품이거나 혹시나 하는 미련이겠지만, 마음은 벌써 다이어트를 한 듯 가벼워졌다.

항공권을 구매한 후 몇 주간은 짐을 챙기느라 분주했다. 길어야 한두 달 여행을 다녀온 적은 있었지만 삼 년이나 되는 긴 기간동안 집을 떠나는 것은 처음이었다. 소소하게 필요한 것도 자꾸 생각났고, 현지에서 거주 비자 발급에 필요한 서류 준비도 생각했던 것보다 복잡하고 오래 걸렸다. 열대지방에 필요한 예방 주사도 맞았고, 삼 년간 쓸 상비약과 두통약도 겨우 준비할 수 있었다.

그간 해왔던 활동들도 접어야 했는데, 우리 부부가 10여 년간 많은 시간과 정성을 가지고 해왔던 ME 봉사, 수도회 선교가족모임 등 교회 내 봉사 단체에도 인사를 했다.

오랜 직장생활을 하다가 최근에 협동조합기업에 참여하고 연구도 하며 사회학 공부에 재미를 붙이던 토마스는 자기 관심 분야의 일들을 포기하는 큰 희생을 치렀다. 토마스는 "모든 것을 내 맘대로 한다면 2, 3년 한국에서 하고 싶은 일들을 더 하다 가면 좋겠지만, 시기를 내 맘대로 할 수 있는 게 아니고, 이런 부르심이 있을 땐 뭔가 희생이 있을 수밖에 없지 않겠어?"라며 탄자니아에 가서 그곳 사회를 관찰해 보겠다고 했다. 그러나 그것이 내 눈에는 이제 막 새로운 싹이 난 어린 나무의 밑동이 잘린 것 같아 안쓰러웠다. 그래서였는지 디에고 신부님께서 "토마스에게 잘해 주세요."라고 당부하셨다. "그럼요, 잘해야죠."

이런 마음 준비를 비롯해 여러 준비들로 분주한 가운데 고마운 일은 성령께서 마음의 안정을 주신 것이다. 아주 커다란 배에 탔을 때 바다 위에 있다는 흔들림을 거의 느끼지 못했던 것처럼 마음이 아주 고요했다. 선교사로서 이른 나이가 아닌 데 초대받았으니 고마웠다.

파견미사는 2018년 5월 20일에 있었다. 선교사는 자기가 가고 싶다고 결심해서 자기 맘대로 갈 수 있는 게 아니라 자신이 속해 있는 공동체가 파견해야 갈 수 있다. 꼰솔라따 수도회의 아시아 관구장 신부님과 우리 본당 주임 신부님이 상의하여 파견미사를 우리가 속한 서판교 본당에서 했다. 마침 꼰솔라따 수도회의 아시아 관구 회의가 한국에서 열리던 중이어서 한국에 계신 신부님뿐만 아니라 몽골과 대만, 로마 본부에서 오신 여러 나라의 선교사 신부님 열한 분이 참석한 가운데 교중미사 중에 파견예식을 했다. 우리 본당이 생긴 이래 가장 많은 신부님들께서 함께 집전하신 미사였다.

그날은 마침 성령강림대축일이었고, 디에고 신부님께서는 강론에서 성령께서 우리에게 오실 때 여러 가지 매우 아름답고 놀라운 일들이 일어난다고 말씀하셨다. "우선은 의사소통의 선물입니다. 그 일은 오늘날에도 일어나고 있는데, 지금 함께 미사를 봉헌하고 있는 이탈리아, 스페인, 케냐, 탄자니아, 에티오피아, 콜롬비아, 브라질, 콩고 등에서 온 선교사들이 한국과 몽골, 대만 사람들이 예수님의 복음을 알아들을 수 있도록 해주고 있습니다. 토마스와 로사

평신도 선교사 파견미사 중 파견예식.

도 탄자니아 사람들에게 주님의 사랑을 그들의 말로 선포하기 위하여 스와힐리어를 배우고 있습니다. 그러나 이러한 의사소통 능력을 주시기 전에 먼저 그들을 변화시키십니다. 전에 두려움이 많고 겁에 질려있던 사도들이 성령을 받은 후 용감하고 확신을 가지고 복음을 선포할 수 있게 변화되었듯이, 가정이 있고 일상생활에 열중하던 보통 사람인 토마스와 로사가 어느 시점엔가 선교의 매력, 중요성과 아름다움을 느꼈습니다. 그들 마음 안을 '떠나서' '밖으로 나갈 용기'를 발견했습니다. 이것이야말로 성령의 역사가 아니겠습니까?"

미사에 참례했던 이들 중 여러 사람이 성령의 흐름을 느낀 듯 감동을 받았다며 울먹이기도 했다. 놀라운 일이었다. 같이 성당에 다녔고 주변에서 오가며 마주쳤던 이웃 신자가 갑자기 아프리카의 나라로 훌훌 떠난다는 것이 어떤 섭리에 의한 것으로 새삼스레 느껴졌나 보다. 사실 나도 미사 중에 계속 눈물이 흘러 눈과 얼굴이 퉁퉁 부었는데, 보통의 삶을 살아가는 이 작은 사람에게 이런 일이 일어나고 있다는 게 엄청나게 느껴졌고 너무나 감사했다. 미사 전후 손님 신부님들과 수도회 식구, 가족, 형제들과 친구 등 손님을 응대하는 것은 고맙게도 본당의 여러 단체들, ME, 성경공부 봉사자, 전례분과, 여성소공동체의 교우들이 도와줘서 원활하게 할 수 있었다.

우리의 이야기가 어쩌다 평화방송과 신문에까지 실렸고, 우리가 받을 자격이 있나 싶을 정도의 많은 관심과 격려와 사랑을 받았다. 전혀 기대하지 못했던 주위 사람들의 마음의 움직임이 있었고, 생각지도 못했던 후원 선교비도 받았다. 이런 움직임도 성령의 섭리가 아닐까 성모님처럼 곰곰이 새겼다. '하느님께서 이렇게 사람들을 움직이시는 건가.' 하는 생각이 자꾸 들었다. 벌써 우리를 도구로 쓰고 계시며 열매를 맺고 계시다는 것도.

많은 분들의 응원과 친구, 가족들의 배웅을 받으며 커다란 사랑 안에 연결되어 있음을 느꼈다. 서로 사랑할 때 하느님께서 우리 안에 계신다는 것도 감동으로 느껴졌다. '우리를 온전히 내어드릴 때 우리 안에서 같이 가고 계신 예수님께서 모든 일을 하실 것이다. 물론 성모님께서 먹여주시고 돌보아주실 것이고.'

이렇게 커다란 사건이 일상의 일처럼 편안하게 받아들여지는 것도 신기한 일이었다. 성령의 움직이심으로 선교사로서의 삶이 이미 시작되었고 이제 몇 시간 후면 그 땅에서, 그곳 사람들 안에서 새롭게 시작될 것이다. '주님 저희를 당신께 맡깁니다. 저희가 온전히 당신 안에 머물게 하소서. 아멘.'

아무런 무거움 없이 바람에 몸을 맡긴 듯 가볍고 편안한 느낌이었다.

2장

첫 발 떼기

이링가 근교 먹구름 사이에 뜬 무지개.

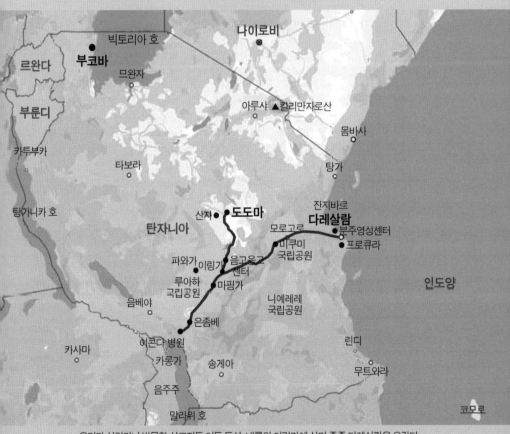

우리가 살았거나 방문한 선교지들 이동 동선. 내륙의 이링가에 살며 종종 다레살람을 오갔다.

파견된 땅

2018년 6월 26일 마침내 탄자니아 다레살람 줄리우스니에레레 공항에 도착했다. 비행기 착륙 때 밖을 보니 구름이 끼어 있었는데 조금 더 내려가니 다레살람의 넓게 펼쳐진 마을들과 새끼손톱만 하게 보이는 집들이 눈에 들어왔다. 하느님께서 우리를 맞으시며 '애들아 어서 오너라. 잘 왔다. 오느라 수고했다.'라고 말씀해 주시는 것 같아 감동이 일었다. 드디어 말씀이 현실로 이루어진 파견된 땅에 도착한 것이다.

우리는 한국에서 미리 관광 비자를 받아왔기 때문에 입국신고서를 쓰고 바로 입국심사대로 가서 금방 입국했다. 세관을 통과하는데 짐이 너무 많다고 생각했는지 검사하겠다고 했다. 순간 긴장되었다. 공무원으로선 관광 온 사람치곤 짐이 너무 많아 좀 이상하다고 생각하는 게 이해되므로 짐 검사가 부당하다고는 생각되지 않았다.

처음에 가방 세 개를 열어 보여 주었는데 옷과 약 그리고 책 같은 것들이 보였다. "뭐가 이렇게 많으냐?"고 물었다. 우리는 "기념품도 있고 선물도 있다."고 했다. "이 약을 다 혼자 쓸거냐?"고 묻길래 "쓰다가 주고 갈 거다."라고 했다. "빔프로젝터는 새것이냐?"고 해서 "새 물건은 아니고 금년에 산거다."라고 했다. 나머지 짐들은 열지 않은 채 내용물이 뭐냐고 해서 역시 옷들과 기념품 그리고 식품이 있다고 했더니 그냥 가라고 했다. 혹시나 일부를 압수하거나 세금을 내라고 하면 어쩌나 걱정했는데, 하느님께 감사, 뒤도 돌아보지 않고 얼른 나왔다.

공항 밖에 나오니 기온이 30도쯤 되어 햇살이 따갑고 더웠다. 전에 답사 왔을 때 이콘다 병원에서 만났던 테샤 신부님께서 운전기사를 데리고 마중을 나왔다. 테샤 신부님은 수도회의 물품 공급과 오가는 수도회 선교사들과 손님용 숙소인 프로큐라*를 담당하고 계셨다. 신부님과 반갑게 포옹으로 인사하고 도착 기념 셀카를 찍고 프로큐라로 이동했다. 흰 차에 짐을 실으면서 보니 수도회의 차들 중에 에어컨이 켜지는 가장 새 차 같았다. 창밖으로 보이는 그리 높지 않은 빌딩들과 빵빵거리며 복잡하게 오가는 자동차들, 검은 피부에 알록달록한 원색의 옷을 입은 사람들 모습이 낯익고 친근하게 느껴졌다. 밀리는 도로 가운데서 운전자들에게 과자를 파는 청년의 익살스런 표정도 정겨워 저절로 미소가 지어졌다.

프로큐라 내부의 정원. 선인장과 열대 식물들로 둘러싸인 휴게실이 있다.

---

* 프로큐라는 대도시인 다레살람에 있으면서 선교지에 필요한 물자 구매, 여권 등 행정 업무, 여행을 해야 하는 선교사들의 숙박이나 공항 관련 업무 등 편의를 위한 연락사무소 같은 곳이다. 다레살람의 KOICA 사무실에서 가까운 곳에 있어서 한국에서 온 방문객들도 자주 이용한다.

프로큐라에는 답사 왔을 때 거쳐 가느라 여러 번 드나들었지만 묵게 된 것은 처음이었다. 도착하니 웬 이탈리아 여자 분이 우리에게 인사했다. 한국에서도 얘기를 들어본 적이 있는 나디아 씨였다. 영어를 못한다고 들어서 대화를 어떻게 하나 했더니 제법 의사소통은 될 정도였다. 탄자니아에서 8년간 평신도 선교사로 있었는데, 마친 후에도 가끔 온다고 했다. 이런저런 사건들을 많이 경험했을 텐데. 같은 평신도 선교사라서 그런지 더 친근하게 정이 갔다. 그녀는 우리에게 선배로서 몇 가지 조언도 해 주었다. 꼰솔라따 수도회 한국 진출 30주년 기념 에코백을 선물로 주었더니 엄청 기뻐했다.

한국의 가톨릭 신자들도 성직자 우위의 사고가 있는데, 아마 여기도 마찬가지라서 성직자들 속에서 자기를 챙겨주는 사람이 별로 없지 않았을까 짐작하니 마음이 짠했다. 더구나 부부인 우리와 달리 그녀는 혼자였으니 속 얘기를 나눌 동료도 없었을 것이다.

곧 탄자니아 관구장 치프리안 신부님께서 환영의 문자 메시지를 보내셨는데, 내일 관구 본부가 있는 이링가에서 우리를 기다리겠다고 하셨다. 고맙게도 우리를 데리러 관구의 차와 운전기사를 보내주셨다. 오늘 도착했는데 내일 아침 바로 출발이다. 마당을 오가는 사이 모기에 몇 방 물렸다. 경당에 가서 도착 인사를 겸한 기도를 하려는데 모기에 물린 데가 가려워서 집중하기 어려웠다. 그렇지만 어쨌든 탄자니아에 도착하니 '마침내'라는 생각과 함께 마음의 안정은 오는 것 같았다. '이제 모든 것을 주님께 맡기고 잘 살아가려 하니 선교를 위해서 저희를 거룩한 사람으로 만들어 주세요.'라고 청했다.

다음 날 오전 6시, 마당으로 나와서 탄자니아의 첫 아침을 바라보았다. 발가락을 별 모양으로 쫙 펴고 머리에서 꼬리까지 몸을 S자로 휜 채 벽에 납작하게 붙어 있는 작고 예쁜 도마뱀이 이곳이 아프리카임을 실감나게 했다. 아침 미사를 스와힐리어로 드리니 탄자니아임이 더 확실하게 느껴졌다. 선교사로서 탄자니아에 와서 드리는 첫 미사였다.

아침을 먹고 곧바로 이링가를 향해 출발했다. 출발한 지 네 시간 반쯤 지나 모로고로에 있는 수도회의 알라마노 신학교에 도착해서 점심을 먹었다. 이곳은 철학 과정 신학생들을 양성하는 곳인데, 2층짜리 짙은 아이보리색 건물이 ㅁ자로 둘러싼 단정하게 잘 가꾸어진 정원과 수려한 뒷산을 배경으로 아름답게 보였다. 작년 답사여행 때 이링가 관구에서 만났던 산드로 수사님이 우리를 반가이 맞아주셨다. 라이베리아에서 오래 선교하셨고 마음이 아주 따뜻한 분이셨던 기억이 있는데, 우리가 선물로 드렸던 양말과 때수건을 아직도 잘 사용한다며 고마워하시니 드린 우리가 오히려 더 고마웠다.

1시 반에 다시 출발. 다레살람에서 모로고로까지는 평지이고 망고나무가 거대한 풍채를 자랑하며 자라는 열대의 푸르름이 짙었다. 반면 모로고로에서 이링가로 가는 길은 사바나 지역으로 탄자니아에서도 넓은 편인 미쿠미 국립공원을 가로지르고 오르내리면서 두세 시간 걸리는 큰 산도 두 개 넘어야 했다. 미쿠미 국립공원을 가로지르면서 운이 좋으면 공짜로 사파리를 할 수 있다고 해서 두리번거리니 멀리 한 가족처럼 보이는 기린 몇 마리와 도로를 따라 새끼를 등에 업거나 한 팔로 안은 채 앉아있는 원숭이들이 보였다. 기린 가족은 기다란 목을 앞뒤로 끄덕이며 느긋하게 이동하고 있었는데 우아하게 아름다웠다. 좁은 우리와 담장 없이 자연 그대로의 광활함 안에 자유롭게 거니는 동물들은 평화로운 느낌을 주었다.

국립공원을 지나고 산길에 접어들어서는 꾸벅꾸벅 졸고 있었는데 갑자기 차가 멈춰 잠이 깼다. 무슨 일인가 보니 앞쪽에 차량 십여 대가 길게 멈춰 있고 저 멀리 커다란 화물 트레일러가 고장이 났는지 왕복 2차선 도로를 다 막고 있어서 오갈 수 없었다. '이러다 이곳에서 밤을 지새우게 되는 게 아닐까? 이럴 경우를 대비하여 초콜릿이나 사탕 같은 비상식량이라도 가지고 왔어야 했는데….' 하는 조바심이 일었다.

사람들은 차에서 내려 길가에 삼삼오오 앉아 있었는데, 이런 와중에도 당황하는 기색 없이 태평하고 담담해 보여 신기했다. 그런데 시간이 가도 상황을 수습하는 경찰은 한 명도 보이지 않았다. 길은 이것 하나뿐이고 돌아갈 수도 없다. 그렇게 기약 없이 기다리며 40분쯤 지나자 다행히 트럭 한 대가 와서 고장난 트레일러를 연결하여 끌고 간 덕분에 다시 출발할 수 있었다. "오! 하느님, 여기서 밤을 새지 않아도 되니 고맙습니다."라는 말이 절로 나왔다.

꼬불꼬불한 산길을 몇 시간 넘으니 길가에 우람한 바오밥나무가 줄 지어서서 팔을 벌려 우리를 맞이했다. 수많은 바오밥나무가 이 지역이 건조지대라는 것을 알려주었다. 바오밥 지대를 지나니 확 트인 고원지대가 나타났다. 저 멀리 어스름해지는 능선을 배경으로 맑은 노을이 아름답게 우리를 감쌌다. 마치 '어서 오너라.' 하시는 하느님의 품 안으로 들어가는 듯 포근한 느낌이 들었다. 우리가 살게 될 이링가였다.

● 다니기 쉽지 않아요

다레살람에 처음 도착하면, 보통 이곳에 있는 꼰솔라따 수도회의 프로큐라 호스텔로 가서 짐을 풀고 쉬면서 관구 본부가 있는 이링가로 가는 차편을 기다리게 된다. 거리가 500킬로미터 정도 되는데, 운전해서 가면 보통 12시간 정도 걸린다. 시외버스편도 있지만, 가끔 다레살람에서 이링가까지 오가는 선교사 신부님들도 있고, 때때로 유럽에서 오는 자원봉사자들이나 손님들을 태우고 오가는 차편들이 있으므로 며칠 기다리다가 그 차편에 편승해서 가게 되는 경우가 많다.

탄자니아 국토는 한국 국토의 9배나 되는데다, 고속도로가 없으므로 빅토리아호수 근처의 므완자 같은 먼 도시로 이동할 때는 1박 2일로 다녀야 하는 경우도 있다. 운전하기도 쉽지 않지만 버스 타고 다니기도 쉽지가 않다. 먼 길 가는 버스는 운전기사 두 명이 타서 번갈아 운전하며 가다가 저녁이 되면 마을에 정차하고, 각자 근처에서 숙소를 찾아 자고 새벽에 다시 출발한다고 한다. 우리는 말만 들었지, 1박 2일 버스를 타 보지는 못했다. 같이 살던 탄자니아 신부님의 여동생 결혼식이 고향인 빅토리아호수 근처의 부코바에서 열리니 가자고 초대했는데, 가는 길이 1박 2일이고 코로나19도 무서워 못갔다. 빅토리아호수를 볼 기회를 놓쳐 아쉬웠다.

버스로 이링가에서 다레살람을 왕복한 적이 한번 있는데, 도중에 휴게소가 단 하나밖에 없기 때문에 대여섯 시간씩 꼼짝 못하고 앉아서 가는 것이 몹시 괴로웠다. 어떤 신부님은 시외버스를 이용하게 될 때 전날부터 물도 안 마시고, 사탕 몇 개만 가지고 타서 점심도 안 먹고 사탕만 먹으며 간다고 하셨다. 다레살람에서 이링가까지 포장도로가 있기는 하지만 대부분 왕복 2차선이고, 중앙분리대가 없어서 아주 위험하다. 다레살람에서 잠비아까지 이어지는 이 도로를 두고 여기서는 하이웨이라고 부르지만, 한국 기준의 고속도로는 아니다. 주로 화물차나 버스가 많이 다닌다. 승용차로 가게 되는 경우 편도 1차선이 대부분이므로 버스나 트럭을 추월하게 되는데, 길이 구부러진 곳이 많아서 추월하기가 아주 조심스럽다. 게다가 도로 상태가 안 좋은 경우도 많고, 장거리 운전으로 트럭기사들이 졸음운전을 할 가능성이 높으므로 항상 조심해야 한다. 정비가 불량한 트럭이나 버스들이 많은지 중간중간 고장 난 차들을 많이 보게 된다.

도로가 마을 근처를 지날 때면 50㎞/h 속도 제한이 있는데, 이를 어기다간 딱지를 떼기 십상이다. 반면 50㎞/h 속도 제한이 없는 곳에서는 속도 상한이 없으므로 좋지 않은 도로에서 거의 모든 차들이 과속해서 위험하다. 경찰들은 별로 위험하지 않은 곳에서 50㎞/h 속도 위반이나 추월선을 어겼다는 등의 이유로 단속하는 경우가 많다.

우리는 다레살람으로 운전해서 갈 때는 항상 딱지 두 개 정도는 끊을 각오로 다녔다. 딱지 하나의 범칙금이 보통 3만 실링이니까 소득 수준에 비해 상당히 큰 금액이다. 그러나 탄자니아에서 차를 가진 사람들은 대개 소득 수준이 높을 테니까 감당할 만한 금액일 게다. 어쨌든 대개 운전해서 가게 되는데, 정신 바짝 차리고 안전 운전하면서도 빨리 달려야 하고, 딱지 떼려고 대기 중인 경찰들을 신경 쓰며 운전해야 한다.

다레살람 근처 거리에서 파인애플을 파는 사람들.

낮에는 버스나 트럭들도 많이 다니고, 단속 경찰들도 많아서 다레살람까지 시간이 더 오래 걸리므로, 보통 새벽 3~4시쯤 일찍 출발하곤 한다. 그러나 우리가 운전해서 갈 때는 일찍 출발하기보다는 6시쯤 출발했다. 왜냐하면 새벽에 달리는 차들은 속도를 몹시 내고, 특히 마주 오는 트럭의 전조등이 시야를 가리므로 사고가 날까 무서웠기 때문이다.

그렇지만 이 길을 오가는 즐거움도 있다. 고원지대인 이링가에서 바닷가 도시인 다레살람까지 가다보면 기후 변화에 따라 달라지는 풍광을 보는 것은 색다른 경험이다. 탄자니아에 있는 동안 여러 차례나 이 길을 오갈 기회가 있었는데 우기에는 수풀이 우거져 동물이 잘 보이지 않았고, 풀이 말라 잦아든 건기의 새벽에는 흰 줄무늬의 날렵하고 아름다운 몸매의 임팔라 떼는 물론이고 몸집이 우람한 코끼리 가족과 날씬한 얼룩말 무리도 볼 수 있다. 해안지대 열대기후로 가면 연중 무덥고, 열대식물들이 많이 보인다. 넓은 광야의 곧은길도 지나고, 산중의 구불구불한 길, 강변도로도 지난다. 인공적인 고가도로는 없고 자연 지형에 따라 도로가 나 있다. 중간중간 마을들도 보고, 길가에서 그 지역의 특산물이나 농산물을 파는 노점상들, 염소고기구이 장사꾼도 보고, 소떼나 양떼를 몰고 가는 마사이 목동도 만나게 된다.

첫 매듭

관구에 도착한 후 두 달간 스와힐리어를 집중코스로 공부했다. 관구장님께서 "여러분은 한국에서 미리 왕초보를 떼고 왔으니, 보통 넉 달 걸리는 언어학교에 다니는 것은 시간낭비예요. 언어 선생님을 오게 해서 공부하는 게 좋겠어요." 하시며 과외를 시켜 주셨다. 월요일부터 금요일까지 아침 먹자마자 8시부터 2시간 수업, 휴식 시간 30분, 다시 2시간 수업을 받았다. 점심 식사 후 오후에는 복습하고 다음 날 독서와 복음을 읽었는데, 마치 다시 고등학생이 된 것 같았다. 아니, 내로사가 중고등학생 때에도 이렇게 언어 공부를 열심히 한 적은 없었다.

오전에는 신체 리듬이 제자리를 잡기 전이라 집중이 잘 안 되었다. 하루 종일 외국어를 신경 써서 듣고, 소통하고 공부하다보면 저녁에는 TV를 볼 힘도 없어 9시만 넘으면 잠자리에 들었다. 한국에 있을 때는 11시, 12시까지도 초저녁처럼 생생했는데.

주일에는 관구장 신부님을 따라 근처 성당이나 공소로 미사를 갔는데, 한 번에 두 시간 넘게 걸리는 미사를 어느 날은 두 번, 어느 날은 세 번 드렸다. 신자들을 만나는 즐거움도 있었지만, 모든 미사를 마치고 간단하게 점심을 먹고 늦은 오후에나 돌아오게 되어 체력에 부치기도 했다.

그렇게 두 달이 다 되어 수료하기 며칠 전부터 스와힐리어 선생님인 엠마누엘이 서운해 했다. 사실 엠마누엘은 정을 주는 스타일이 아니었다. 친구도 별로 없다고 하고 말수도 적고 우리 식으로 말하면 좀 까칠한 스타일이었다. 나이는 우리 작은아들 또래로 서른쯤 되었고 아주 어려서 아버지가 돌아가셨다고 했다. 엄마는 사진으로 보니 아주 멋쟁이였지만 푸근한 편은 아니셨는지 임마누엘은 스스로 챙겨가며 살았다고 했다. 법대를 가고 싶었지만 법대는 학자금 대출이 안 되어 사범대학 영문과를 간 것도, 결혼 비용이 너무 커서 결혼 엄두를 못 내고 있는 것도 안쓰러웠다. 대학 졸업 후에는 친척들이 대학 교육을 받은 집안 청년에게 이런저런 부탁을 해 와서 그의 삶의 무게가 만만치 않아 보였다.

그런 그가 수업을 마치는 날 우리에게 진심을 담아 칭찬과 축하를 해주었고 수료증에 축하 카드까지 써서 주었다. 우리도 감사의 표시로 탄자니아식 축하 목걸이와 작은 선물을 주며 함께 사진도 찍고 관구장 신부님께도 수업을 마쳤다고 보고했다. 힘든 언어 학습 과정을 마치는 거라 그랬는지 한 매듭을 지어서였는지 너무 행

50명 정도 참례한 마캄바코의 작은 공소미사.

복했다. '아직 말도 잘 못하고 모르는 단어도 너무 많지만…. 그건 차차 시간이 해결해 주겠지?'

걱정하던 거주 비자도 나왔다. 신청한 지 두 달이 채 안 걸렸으니 아주 빨리 나온 편이었다. 3개월짜리 관광 비자로 들어왔는데 다음 달에 만료되어, 비자가 안 나오면 이웃나라인 케냐라도 나갔다 올 형편이었기 때문이다. 이곳에서 만난 레오라는 필리핀 형제는 관광 비자 만료 때까지 거주 비자가 나오지 않아서 우간다까지 화장실이 달린 버스를 타고 꼬박 이틀 달려가서 하루 자고 다시 이틀 오느라 냄새 때문에 괴로워 죽는 줄 알았다고 했다.

하긴 지난달에 우리는 탄자니아 이민국에 케냐행 항공료 정도의 과태료를 물었다. 한국에 탄자니아 대사관이 있는 데 거기서 비자를 안 받고 왔기 때문이라고 했다. 주한 탄자니아 대사관으로부터 관광 비자로 들어가서 현지에서 신청하라고 조언을 받고 온 우리로서는 어처구니없었지만 다른 나라 다녀오는 셈 치고 과태료를 냈는데, 비용이 커서 그랬는지 일은 빨리 처리해 주었다.

선생님과 함께 찍은 스와힐리어 수업 수료 기념사진.

이래저래 기쁜 날이었다. 아시아 관구장 타므랏 신부님께 알려드렸더니 "성령께서 잘 인도해 주시네요." 하셨다. 이렇게 여러 가지 일들이 잘 이루어지고 주위 많은 사람들의 사랑도 받으니 고마웠다.

◉ 시간을 부르는 법이 달라요

수도원에 도착하면 우선 시간표를 보게 된다. 아침 기도와 저녁 기도, 미사 그리고 아침, 점심 및 저녁 식사 시간에 맞추어 행동해야 때문이다. 그런데 시간 표시가 영 이상하다. 아침 기도 및 미사 싸아saa 12:30, 아침 식사 싸아 1:30, 점심 식사 싸아 6:30로 써 있다. 탄자니아 사람들이 말하는 싸아 1, 즉 1시는 우리나라의 7시에 해당한다. 즉, 우리의 오전 7시가 1시이고, 오후 7시도 1시이다. 그렇다고 그들이 사용하는 시계에 숫자판이 우리의 시계와 다르지는 않다. 같은 시계를 쓴다. 그런데 그걸 말로 언급할 때는 7am을 싸아 1라고 한다. 그러니까 정오는 싸아 6, 저녁 6pm은 싸아 12이다. 사적인 생활에서뿐만 아니라 방송이나 은행이나 모든 곳에서 이렇게 말한다. 굳이 외국식으로 시간 표시를 하는 경우에는 7am이나 7pm과 같이 표시하여 혼란이 없게 하고 있었다.

처음에는 시계는 다 똑같은데 시간을 다르게 말하는 게 어색해서, 즉 7am을 싸아 1이라고 말하는 게 헷갈려서 사람들과 시가 약속을 하거나 대화할 때 여간 혼동되는 게 아니었다.

왜 이런 방식이 시작되었고, 현대에 와서도 계속 이렇게 쓰나 우리 마음대로 생각해 보았는데, 탄자니아의 지리적 위치 때문인 것 같다. 탄자니아는 적도에서 약간 남반구에 위치하고 있다. 살아보니까 해가 항상 오전 6시에서 7시 사이에 뜨고, 오후 6시에서 7시 사이에 진다. 그러니까 해가 뜨고 첫 번째 시각이니까 첫째 시간saa 1인 것이고, 해가 지고 첫 번째 시각이니까 다시 첫째 시간saa 1인 것 같다. 연중 밤낮의 길이가 조금씩 바뀌기는 하지만, 적도에서 가까운 나라이므로 밤낮의 길이가 큰 차이 없이 변하고 따라서 항상 하루가 시작되는 시간과 밤이 시작되는 시간을 1시saa 1라고 부르는 것은 아주 자연스럽지 않은가?

난생 처음

이곳에 와서 많은 것이 오기 전에 예상하지 못했던 일이었지만, 그중 난생 처음한 일 중의 하나가 이발이었다. 이곳 사람들은 대개 머리가 아주 심한 곱슬이기 때문에 여자들은 대부분 땋아서 모양을 내고, 남자들은 가위로 이발을 하지 않고 옛날 까까머리 중고등학생처럼 기계로 민다. 그래서 그들은 머리를 '자른다'는 말을 쓰지 않고 '면도한다'는 단어를 쓴다. 시내에 이발소가 있지만 토마스 머리를 까까머리로 밀어놓을까 겁나서 할 수 없이 내로사가 이발에 도전했다. 미장원의 기억을 떠올리며 잘 드는 가위를 빌렸고, 이곳에서 여자들이 입는 '캉가'라는 큰 천을 토마스 목에 둘러주고 가위질을 시작했다. 첫 작품치고는 제법 봐 줄 만 했다.

이곳은 일본처럼 차가 왼쪽 차선으로 다니고 핸들이 오른쪽에 있다. 운행되는 차들의 상당수가 일본 중고차이고, 기어도 수동이 대부분이다. 처음 살 때부터 대부분 중고차인데다 울퉁불퉁한 흙길을 자주 다니니 고장도 잦아 고치기 쉬운 수동이 낫다고 한다. 대중교통이 좋지 않은 곳에서 선교사 생활 중 운전은 필수이므로, 자동기어에 오른쪽 차선에 익숙한 우리는 운전학원을 다녔다. 이링가 시내에 운전학원이 3개 있었는데, 그중 하나가 우리 선교센터의 기술학교 부설 학원이어서 우리는 그곳에 등록했다.

학원에는 실습차량 한 대, 강사 한 명, 사무직원 한 명이 있었고,

강의실과 사무실 한 개씩 외에 아무 시설이 없었다. 첫날은 교통표지판 보는 법과 주요 법규에 대한 강의를 들었다. 다른 날에는 여러 명의 학생들과 함께 실습 차량을 타고 도로로 나갔다. 실습은 외곽에 있는 넓은 공터에 나가서 시동 거는 법, 기어 변속하는 법, 후진하는 법 등을 강사가 시범 보인 다음, 한 명씩 번갈아 연습했다. 한 5분씩. 그동안 다른 사람들은 밖에서 연습하는 걸 쳐다본다. 수업 시간은 두 시간이지만 일인 당 연습한 시간은 10~20분 정도였다.

주중 어느 날은 기초 연습을 하고 어느 날은 도로 주행을 했다. 주행은 한 학생당 10분 정도 연습했는데, 강사는 조수석에서 잔소리로 교육하고, 다른 학생들은 뒷자리에 앉아서 잔소리를 들으며 귀로 배웠다. 멀리 교외까지 도로를 달리는 연습을 하고 좀 더 익숙해지면 시내의 좁은 길을 주행하고, 주차 연습으로 마무리했다. 강사가 각 학생들의 운전 수준을 관찰해서 이제 수료할 만하다고 판단하면 수료시켰다. 보통 한 달 정도 걸린다. 운전학원 수료하는 날에 경찰관이 학원에 직접 와서 신기했다. 경찰관은 호의적인 표정

운전학원 강사와 수강생들. 모두 한 차에 타고 번갈아 운전을 한다.

으로 마무리 종합 강의도 하고 직접 수료증도 주었다.

　운전면허를 신청하려면 납세자 등록을 해야 한다고 해서 세무서에 가서 등록했다. 그때는 운전면허 신청에 왜 납세자 등록을 해야 하는지 이해되지 않았는데 나중에 보니 교통범칙금을 낼 때 필요했다. 이름을 등록하는데, 미들 네임이 없으면 전산등록이 안 된다고 했다. 할 수 없이 우리는 세례명을 넣었다. 그러니까 탄자니아에서 법적인 우리 이름은 '성호 토마스 송', '은형 로사 강'이다.

　소포를 받느라 우체국에 들렀다가 세무서에 가서 세금도 내보고, 큰 시장, 작은 시장에 가서 먹을거리 장도 보며 이런저런 소소한 일들로 탄자니아에서의 일상에 한발 한발 적응해 갔다. 그러다가 탄자니아에서 맞이하는 첫 번째 추석이 왔다. 한국에서는 빨간 날이 당당히 줄지어 있는 연휴였지만, 이곳은 평소와 같은 검정색 일상이 돌아가는 날인 게 낯설었다. 우리는 가족들과 통화하는 걸로 갈음했다. 추석은 장손인 토마스와 결혼한 후, 늘 몇 주 전부터 신경을 쓰며 챙겨왔던 큰 명절인데, 시장도 안 보고, 음식 준비도 안 하고, 손님치레도 안 하고 지내니까 정말로 다른 세상에 와 있다는 실감이 났다. 물론 엄청 홀가분한 느낌으로 미소가 절로 떠올랐다. '우리 며느리에게는 이런 부담을 주지 말아야지.' 다시금 결심하면서.

● 탄자니아의 운전면허시험

　탄자니아는 대중교통이 불편하므로 선교사들이 운전하고 다니는 것이 필수적이다. 그러나 탄자니아는 국제운전면허협정 가입국이 아니라서 한국에서 가져 온 국제운전면허증의 효력을 인정하지도 않고, 한국 운전면허증을 근거로 탄자니아 운전면허증을 발급해 주지도 않는다.

　게다가 탄자니아는 자동차가 좌측통행이고 운전대는 오른쪽에 있다. 그래서 수입되는 중고차가 대부분 일본에서 들어온 차들이다. 그리고 도로가 오프로드인 경우가 많으니까 흔히 보는 차들은 사륜 SUV나 픽업이 많고, 또 대부분 수동기어이다. 따라서 운전면허증을 그냥 준다고 해도 현지 도로 사정에 익숙하지 않고 겁이 나서 운전할 수가 없었을 것이다.

　운전면허시험과 관련하여 색다른 점이 두 가지이다. 하나는 운전면허 신청을 세무서에 한다는 점이다. 면허를 신청하기 위해서는 세무서에 가서 납세자등록을 하여 등록번호를 받고, 이때 사진도 찍어서 전산시스템에 입력하고 등록증을 받는다.

운전학원 수료식. 경찰이 와서 구두시험을 보고 수료증을 준다. 경찰, 로사, 운전학원강사.

둘째는 운전면허 주관 부서가 경찰서인 것은 맞는데, 면허시험 과정이 없다. 이론법규시험도 없고, 실기시험도 없다. 한 달에 한 번 정도 경찰관이 학원생들 수료일에 맞추어 학원으로 온다. 그날 일종의 구두시험처럼 수료예정자들 몇 명에게 질문을 하고 이어서 경찰관이 중요 법규를 설명한다. 그런 후에 경찰관이 수료증을 각자에게 나누어주며, 기념사진도 찍는다.

이 과정이 끝나면 운전면허시험을 통과한 것이다. 이 수료증과 함께 세무서에 접수한 등록 영수증을 경찰서로 제출한다. 그리고 나서 나중에 세무서로 가서 발급된 운전면허증을 찾는다. 소요기간은 지역에 따라 다르다는데, 우리는 한 달 정도 걸려서 유효기간 3년의 면허증을 받았다.

자동차 보유에 따른 세금은 없다. 운전하고 다니는 동안에 과속이나 추월선 위반을 하지 않았는데도 교통경찰이 딱지를 떼거나 함정 단속을 하는 경우가 있어서 불쾌할 때가 많았다. 위반사항이 없는데 왜 단속하느냐고 항의하면, 억울하면 법원으로 가서 시비를 가리라고 한다. 그럼 그냥 딱지를 떼라고 할 수밖에 없다. 법원까지 가서 시비를 가릴 여가는 없으니까.

환상의 속삭임

이렇게 감사한 가운데 있으면서도 내로사 마음은 훅 하고 떨어져 내렸다. 이곳에 오기 전 근래 몇 년간 은혜롭게도 매 순간순간을 '지금 여기'에 머무는 평화와 사랑과 온갖 성령의 열매가 풍성한 하느님 나라를 살았다. 어려운 일이나 벅차고 힘든 일, 크고 작은 사건들이 없진 않았지만, 그래도 많은 시간을 지금 여기 하느님께 의탁하며 기쁘게 사랑 안에 머물 수 있었다. 온유함과 평화와 사랑과 내적인 에너지와 생기로 기꺼이 하는 봉사 등….

돌이켜 보면 그 평화의 기간 중에 있었던 가장 큰 도전은 히말라야 안나푸르나 트래킹을 할 때였다. 육체적으로 몹시 지치고 힘든 상황에 닥치니 안전에 대한 욕구와 신체적인 욕구가 우선적으로 나를 지배했다. 날마다 성경도 읽고 기도도 했지만, 깊은 묵상이 되지 않아 숙제처럼 해치웠고, 마음 깊은 곳에 기쁨과 평화, 사랑도 사라져 이웃에 대한 관심도 돌볼 여유도 없이 내가 먼저 보호받고 위로받고 싶은 질투와 이기심이 드러났다. 그것들이 나를 고통스럽게 했다. 이런 나를 인정하고 싶지 않았지만, 그간 많이 엷어졌다고 믿어왔던 나의 자아가 자기만족의 겉꺼풀 아래 벌거벗겨진 민낯처럼 생생하게 살아 올라왔다. 처음엔 그런 나를 받아들이기 어려웠고 왜 그런 상태가 되어 있는지 실망스러웠고, 부끄럽고, 혼란스러웠다. 지금 생각해 보니 부끄럽다는 것, 실망스러워 했다는 것 자체가 내 자만심의 반증이었다.

이곳에서 다시 안나푸르나 때처럼 자아가 생생히 살아 올라오는 것이 보였다. 한국에서의 생활 환경과는 완전히 다른 이곳에서 또다시 자기 보호의 욕구와 신체적 욕구가 우선되고, 나와 타인을 구분 짓는 경계가 보였다. 또다시 고통과 실망과 혼란을 느낀다는 것이 내가 미끄러지고 있다는 증거였다.

갱년기의 호르몬 변화 때문인지 더 강하게 느껴지는 신체적 욕구들과 탁자 위의 벌레나 작은 개미를 보고 기겁하고 식은땀을 흘리고, 낯선 세제 냄새를 못 견뎌서 급기야는 섬유린스를 사는 등…. 위생과 안전에 대한 욕구가 엄청나게 나를 흔들었다. '여기 생활이 해주는 밥 먹고, 의무적인 일 없이 그저 언어 공부하고, 기도하고, 성경 읽고, 주 1회 정도 빨래와 청소하는 것 외에 시간도 몸도 자유로운데 무엇이 나를 안전의 욕구로 몰아대는 것일까?', '내 두려움의 실체는 무엇일까?', '삶의 자리가 바뀐다는 것이 이다지도 영향을 미치는 것일까?' 나름 피정도 하고 기도도 했지만, 잠시의 평화와 기쁨일 뿐 너무나 쉽게 미끄러져 마음속은 날마다 시간마다 전쟁 중이었다.

의식하지 않는 사이에 어느새 악의 달콤함에 취해 허우적거리다가 고통스러워하며 정신을 잃고 있는 나를 발견하곤 했다. 그러면 다시 마음을 추스르면서 그런 나를 관찰하고…. 이건 아닌데 싶으면 다시 기도하고, 잠시 평화. 나의 약한 자아는 어느새 미끄러져 나가 다시 휘몰아치는 광풍 속으로 빠져 들어갔다. 굵고 튼튼한 밧줄을 두고, 깨지기 쉬운 얇은 유리 줄을 잡고 놓지 않으려 했고, 좁은 유리 항아리에서 사탕을 움켜쥔 손을 빼려 안간힘을 쓰면서도 사탕은 놓고 싶지 않았다.

심호흡을 하며 내가 부여잡고 있는 환상을 바라보았다. 환상을 부여잡고 있을 때, 반드시 그 대가를 치르게 된다는 것은 직간접적인 경험으로 이미 알고 있는 사실이었다. 환상은 거짓 자아가 자신을 보호하고 찬양하기 위해 꾸며내는 것이다. 나이가 들어가며 모든 것이 변했지만 자신은 변치 않고 젊은 것처럼 착각하고, 실제로 모르는 것이 훨씬 더 많지만 자신은 모든 것을 알고 있는 듯이 판단한다. 연못에 빗방울이 떨어지면 제각기 동그라미를 그리듯, 사람들은 저마다 세상의 다양한 중심이 되어 살아가고 있지만 그 모든 것의 중심에 내가 있는 것처럼 착각하는 것 등이 그러하다. 이러한 환상이 다시 밀려오더라도 명확하게 알아차리고 흘려보내자고 마음먹기를 수십 번 아니, 수백 번쯤….

관구 본부 마당에서
요리사 직원들과 함께.

이렇게 갈대처럼 흔들리는 나의 약함, 맑고 고운 모습이 아니라 영적 전쟁의 흔적으로 이리저리 해져 너덜너덜해진 모습이지만 하느님께서는 거절하지 않고 받아주시리라 믿으며 봉헌했다. 내가 사랑하는 그분께서는 꺼져가는 심지를 끄지 않고, 부러진 갈대도 꺾지 않는 분이시라는 것이 새롭게 기쁜 소식으로 가슴속으로 스며들어왔다. 고마웠다.

하느님 안에 머물지 않으면 그깟 자만심은 어느 순간 미끄러지는 것, 아무것도 아니라는 것을 다시 한번 깨달았다. 어찌 보면 그간의 평안한 삶의 자리에서 느꼈던 자만심을 한순간에 무너뜨리며 더욱 당신께 의탁하는 겸손으로 이끌어주시는 게 아닐까?

로사의 묵상 일기

2018년 7월 19일 목요일

실내는 그리 추워 겨울옷을 입고 있다 밖에 나가면 바람은 좀 불어도 햇빛이 강하고 따뜻하다. 화단 둘레에 심어진 작은 나무들이 물이 없어 잎이 처져 있는 게 눈에 들어와 토마스와 물을 주고, 그다음 날은 나뭇가지 사이로 죽은 나뭇가지를 치워 주고, 말라버린 나뭇잎을 떼어 주니 제법 화단이 살아났다. 둘러보니 꽃도 더 싱그럽다. 맑은 파란 하늘에 새하얀 구름이 군데군데 떠 있고 아름다운 새소리가 지저귀고 따뜻한 햇볕 아래 싱그러운 화초나 꽃을 보면 여기가 천국 같다. 오후 시간이 자유로워 필요한 일들을 하거나 원하는 만큼 기도 시간을 가질 수 있는 것이 얼마나 고맙고 다행인지 모른다.

그분 안에 충분히 머무는 시간은 나에게는 산소처럼 꼭 필요한 시간이다. 일상의 시간을 살다보면 어느새 뽀얗게 낀 먼지가 보이듯 조금씩 증세가 느껴질 때가 있다. 그날이 그날같이 덤덤하다든지, 언제 기쁘거나 행복했던 시간이 까마득하게 느껴진다든지, 사람을 만나는 게 부담스럽다든지, 다른 사람의 상황에 관심 두기 힘들다든지, 일이 버겁게 느껴진다든지 하는 증세들…. 이럴 때, '내가 지금 그렇구나!' 하는 나의 모습을 보기 시작하면 그때가 바로 그분께 달려가 오래 머물러야 하는 때이다.

한참을 경당에 앉아 있으면서 성가도 부르고 심호흡도 하면서 십자가를 바라보기도 하고 감실을 보다보면 참으로 신기하게도 어떤 성경을 읽고 싶거나 성가가 떠오른다. 그 성가를 부르거나 성경을 읽으면, 어떤 구절에서 마음이 복받쳐 눈물이 왈칵 난다. 도저히 머리로 상상하거나 의도해서는 되지 않는 상태인데, 아마도 그때 나의 주님께서 나에게 말씀하시는 게 온전히 느껴지는 때인 듯하다. 도무지 그 구절이 왜 눈물이 나는지 이해해 보려고 해도 잘 되지 않는다.

어제 주님께서 어린 사무엘을 부르시는 장면이 떠올라 스와힐리어 성경을 폈다. 세상에! 그 부분이 읽어진다. 공부 시작한 지 한 달이 안 됐는데…. 읽다가 주님의 부르심에 답하는 구절 "Nena, Bwana, kwa kuwa mtumishi wako anasikia."말씀하소서 주님, 당신 종이 듣고 있습니다.에서 눈물이 왈칵 난다. 리처드 로어 신부의 《벌거벗은 지금》이라는 책에서 나오는 하느님과 나의 주파수가 맞을 때 일어나는 이상한 현상이라고밖에 설명이 안 된다. 그러다가 문득 아직 주님께서 어떤 말씀을 주고 싶어 하시는지 못 들었다는 게 떠올랐다. '주님 제가 여기 듣고 있습니다. 말씀하소서.' 하면서 그렇게 시간이 얼마나 흘렀는지…. 따뜻한 느낌과 나의 죄스러움이 동시에 보이고, 지금 내가 겪는 어려움이 주님의 시험이며, 비참한 나의 죄를 그대로 두지 않으시고 주님께 더 가까이 있게 하는 도구로, 그래서 선을 이루시는 데 쓰시는 게 아닐까 하는 생각이 떠올랐다.

내가 좋아하는 로마서 8장 28절, "하느님을 사랑하는 이들, 그분의 계획을 따라 부르심을 받은 이들에게는 모든 것이 함께 작용하여 선을 이룬다는 것을 우리는 압니다."

아멘 아멘. 그렇습니다. 하느님 감사합니다. 주님께서 원하시는 일이 저희에게 이루어지기를 바랍니다. 아멘. 감사하고 기쁘다.

음고웅고 선교센터

꼰솔라따 수도회의 탄자니아 관구에는 스페인, 이탈리아, 케냐, 탄자니아, 콩고, 에티오피아 등 다양한 국적을 가진 오십여 명의 선교사가 열일곱 개의 선교지에서 일하고 있다. 선교지는 보통 스무 곳 이상의 공소를 가지고 있는 본당이 다수이고, 깊은 산골짜기에 있지만 탄자니아에서 규모로 상위 순위 안에 든다는 큰 자선 병원, 미래의 사제 꿈나무를 위한 세컨더리학교인 소신학교, 보육원과 기술학교, 목장과 농장, 청원자와 철학 공부를 하는 신학생 양성시설, 수련기 신학생을 위한 수련소, 피정집인 선교영성센터도 있다.

정식 파견 전에 답사 왔을 때, 우리는 관구장 신부님의 배려로 탄자니아 관구에 속한 선교지를 거의 다 돌았다. 각 선교지에 따라 주로 하는 사도직도 달랐지만, 기후도 연중 무더운 열대지역이 있는가 하면 해발 2,000미터가 넘어 추운 고산지, 사막처럼 건조한 저지대로 다르고, 각기 생활 환경도 크게 달라서 우리가 어디로 파견될지 오랫동안 궁금했다. 관구장께서 어디로 가고 싶으냐고 물어오셨을 때 우리는 산자 본당처럼 오지에 있는 본당에 가고 싶지만 살아낼 자신은 없고, 관구장께서 파견하시는 곳이면 어디든지 가겠다고 말씀드렸다.

넉 달 가량의 준비 과정을 마쳐가던 어느 날 우리는 음고웅고 선교센터라는 선교지로 파견받았다. 음고웅고 선교센터는 기술학교

와 보육원이 있어서 학생들과 아이들을 좋아하는 로사도, 젊은이들
과 무언가를 함께하고 싶어 하던 토마스도 기쁘게 받아들였다. 더
구나 관구가 있는 이링가 시내에서 십여 킬로미터밖에 떨어져 있
지 않아 응급 시 관구의 도움을 받기 쉬운 게 안심이 되었다. 우리
가 일할 곳이 결정되니 '이제 진짜 선교사가 되는구나!' 하는 생각
에 기분 좋게 흥분되었다.

우리의 소임지로 이사한 날은 탄자니아에 온 지 꼭 4개월 만이었
다. 어딘가로 떠나는 것, 그것이 선교사의 일이라는 데, 한국에서 여
기로 떠나오고 본격적인 파견을 받아 간다고 생각하니 특별한 느낌
이 들었다. 우리를 데리러 여든이 넘으신 노신부님께서 손수 운전
해서 오셨다. 만약 한국이라면 이렇게 연세 드신 신부님에게 이사
를 도와주라고 아무도 부탁하지 않을 것이다. 선교사라서 그런가?
연세가 드셨어도 현역으로 일하실 때는 그저 한 사람의 선교사로
할 수 있는 일을 하시는가 보다 하며 작은 감동이 일었다.

노신부님과 이런저런 이야기를 나누다보니 어느덧 음고응고 선

우리가 살던 음고응고 선교센터의 사제관.

교센터에 도착했다. 원장 신부님의 환영을 받고 우리가 살 방으로 안내되었다. 방은 여느 수도원 방처럼 침대 하나, 책꽂이 하나, 옷장 하나가 있었다. 커튼이 어두워서 그렇지 천천히 둘러보니 벽도 새로 칠한 듯 산뜻했고, 침대 시트도 새것이었다. 우리를 맞이할 준비 하느라 신경 쓰신 신부님들의 배려와 사랑이 느껴졌다.

우리는 음고응고 선교센터 안의 수도원에서 살았다. 수도원에는 작은 경당, 선교사들의 방 3개, 손님방 2개, 부엌, 식당과 거실 그리고 사무실 2개가 있었다. 30여 년 전에 수도회에서 이 선교센터 부지를 사기 전에 농장 주인이 살던 집이었는데, 거기다 두어 차례 잇대서 증축한 집이었다. 우리는 그중 한 방에서 살았고, 토마스가 선교센터 행정 담당으로서 사무실 중 하나를 사용했다.

짐 정리를 대강하고 집 안에 있는 경당으로 갔다. 일인 침실 정도 크기의 경당에는 다미아노 십자가, 작은 제대, 성체가 모셔져 있는 단과 빨간 성체등, 영원한 도움의 성모 이콘이 있었다. 먼지로 가

음고응고 선교센터 내 철공소 직원과 학생들.

득 덮인 감실, 그 아래 껍질이 말라 벗겨진 먼지 쌓인 나무 등걸 받침대, 아주 오래된 사찰의 부처님 방석처럼 먼지와 함께 빛바랜 금색 덮개가 덮여 있는 것을 보니 '선교지'라는 느낌이 확 들었다. 온갖 편리함에서 또 한발 더 들어와 있는 느낌. 마침 앞에는 십자가상의 예수님 그림이 있었다. 우리를 향한 지극한 사랑의 모습을 죽기까지 보여주신 그분을 바라보며, '결국은 이곳에 저희를 오라고 부르신 거군요. 어떤 사람에게 어떤 위로를 주고 싶으신 건가요?'라고 여쭈었다. '주여 나를 보내주소서. 당신이 아파하는 그곳에 주여 나를 보내주소서 당신 손이 필요한 곳에…'라는 성가가 떠올라 부르는데 계속 눈물이 흘렀다.

다음 날 우리는 원장 신부님의 안내로 선교센터 이곳저곳을 둘러보았다. 음고응고 선교센터에는 이탈리아 출신과 케냐 출신의 두 선교사 신부님이 일하고 있었고, 보육원과 기술학교 외에도 동네

원장 신부님과 같이 농장을 돌아보고 있는 토마스. 우기가 되면 이곳에 주로 옥수수와 해바라기를 심는다.

주민들을 위한 보건소가 있고, 수익 사업도 하는 작은 목공소와 철공소 그리고 구둣방이 있는 큰 선교센터였다. 땅은 60만 평이나 될 만큼 넓어서, 그중 일부에서 옥수수와 해바라기 농사를 짓고 소, 돼지, 양, 염소를 합하여 100여 마리 가축을 키우고 있었다. 기술학교에 선생님과 직원이 10여 명, 보건소 직원이 5명 그리고 보육원 선생님 5명, 그 외에 직원 10명 정도가 농사, 축산, 운전과 공동체에 필요한 여러 가지 일들을 하고 있었다.

이 선교센터는 우리를 손수 데리러 오셨던 이탈리아 출신의 프랑코 소르델라 신부님께서 25년쯤 전에 보육원을 시작으로 모든 시설들을 지으며 일하셨는데, 지금은 보육원에서 어린이부터 대학생까지 70여 명을 돌보는 일에 전념하고 계셨다. 그래서 이 선교센터 전체에 이분의 손길과 흔적이 남아 있었다.

선교사들이 여러 가지 생계형 일을 하는 것이 신기해서 물어보니, 이곳 탄자니아나 아프리카에서는 일상적인 일이라고 했다. "우선 선교지에 사는 사람들이 먹고 살 식량을 위해 목축을 하고 농사를 지어요. 이외에도 선교 활동을 위한 운영비가 필요하지만, 본당 신자들의 헌금이 있는 것도 아니고, 외국에서 들어오는 선교 후원금으로는 부족합니다. 여러 가지 일자리를 만들어 현지 신자나 사회에 도움이 되는 의미도 있고, 필요한 물건들을 직접 제작해서 쓰는 것이 비용 절감에 도움이 되기 때문이에요."라고 했다. 기술학교만 해도 학생들에게 받는 수업료로는 부족한데다 사립학교에는 정부 지원이 전혀 없기 때문에 옥수수 농사를 지어서 100여 명 치 식량의 일부분을 마련한다고 했다. 우리 선교센터에 트랙터가 2대 있는데, 우리 농사도 짓고 마을 주민들의 농사를 돕는데 임대하기도 했다.

이곳 기술학교는 초등학교나 중학교를 마치고 기술을 배우고 싶어 하는 학생들을 받아 전공에 따라 2년에서 3년간 기술 교육을 하는 학교였다. 전공으로 전기설비과, 자동차정비과, 용접과, 재봉과, 축산과가 있었다. 첨단기술은 아니지만 다 이곳 생활에 필요한 기술이었다.

근처에 살면서 등하교하는 학생도 몇 명 있지만, 대부분의 학생은 먼 지방 출신으로 학교 기숙사에서 생활했다. 탄자니아에서는 집에 살면서 근처 학교를 다니는 것보다 다른 지방에 있는 기숙학교를 선호하는 경향이 있다. 특별한 경우를 제외하고 중고등학교까지는 집에서 통학을 하는 것이 보편적인 한국 사람으로서는 굳이 기숙사비와 교통비를 들여가며 먼 곳까지 학교를 보내는지 납득하기 조금 어려웠다.

◉ 탄자니아의 학제

한국 사람은 한국에 살고 한국에서의 삶에 익숙하니까, 나라마다 조금씩 차이는 있겠지만 기본적인 제도들은 비슷하게 운영될 거라는 선입견을 가지고 있다. 그렇지만 자세히 보면 다른 점들이 많다.

첫째, 각급 학교의 학제가 다르다. 탄자니아는 영국의 식민지였다가 독립한 나라라서 그런지 학제가 영국과 비슷하다. 즉, 초등 7년, 이어서 한국에서는 중학교에 해당하는 세컨더리학교(보통 과정) 4년, 이어서 고등학교 혹은 대학 예비 과정에 해당하는 세컨더리학교(고급 과정) 2년 그리고 대학 3~4년이다. 학사까지 모두 16년간이란 점에서는 우리나라와 같지만, 각급 학교의 기간이 좀 다르다.

둘째, 각급 학교에서 새 학년을 시작하는 시기가 모두 같지 않다. 우리나라에서는 모든 학교가 새 학년을 3월에 시작한다. 초등학교도,

중학교도, 인문계고도, 실업계고도, 대학교도 모두 3월에 시작한다. 그러다보니 다른 나라의 경우에도 새 학년을 9월에 시작한다던지 하는 차이는 있겠지만, 졸업하고 입학하는 시기가 기본적으로는 거의 같은 시기에 이루어질 거라고 생각한다. 그러나 꼭 그렇지만은 않다. 탄자니아가 그 예이다. 초등학교부터 세컨더리학교(보통 과정)는 1월 중순에 새 학년을 시작해서 11월에 끝난다. 기술학교들도 같다.

초등학교 졸업자격시험은 보통 9월 제2주간에 치러진다. 그런데 세컨더리학교(보통 과정)에 입학하기까지 시험을 마친 후 약 4달이 뜬다. 세컨더리학교(보통 과정)를 11월에 마친 후 세컨더리학교(고급 과정)는 학교에 따라 5~7월에 새 학년이 시작하니까 또 약 반 년이 뜬다. 세컨더리학교(고급 과정) 2학년 때 국가대학입학시험은 6월에 치른다. 반면 대학교는 보통 9~11월에 새 학년을 시작한다. 이렇게 세컨더리학교(고급 과정)와 대학교의 입학시기가 다르고, 개별 학교마다도 다르다는 게 우리 눈에는 이상해 보였다.

한국에서는 실업계 학교도 고교 과정으로 편성되어 있지만, 탄자니아에서는 기술학교는 관할 관청VETA, Vocational Education & Training Authority이 따로 있는 점도 특이하다. 특히 직업학교의 경우 세컨더리학교(보통 과정)을 마치고 진학하도록 권장되지만 초등학교만 마치고 진학하는 경우도 있고, 다른 일을 하거나 집에서 농사일을 돕다가 진학하는 경우가 많아서 학생들 나이가 대개는 20세 전후이지만 10대 중반에서 30세 중반까지 넓게 퍼져 있었다. 기술학교 진학 시에는 전국 단위 시험 없이 각 기술학교가 임의로 학생을 선발한다.

탄자니아는 대입시험 말고도, 정부가 시행하는 전국 단위 일제고사가 여러 차례 있다. 초등 4학년 마칠 때와 7학년 마칠 때 그리고 세컨더리 2학년 마칠 때와 4학년 마칠 때 총 4차례의 전국적인 시험이 있다. 각 시험에는 불합격이 있고, 불합격하면 다음 단계 학년이나 학교로 진학할 수 없다. 탄자니아는 세컨더리학교(보통 과정)까지가 의무교육인데, 초등학교를 마치고 치르는 일제고사에서 약 10퍼센트가 탈락한다고 한다. 그리고 세컨더리학교(보통 과정)을 마친 후에 약 30

퍼센트 정도만이 세컨더리학교(고급 과정)로 진학한다고 한다. 아마도 이는 탄자니아의 세컨더리학교(고급 과정)가 대학예비학교 성격이 강한 데서 그 이유를 찾을 수 있겠다.

대입시험 같은 경우 우리나라는 수능을 하루에 다 치르고 마치는데 탄자니아는 6월 달에 일주일 정도 치른다. 각자의 선택 과목에 따라 각 과목 시험 날짜가 다르고, 심지어 과학 분야에는 실험도 있고 하여, 전체적으로 치르는 시험 과목은 많지 않은데, 하루에 한두 과목씩 여러 날에 걸쳐서 치른다.

초등학교에서의 교육 언어는 스와힐리어이나, 세컨더리 이상의 학교에서는 교육 언어가 영어인데서 오는 어려움이 있다. 초등학교 때 스와힐리어로 배우던 학생이 세컨더리학교에 입학하면 곧바로 영어로 수업이 진행되니까 많은 학생들이 세컨더리학교에서 학업을 따라가기 쉽지 않다는 것은 불문가지이다. 그런데 전체 초등학교의 10퍼센트 정도를 차지하는 사립초등학교에서는 수업을 영어로 하는 경우가 대부분이다. 따라서 사립초등학교를 마친 학생들이 세컨더리학교에 가서 수업을 따라가기가 유리하고, 학업 성적이 우수할 가능성이 높아진다.

초등학교의 경우도 많은 학생들의 통학 거리가 3-5킬로미터 정도 된다는 것 또한 어려움이다. 초등학교 졸업시험이 9월 둘째 주이고 세컨더리학교에 진학할 때까지 약 4개월이 비는데, 이 기간에 많은 문제가 발생하므로 부모들은 노심초사한다. 세컨더리학교가 기숙학교가 아닌 경우에는 등하굣길이 초등학교보다 더 먼 경우가 많다. 이는 특히 여학생들에게 더 큰 위험 요소가 되고 학업 중단 가능성이 높아지는 문제를 야기하고 있다.

대학입학자격시험을 합격한 학생들에 대해서는 정부가 대학교 지원 및 배정 업무를 총괄하는 점도 특이하다. 입학시험에 실패한 학생들은 재수라는 절차가 없다. 대입에 실패하면 기술학교나 전문학교에 진학한 후 대학 진학을 도모하거나 아니면 초등학교 교사가 되기 위한 훈련 과정에 지원하기도 한다.

3장

지옥에서 천국으로

루아하 국립공원의 여명.

세상에 이런 곳이

선교사로 떠나기로 약속하고 준비하던 때 우리는 기대와 설렘으로 상당히 들떴다. 고생할지도 모른다는 막연한 걱정, 가족들, 친구들과 헤어져 있는 생활, 한국의 편리함을 놓아야 하는 불편함에 대한 걱정도 있었지만, 기대와 설렘, 각오 같은 감정들이 더 컸다.

예순을 앞두고 있던 우리는 가까이 지내던 지인들로부터 "아니, 그 나이에 무슨 삼 년씩이나 다른 나라로 떠나느냐? 여기서 다른 봉사를 하면 되지." 하는 걱정을 듣기도 했고, 주임 신부님께서는 "갔다가 힘들면 언제든지 돌아오세요. 뭐라고 하지 않을 테니까. 혹 사람들이 뭐라고 수군거려도 삼 주면 끝나니까, 그런 거 신경 쓰지 말고, 억지로 참지 말고 힘들면 바로 돌아오세요."라고도 하셨다.

해외에서의 선교나 교포사목 경험이 있는 분들이 더 걱정스러워하셨던 것 같다. 아무리 힘들어도 반드시 버텨야 한다는 말보다는 부담이 적어 한결 편했다. 한 선배는 "지금까지 선교지 순례나 답사는 예고편이고, 이제 본편인데, 예고편이야 다 재밌지만 본편은 재밌기만 한 것은 아닐 거야. 본편이 예고편만큼 재밌는 영화가 어디 있어?"라며 각오하라는 격려와 걱정을 에둘러 표현하기도 했다.

정말 그랬다. 본편은 예고편 같지 않았다. 탄자니아에 와서 처음 넉 달 동안 말과 문화를 배우며 보낸 시간은 사소한 불편들에도 불구하고 환대 속에서 기쁨과 감사가 넘치는 즐거운 예고편의 연장이었다. 그리고 이제 음고응고 선교센터에 왔더니 정말이지 본편은 예고편과 다른 점이 많았다. 예고편에서 예상하지 못했던 상황들 말이다.

이사한 후 으레 그러듯 청소를 시작했다. 우리 방과 화장실, 사무실은 오랫동안 안 쓰던 곳이어서 청소하느라고 시간이 좀 걸렸다. 화장실의 때는 웬만한 힘으로는 도대체 지워지질 않아 철수세미로 빡빡 힘을 주어야 겨우 닦였다. 매일 청소하며 두어 달이 지나니 큰 때는 어느 정도 가셔서 조금 봐 줄 만하게 되었다.

매일 아침저녁 기도를 하는 조그만 경당도 자세히 보니 먼지와 쥐똥이 굴러다니고, 촛대로 쓰는 접시에는 촛농과 성냥개비가 수북하고 성작에는 검푸른 녹이 슬어 있었다. 우선 성작에 낀 녹을 닦고 광을 내고, 감실 주위의 쥐똥을 치웠다. 성작 수건도 구겨지고 더러워서, 제대 봉사를 해본 경험은 없지만 어깨너머로 본 걸로 각이 지게 다림질을 했다. 가장 지저분한 곳은 부엌이었다. 싱크대장과 선반과 벽은 본래의 색을 알기 힘들 정도로 까맣게 기름때가 끈적끈적 엉겨 붙어 있었다. 부엌 한편에 큰 탁자는 두툼한 비닐 장판이 덮여 있었는데, 직접 대고 칼질을 했는지 칼자국에 바닥이 너덜너덜 드러나 있었고 그 사이사이에 꺼먼 때가 껴 있었다. 그런 환경에서 해준 음식을 먹고도 큰 배탈은 안 나고 살았으니 하느님께 감사할 따름이다.

초기의 어느 토요일, 부엌 청소를 하기로 했다. 아침 식사 후에 앞치마를 두르고 장갑을 끼고 부엌으로 들어갔다. 여기 주방 자매를 돕고, 선교사들의 위생을 위하는 것도 선교사의 일이라 생각했기 때문이다. 주보에서 본 어떤 신부님이 해외 선교사로 가서 양파 까는 일을 하셨다는 게 떠올라 웃으며 시작했다. 그런데, 토마스가 싱크대 서랍을 열자 곰팡이가 까맣게 슬어 있는 가운데 수저들이 있고, 거기서 작은 바퀴벌레 수십 마리가 쉴 새 없이 나왔다. 나로사는 소름이 돋아 쳐다보기도 힘든데, 토마스는 파리채로 보이는 대로 계속 잡았다. 잡고 또 잡아도 계속 나오니 토마스도 진땀을 뺐다. 기름때와 곰팡이가 까맣게 엉겨 붙어 있던 싱크대 문을 힘주어 닦으니 아이보리색인 게 드러났다. 이런 장에 아무렇지도 않게 취사도구나 그릇이 뒤엉켜 놓여 있고, 그 사이를 바퀴벌레들이 기어 다녔다.

이런 광경은 생전 처음 보았다. 쓰레기 야적장에 버려진 싱크대가 있으면 혹시 이러려나? 수년간 돌본 사람이 없는 집 안의 장면처럼 도무지 이해할 수 없었다. 그러고 보니 주방 자매는 설거지를 하고 아침저녁 바닥 마포질은 하는데 싱크대는 닦지 않았다. 오랫동안 쓰지 않은 더러운 그릇들과 도구들을 버리고, 장 안팎을 닦고 서랍의 포크와 수저, 나이프를 정리했다. 한쪽에서 토마스랑 내가 이렇게 치워도 주방 자매는 못마땅한 표정으로 탁자 옆에 앉아 있었다. 싱크대를 절반도 못 닦았는데 너무 지치고 속이 상해 더 할 기운이 없었다.

성오를 소금 넘어 마지고 방으로 놀아왔다. '가난과 더러움은 같은 것인가? 자본주의의 발달과 청결, 위생 개념은 같이 발달하는가?' 등의 질문이 떠올랐다. '위생과 청결은 안전과 관련된 개념이고, 안전은 가장 기본적인 본능적 욕구가 아닌가? 그것도 없다는 것은 그만큼 살기 위해 일단 먹는 게 중요하고 다른 부분에는 관심을 쓸 겨를이 없는 정도라는 뜻인가?' 이런저런 상념이 들었다.

오후에 뭘 해도 슬픈 느낌이 들었다. 토마스도 그렇다고 했다. 저녁 미사 영성체 후 주님께 위로가 필요하다고 말씀드렸다. 눈물이 난다. 누군가의 위로가 절실했다. 편안한 집에 가고 싶은 느낌, 마음을 터놓을 수 있는 친구랑 맥주 한 잔 하면서 힘들었다고 위로받고 싶었다. 식사 후, 사람에게 위로를 구하기보다는 아무래도 진정한 위로를 주시는 주님께 가봐야겠다고 마음먹고 휴지를 한 뭉치 들고 경당으로 갔다.

거룩한 예수님의 성체를 마주하고 앉으니 눈물이 왈칵 쏟아졌다. "힘들어요. 위로가 필요해요."라고 말씀드리며 엉엉 울었다. "너무 더러운 걸 보는 게 힘들고, 그런 상황에서 만지고 먹고 하며 견뎌야 한다는 게 힘들어요. 너무너무 싫어요. 싫어서 죽을 것만 같아요. 깨끗하고 쾌적한 한국 생활이 그리워요." 어린아이가 떼를 쓰며 울 듯 그렇게 가슴을 부여잡고 발을 구르며 울었다. 감정의 강도가 1부터 10까지라면 그때는 최극단인 10이었다.

한참 울고 있었는데…. '사랑한다. 너를. 사랑한다. 너를. 부족해도 가난해도 아파 신음할 때도, 사랑한다. 내가 너를 원한다. 나는 구원자 예수 너의 사랑이다.'라는 성가 말씀이 마음에 울려 퍼졌다. 이렇게 내가 약하고 아파할 때도 나를 사랑하신다는 게 생생하게 느껴지는데도 나는 "나를 사랑하시는 거 알지만…. 사랑하신다면서 왜 이런 일을 원하시는 거죠?"라고 물었고…. 또 울고…. 그렇게 시간이 흘렀다. '두려워마라, 걱정을 마라. 주님 계시니 두려움 없네, 두려워마라, 걱정을 마라. 주님 안에서….'라는 아빌라의 성녀 데레사의 기도가 떠올랐다.

"주님이 계시지만 구체적으로 문제를 없애주시지는 못하실 텐데요."라 말씀드렸고…. 또다시 '수고하고 무거운 짐을 진 너 내게로 와서 쉬어라. 내 짐은 가볍고 내 멍에는 편하다.'라는 구절이 떠올랐다.

'그래…. 내 짐을, 내 약함을, 선교지로 파견을 받은 지 겨우 20일만에 완전히 KO당한, 온전히 힘이 빠진 나를 주님께 맡겨드리자.'

하고는 주님께 '저의 힘으로는 정말 할 수 없습니다. 당신께서 제 안에서 일하시지 않으면 저는 못합니다. 제 힘이 아니라 당신의 사랑으로 모든 일을 하소서.'라고 말씀드렸다.

'아무것도 너를 슬프게 하지 말며, 아무것도 너를 혼란케 하지 말지니. 모든 것은 다 지나가는 것 다 지나가는 것. 오, 하느님은 불변하시니 인내함이 다 이기느니라. 하느님을 소유한 사람은 모든 것을 소유한 것이니 하느님만으로 만족하도다.'라며 데레사 성녀의 기도를 드렸다.

그러고 보니 마귀가 나의 자아와 약함을 타고 들어와 나를 혼란에 빠뜨리고 있다는 게 분명하게 느껴졌다. 우리로 하여금 선교를 포기하고 한국으로 돌아가도록 유혹하는 힘이었다. 이 마귀를 예수님의 이름으로 물리치기 위해 구마기도를 드렸다.

'우리 주 예수님의 이름으로 명령한다. 나를 괴롭히는 두려움의 마귀, 약함의 마귀, 욕망의 마귀는 다 나에게서 물러가라. 우리 주 예수님께 가라.'라고 속으로 크게 외쳤다. 한 번, 두 번, 세 번 쯤 외치니 온몸에서 뭔가 빠져나가는 듯 가벼운 느낌이 들었다. 정말 신기하게 마음이 가벼워지고 걱정이 사라졌다. 나시 평온함이 찾아왔다. 그렇다고 더러움이 싫은 사실이 변하지는 않았지만, 죽을 정도로 싫어 몸부림쳐지는 일이 아니라 그냥 답답한 상태가 되었다. '일단은 거부하지 말고 받아들이고, 내가 할 수 있는 만큼 천천히 조금씩 깨끗하게 만들어 가면 될 일이다.' 크게 한숨을 쉬고 나니 평온했다.

'감사합니다. 주님. 역시 주님만이 저를 온전히 위로해 주시는 분이십니다. 아멘.' 경당 밖으로 나가니 보랏빛 눈물이 맺힌 꽃이 청초하게 피어 있었다.

지옥에서 천국으로

음고응고 선교센터에 온 지 두어 달도 지나지 않아 하루하루가 지옥 같았다. 공동체를 이루어 한집에서 함께 살고 있는 케냐 출신 40대 초반의 원장 신부님에 대한 못마땅함과 미움이 나토마스를 지배하고 있었기 때문이다. 그분이 하는 행동 모두 마음에 들지 않았다. 특히 수도원 생활비를 본인 맘대로 쓰고, 여직원들과 지나치게 친하게 지내는 것이 기강이 없는 것 같아 거슬렸다.

그러고 보니 선교센터의 직원들도 다 제멋대로였다. 직원들 여럿이 허락 없이 수도원 부엌에 모여 와자지껄 식사를 하고, 툭하면 맘대로 거실에 들어와 TV를 보고, 음악을 크게 튼 채 실내를 가로질렀다. 이 모든 것들이 신부님이 기강이 없어서 그렇게 된 거라는 생각이었고, 직원보다 그걸 방치하는 신부님이 더 미웠다. 그래서 회의 때, 생활비가 너무 많은 것 같으니 예산을 좀 줄이고, 신부님이 여직원들과 너무 친하게 지내는 것은 전체 기강을 해치니 자제하시면 좋겠다고 건의했으나, 돌아온 답은 본인 스타일이니 전혀 바꿀 생각이 없다고 하였다. 그 회의를 한 뒤, 날마다 썰렁한 분위기에 무슨 말도 건넬 수 없었고, 식탁에서도 침묵 속에 맛없는 음식을 억지로 먹었다.

사방이 조용하고 아무도 나를 성가시게 하는 사람이 없었지만 너무나 힘들었다. 이렇게 지내는 생활은 도저히 견딜 수 없었다. 얼굴과 손발을 제외하고 온몸에 난 피부 염증이 나의 신경을 더 긁어 댔다. 저녁 식사를 마치고 방에 돌아와 몸 여기저기를 보니 새로 삐죽이 올라오는 곳은 가려움이 막 시작되었고, 울긋불긋한 염증자국들이 덕지덕지하였다. 약을 꺼내서 바르고 있자니 '내가 이 먼 곳까지 와서 무엇을 하고 있나?' 하는 한심한 생각이 들었다. 등에 난 것들은 손이 닿지 않아 로사에게 약을 발라 달라며 말했다.

"신부님이 끝까지 자기 스타일대로만 하면 행정 담당을 하지 않겠다고 해야 할까 봐. 원장 신부님과 내 생각이 달라 씀씀이를 두고 사사건건 부딪칠게 뻔하고, 그러면 선교사들끼리 화목해야 하는데 직원들 보기에도 안 좋고, 나도 너무 힘들 것 같아. 차라리 신부님 마음대로 하시라고 하는 게 나아. 지금도 신부님 혼자 다 하고 싶은 대로 하시잖아. 나는 학교에서 기업론 과목 수업을 맡아서 학생들과 지내는 게 현명할 것 같아. 여기 싸우려고 온 건 아니잖아?"

그랬더니 로사가 극단적으로 결정하지 말라며 말했다. "그건 당신 자아가 시키는 거예요. 당신이 그렇게 생각하고 말하면, 신부님이 고집부리는 거랑 다를 게 없잖아요? 그냥 신부님 스타일에 맞추며 시간을 좀 보내요. 아직 우리가 여기 사정을 잘 아는 것도 아니잖아요?"

내 편을 들어주길 기대했던 나는 부아가 치밀었다. "싫어. 아니, 살림 비용이 지나치게 크니 좀 줄이자는 거고, 학교에 기강이 없으니 신부님께서 기강을 세우는 데 협조 좀 해주셨으면 하는 건데, 너무 당연한 것을 두고 노력해 보자는 말도 안 하는 분 비위를 내가 어떻게 맞춰? 내가 여기에 평생 있을 것도 아니고, 삼 년 온 건데, 이렇게 삼 년을 보내기는 싫어. 이렇게 사느니 한국에 가는 게 낫지. 시간 낭비하고 싶지 않아."

나는 급기야 한국에 가겠다는 말까지 짜증스럽게 뱉었다.

로사가 부드러운 어조로 다시 말했다. "우리는 성령의 부르심으로 여기에 왔잖아요? 그분의 뜻이 무언지도 아직 잘 모르잖아요. 왜 여기 보냈는지. 예수님도 예수님 말을 알아듣지 못하는 사람들 속에서 애쓰시고 죽으셨잖아요. 십자가의 길이 원래 그런 거잖아요. 우리 뜻대로 되는 길이 아니잖아요. 이런 신부님이 있는 곳으로 우리를 보내신 데에는 성령의 뜻이 있을 거예요. 우리에게 십자가를 주신 거예요. 우리의 의무는 사랑이지, 일이 아니잖아요. 돈 좀 많이 쓰면 어때요. 또 당신 생각대로 일이 안 되면 좀 어때요. 당신 생각이 옳은 것이 아닐 수도 있잖아요. 그분의 바람직하지 않은 행동에 대한 판단은 우리 몫이 아니잖아요. 하느님의 일이지. 우리가 판단하지 말고 따르는 게 좋을 것 같아요. 그게 성령께서 원하시는 게 아닐까요? 관구장님이 선교센터의 행정 담당을 당신에게 맡기고, 기강 관리 책임까지 당신에게 준 데는, 관구장님의 뜻, 나아가 성령의 뜻이 있을 거예요. 원장 신부님과 생각이 다르다고 그 일을 안 하겠다고 하는 것은 옳지 않은 것 같아요."

말인즉 다 옳았다. 이런 말들을 모르는 바도 아니었다. 적어도 머리로는 다 알았기에 한발 물러서며 말했다.

"내가 지금 당장 그 일을 안 하겠다는 게 아니야. 우리가 말이 부족해서 그분이 우리 진의를 모를 수도 있으니 먼저 우리의 뜻을 편지로 써서 잘 말씀 드리고, 그 편지에도 불구하고 계속 생각이 다르면 모두를 위해서 그러는 게 낫겠어. 서로 불편한데, 일에서까지 사사건건 부딪치면 그건 좀 그렇잖아. 돈 막 쓰고, 기강 없는 꼴을 그 관리 실무를 맡고 있으면서 그대로 참아 보고 있는 것은 나로서는 못 할 일이야. 차라리 신부님이 다 하시라고 하는 게 좋겠다는 거지.

편지 후에도 그분 태도가 계속 그러시면 관구장님께 말씀드리자."

사실 지난주 회의 이전부터 우리는 틈틈이 영어로 원장 신부님께 드릴 편지를 쓰고 있었다. 회의 때는 스와힐리어로 말을 하다 보니, 부족한 스와힐리어 실력으로 우리의 뜻을 잘 전달하기 어렵고, 표현이 직선적이 되거나, 자세히 말하기 어려웠다. 우리가 이곳에서 보게 된 맘에 들지 않는 현상들, 즉 기강 없음, 과소비, 여직원들의 경망한 행동 등에 대한 우리의 견해를 밝히고, 우리가 왜 소비를 줄이고 기강을 확립하자고 하는지, 이곳을 좀 더 선교지답게 만들자는 우리의 진정한 뜻을 알리고 싶었다. 단지 돈 절약만이 목적은 아닌데, 그분은 그렇게 오해하는 것 같았다.

로사가 답했다. "그래요. 어쨌든 지금 극단적인 이야기말고, 우선 편지 쓴 걸 다시 검토해서 충분히 우리의 뜻을 전달해 보자고요. 그러고 나서 그다음 일은 그때 가서 생각해 보죠. 성령의 뜻이 있을 거예요."

나는 몸도 불편하고, 여기저기 가려워 벅벅 긁다, 눈을 손수건으로 가리니 스르르 잠이 들었다. 하루 종일 스트레스 받아 피곤했는지, 금방 잠이 들었다.

그리고 아침 알람 소리에 잠이 깼다. 잠이 깨는데 왠지 몸이 가벼운 느낌이 들었다. 종아리에 있는 가장 큰 피부병 상처를 보았다. 딱지의 일부가 떨어지고 새살이 좀 보였다. 일어나면서 어젯밤 대화를 생각했는데, 왠지 내 고집을 부리면 안 되겠다는 마음이 들었다.

'선교사의 임무는 사랑을 드러내는 것이지 일을 잘하는 게 아니지. 분명 하느님의 뜻이 있을 것이다.' 마음속에 이런 생각이 들었다. '일이 좀 부실하면 어때?' 하는 생각이 다시 들었다. '그래. 내가 여기 오기 전에, 내가 일하러 가는 게 아니고, 사랑을 보이러 가는 거라고 생각했지. 부부간의 사랑부터 시작해 만나는 사람들을 사랑하고, 특히 같은 집에 사는 선교사를 사랑하는 것이 진정 선교사가 해야 할 일이 아니던가? 일이야 그 사랑을 실천하기 위한 수단으로, 더 잘 사랑하기 위해 필요한 일을 하는 것이지, 일을 잘하려고 일하는 게 아니지 않은가? 이건 선교이지, 사업이 아니지 않은가?'

물론 나도 이런 관점에서 여러 학생들이나 직원들에게 좀 더 사랑을 잘 실천하고자 해서 살림 경비도 아끼고, 기강을 세우자고 한 것이었다. 그렇지만 생각해 보니, 거기에는 내 자아가 있었다. 신부님이 명백히 잘못했다는 생각, 내 생각이 '절대로 옳다'는 생각이 나를 지배하여 그토록 나를 힘들게 했던 것임을 깨달았다. 지금도 내 의견이 더 옳았다고 생각한다. 그러나 내 자아를 먼저 죽이는 것이 우선이었다. '내 자아를 고집하여 내게 맡겨진 소임을 내가 먼저 안 하겠다고 하고, 다른 일을 하겠다고 하고, 그런 것조차 뜻대로 안되면 한국에 돌아가겠다고 하는 것은 악마가 꼬드기는 게 아닐까?'

'그래! 하느님은 사랑이시다. 성공이 아니다.' 사랑 안에 내가 머무르면 하느님께서도 내 안에 머무시는 것이라는 성경 말씀을 떠올렸다. '그래, 가슴속에 머물러야 해. 그게 내 사명이야.' 이렇게 마음먹고 나니, 마음 안에 평화가 차오르기 시작했고, 어느새 나는 지옥에서 천국으로 올라와 있었다.

새로운 눈으로

수도원 안 경당으로 미사를 드리러 갔다. 신부님 포함 겨우 대여섯 명이 미사를 드릴 수 있는 조그맣고 소박하다 못해 누추한 경당. 먼저 경당에 전등을 켜고, 제대보를 치우고, 미사경본을 올려놓고 제병을 준비하고 성작에 미사주를 조금 따르고, 마지막으로 미사독서책을 편 후에 촛불을 켰다. 매일 아침미사 때마다 내토마스가 맡아 하는 일이다. 그리고 자리에 앉으니, 곧 로사도 들어와서 자리에 앉았다. 촛불을 가만히 바라보며 신부님 두 분을 기다렸다. 원장 신부님을 볼 때, 사랑스럽게 좋은 점을 보겠다고 결심했다. 먼저 보육원을 맡고 계신 소르델라 신부님이 들어오시고, 곧 원장 신부님이 들어오셨다. ME에서 배운 "사랑하는 것은 결심이다."는 표어를 떠올렸다. 그래서 평소보다 좀 더 밝고 큰 목소리로 아침인사를 건넸다. "하바리 자 아쓰부히, 빠드리."안녕하세요, 신부님. 그분은 평소처럼 뚱하고 심드렁한 표정이셨다.

미사를 드리면서 내 마음 안에 평화를, 사랑을 회복하게 해주신 주님께, 성령께 감사드렸다. 오늘 주례는 소르델라 신부님이시고, 원장 신부님이 옆에서 미사경본을 펴드리며 도와주셨다. 평소에는 무심히 보았던 그 장면이 왠지 착하게 보였다. 나이 많으신 신부님을 배려하는 예의 바른 모습으로.
초반에 참회경 "생각과 말과 행위로 죄를 많이 지었으며…"를 기도하는 부분에서, 내가 지은 교만 죄가 떠오르며 눈물이 왈칵 났다. "내 탓이요."를 반복하면서 다시 또 눈물이 났다. '이 죄는 신부님 탓이 아니다.' 그동안 원장 신부님을 미워하면서 원장 신부님의 잘못으로 남을 미워하는 죄를 짓게 되었다며 억울해 했는데, 원장 신부님이 아닌 내 탓이었다는 것이 받아들여지며 또 눈물이 솟았다.

눈을 껌벅이며 겨우 눈물을 참다가 성찬 전례 때 소르델라 신부님께서 성체를 두 조각내는 것을 보는 순간, 또다시 눈물이 솟아올랐다. 예수님께서 우리를 사랑하셔서 우리를 위해 죽으셨을 뿐 아니라, 지금 저렇게 보잘것없는 빵조각 모습으로 이 자리에 계신 것

수도원 안 경당.
6명이 들어가면 꽉 찬다.

이 보였다. 그분께서 80대 초반의 한 늙은 사제의 손에서 힘없이 부러지는 것을 보니, 그분의 사랑과 겸손이 다시금 절절이 느껴졌다. 전능하신 분도 저렇게 맥없이 부러지는 모습으로 사랑을 보여주시는데, 내가 뭐라고 머리, 어깨에 힘주고 내 생각대로 안 된다고 고집을 부린단 말인가? "너희는 마음을 완고하게 하지 마라, 므리바에서처럼 광야에서, 마싸의 그날처럼."시편 95,8 말씀이 구구절절 납득되었다. '고개를 뻣뻣이 하지 말라는 말씀은 이스라엘 사람들이 아니라 내게 하신 말씀이었구나!'

이 느낌과 깨달음이 나를 북받치게 해서 이어지는 '하느님의 어린양' 경문을 따라 할 수 없었다. 로사가 옆에서 슬그머니 휴지를 건네주었다.

영성체를 마치고 소르델라 신부님께서 영성체송을 낭송하셨다. 그 내용은 "주님이 말씀하신다. 너희가 나를 뽑은 것이 아니라 내가 너희를 뽑아 세웠으니, 가서 열매를 맺어라. 너희 열매는 길이 남으리라."였다. 스와힐리어였지만 비교적 쉬운 표현과 단어들이어서 머리에 잘 들어왔다. '주님께서 나를 뽑아 이곳으로 보내셨으니, 좋은 열매를 맺어야지.' 다시금 내 안에 주님께서, 그 사랑이 모셔졌다는 것이 깨달아지면서 마음이 환해지고, 머리가 맑아졌다. '실로 천국이 이런 것이겠지!' 원장 신부님에 대한 증오심이 눈 녹듯이 사라졌다. '그래, 그분을 사랑해야. 우리 공동체의 원장이신데. 하느님께서 내게 모시라고 주신 원장이신데.' 하는 생각이 들었다. 나중에 이날을 기억하며 이날의 영성체송을 찾아보니 요한복음 15장 16절에 나오는 말씀이었다. 나는 그다음 이어지는 17절을 보고 머리를 한 대 맞은 듯 했다. 이어지는 17절의 말씀은 이랬다.

"내가 너희에게 명령하는 것은 이것이다. 서로 사랑하여라."

여전히 그분의 생활 스타일에 대해서 나는 의견이 다르다. 그러나 내 안에 사랑이, 하느님이 오셨고, 나는 그것으로 말미암아 그분을 사랑할 수 있게 되었고, 그분에게 최선을 다해 나의 의견을 밝히겠지만, 그래도 그분이 원한다면 나는 순명하기로 결심했다. 억지로가 아니라, 거기 어떤 성령의 뜻이 있을 거라 믿고 기꺼이 따르겠다는 뜻이다.

'성령도 바꾸지 못하는 그분의 생각을 내가 뭐라고 고집부려 불화를 일으킨단 말인가? 더군다나 여기는 선교지인데, 선교사들끼리 사랑을 보여도 시원치 않을 판에 무슨 갈등이 드러나게 한단 말인가?' 신기하게 어제까지는 지옥이었는데, 오늘은 천국이다. 외적으로는 아무것도 달라진 게 없는데.

아침을 먹으면서 원장 신부님께 밝은 목소리로 그분이 관심 있어하는 농사에 대하여 이것저것 물어보고, 같이 가 보고 싶다고 말했

웃는 모습의 셀카. 살이 빠져 주름이 생겼다.

다. 전에는 그분이 농사일을 해서 돈과 시간을 낭비하고 있다고 생각했다. 계산상으로는 지금도 마찬가지이다. 농사에 들어가는 돈이 장난이 아니다. 농부들은 자기들의 품으로 농사를 지으니 그나마 조금 남겠지만, 우리는 땅만 많지, 일꾼을 사서 농사를 짓는다. 씨 뿌리고 김매는 데 쓰는 일꾼들과 비룟값이 크고, 앞으로 들어갈 추수 비용과 추수 후 처리 비용을 생각하면 손해가 날 게 분명하다. 그러나 그런 계산이나 효율성을 잠시 뒤로 하면, 그분의 하고 싶어 하는 마음과 바쁘게 움직이는 모습에서 내가 갖지 못한 장점이 보인다.

'참으로 부지런한 분이 아닌가? 새벽부터 일꾼들 데리고 농사지으러 가니.'

그분의 좋은 점, 사랑스런 점들이 보이기 시작했다는 것은 내 마음에 사랑이 있다는 증거일 것이다.

'하느님 감사합니다. 저를 사랑해주셔서. 그리고 제 안에 계셔주셔서.'

아침을 먹고 방으로 가면서 실실 웃으니까 로사가 묻는다.

"괜히 왜 웃어요?"

"즐거운 인생이잖아."

"맞아요. 즐거운 인생이에요."

내 안의 돌멩이

천국의 하루를 보내고 그다음 날 새벽 4시, 피터 신부님이 돌아가는 차편에 나토마스도 따라 나섰다. 나를 괴롭히는 피부병 치료차 다레살람의 병원에 가기 위해서였다. 며칠 전 다레살람에 계시는 피터 신부님이 회의차 이링가에 오셨고, 우리는 한국어 소통이 가능한 신부님과 모처럼 한국어로 수다를 떨 수 있었다.

차 안에 피터 신부님과 둘만 있다 보니 우리 공동체의 문제를 이야기하게 되었다. 나는 자신만만하게 어떤 상황이라도 받아들일 마음의 준비가 되어 있다면서 성령의 인도로 우리가 여기에 왔으니 그분께서 이끄는 대로 어떤 결정이든 원장 신부님이나 관구장 신부님이 정하는 대로 따를 것이고, 이제 더 이상 그분으로 인해 괴로워하지 않을 거라고 말하였다. 그러면서 지난 몇 달 동안 힘들었던 이야기를 하였다. 나도 내가 다소 흥분하고 언성이 높아져 있음을 느낄 수 있었다. 결국 원장 신부님에 대한 험담한 셈이었다. 피터 신부님은 인내심 있게 내 험담을 듣고 나서 이렇게 말씀하셨다.

"토마스가 선교나 선교사 신부님들에 대하여 너무 높은 기대를 가지고 있어서 그로 인해 충격이 컸을 것 같아요. 그런데 그런 인간관계에서 오는 어려움조차 선교의 어려움이니까 그것을 극복할 방안을 찾는 것도 선교에요."

"제가 적극적으로 할 수 있는 것은 없고, 원장 신부님이 정해 주는 범위 안에서 수동적으로 일할 수밖에 없어요. 그것이 저희가 할 수 있는 최선이에요. 더 이상 불화를 일으키고 싶지 않으니 순명할 거예요. 그렇지만 저희가 적극적으로 무슨 일을 할 수는 없어요."라고 항변하듯 말했다.

피터 신부님은 내 말을 들으시고 나서, "토마스 말에서 딱딱함이 느껴지네요."라고 하셨다.

"저는 이미 원장 신부님을 사랑하기로 결심했고, 더 이상 그분에 대해 불만을 갖지 않고 모두 수용할 준비가 되어 있어요. 그분의 문제점은 그분 몫이에요."라고 반론했다. 그 외에도 나는 기억이 나는 대로 원장 신부님이 우리에게 했던 모든 섭섭했던 말과 행동을 낱낱이 들먹였다.

10시간 넘게 달린 끝에 다레살람의 영성센터에 도착했다. 씻고 나서 늦은 점심을 먹었다. 음식이 맛나서 모처럼 맛있는 식사를 했다. 일찍 일어나 먼길 오느라 피곤해서 낮잠을 자려고 침대에 누웠다. 좀 긁적거리다가 잠이 들었다. 그런데 가려워서 긁적대다가 잠이 깼다. 30분 정도밖에 자질 못했다. 몸이 가려워 더 이상 잘 수가 없었다. 잠이 깬 김에 곰곰이 피터 신부님과 나눈 대화를 되새겨 보았다.

'내가 내뱉은 모든 말은 사랑에 기반하고 있나? 내 맘에 사랑이 있나? 피터 신부님은 원장 신부님에 대한 나의 불만과 흉을 들어 주느라고 얼마나 힘들었을까?' 하는 생각이 들었다.

'즐거운 이야기도 많이 들으면 싫증나는 법인데, 남에 대한 험담을 몇 시간 동안 들느라고 얼마나 힘드셨을까? 더구나 같은 동료 사제에 대한 흉이니 얼마나 더 듣기가 괴로우셨을까? 정말 나는 그분을 그렇게 맹렬히 비난할 만큼 잘못이 적나?' 곰곰이 생각해 보았다.

그날은 주일이었는데 이동해 오느라고 미사를 못해서 오후 5시

반에 미사를 드리기로 했다. 나는 좀 일찍 경당으로 가서 촛불을 켜고 앉아서 계속 생각을 이어갔다. 그러다 문득 피터 신부님의 말씀 중에서 '말에 딱딱함이 느껴진다.'는 말씀이 떠오르고 거기에 생각이 모아졌다. 그래, 내가 너무 딱딱했던 것 같다. 내가 원장 신부님을 좀 불만스럽게 보면서부터 내 안에 딱딱함이 자랐고, 그것이 점점 더 굳어져서 상대에 대한 이해나 껴안으려는 따뜻함은 하나 없이, 견고한 흑백 논리, 옳고 그름만을 주장했다는 데 생각이 미쳤다.

'그래, 내가 너무 딱딱했어. 그래서 그분의 딱딱함을 자극했어. 그리고 내가 순명하기로 결심했지만 소극적으로 일하겠다고 한 것은 그 딱딱함에 의거한 행동이야. 아직도 내가 해결하지 못한 부분이 있었구나. 나는 엊그제의 평화로 나의 문제는 해소되었다고 여겼는데, 아직도 마음 안에 돌멩이가 있었구나.'

피터 신부님이 들어 오셔서 둘이서 미사를 드렸다. 신부님은 우리의 사랑을 하느님께 봉헌하고 하느님 사랑 안에 머물자며, 토마스와

다레살람 변두리에 있는 분주의 영성센터. 언뜻 보면 휴양지의 리조트 같다.

로사가 겪고 있는 어려움도 주님께 봉헌하자며 미사를 시작하셨다. 내 평생에 둘이서만 하는 미사는 처음이었다. 스와힐리어로 미사를 드리다가 주님의 기도 부분에서 신부님은 한국어로 "하늘에 계신 우리 아버지." 하고 기도를 시작하셨다. 그 음성이 마치 하늘에서 들려오는 목소리처럼 신비하게 들렸다. 그러다가 "저희에게 잘못한 이를 저희가 용서하오니, 저희 죄를 용서하시고…"라고 하는 부분에서 내 마음이 덜컹하며 마음이 뭉클해졌다. '아직도 내가 내 죄를 보지 않고 남의 허물만 들먹였구나.' 하는 반성의 마음이 들었다.

미사가 끝나고 나서 신부님께 감사드리고 죄송하다고 말씀드렸다. "저의 불만과 험담을 인내심 있게 들어주셔서 죄송하고 감사합니다. 덕분에 어디 하소연할 데 없는 그런 말들을 신부님께 충분히 털어놓아서인지 마음이 한결 가벼워진 것 같습니다. 그리고 신부님이 주신 말씀 중에 제 말에 딱딱함이 아직도 느껴진다는 말씀이 이해가 되고 제가 저의 딱딱한 마음, 그 잘못을 보고 있지 못했음을 덕분에 깨달았습니다. 그래서 또 고맙습니다."

이곳으로 오기 전에 내 마음속을 깨끗이 청소한 줄 알았는데 그게 아니었다. 아니, 청소한 것은 사실이었다. 그래서 새롭게 마음먹을 만큼 마음의 집이 깨끗해져 있었다. 그런데 알고 보니, 마음의 집을 치워서 나온 돌멩이들을 모아 놓고 집밖으로 버리지 않았던 것 같다. 그 딱딱한 돌멩이들을 버리고 나니 더욱 가벼움이 느껴졌다. 이제 나를 온전히 하느님께 맡기고, 주님의 사랑 안에 머무를 수 있을 것 같은 마음이 들며 마음 안에 빛이 차올랐다.

겟세마니

토마스가 피터 신부님하고 다레살람으로 피부과를 가기 위해 오늘 새벽 떠났다. '어제 피터 신부님과 만났을 때 누누이 우리는 의견이 다를 뿐 사이좋게 지내고 싶어 한다고 원장 신부님께 전해 달라고 했는데…. 잘 전하셨겠지?'라고 기대하며 토마스를 피터 신부님이 머물고 계신 관구까지 데려다 주었다.

그날 오후에 나_{로사}는 다시 관구로 갔는데, 오늘 오전까지 참사위원회를 해서인지, 아니면 점심 식사 후 휴식 시간이라 그런지 관구가 썰렁했다. 관구장 신부님하고도 인사를 했지만 왠지 조금 서먹해진 느낌이 들었다. 사실 근래에 관구장님께 이런저런 애로사항을 말씀드렸기 때문에 스스로 그렇게 느낀 것일 수도 있다. 어쨌든 토마스도 없어서 관구 신부님들과 시간을 조금 보낼까 했는데, 부관구장 신부님과 관구장 신부님은 파와가 본당의 인수인계를 돕기 위해 가셔서 월요일이나 오신다고 하셨다.

할 수 없이 관구를 나왔지만 집에 가기는 싫었다. '어디로 갈까?' 시내 쪽으로 차를 돌려 세차를 맡기고, 문방구가 눈에 보이기에 색지를 좀 사고, 조금 앉아 쉴 요량으로 까페 네마크라프트에 갔다. 커피를 한 잔 시켜 놓고 한국의 친구와 통화했다. 친구는 "한국에서 목이 빠지게 기다리는 사람이 많으니 돌아와요."라고 했다. "잘 지내라는 기도 대신 얼른 오게 해 달라고 기도를 바꿔야겠네."라면서. 심리적으로 힘든 것과 여기 분위기 얘기를 했는데, 왠지 개운하지 않다. 내가 갈 때까지 건강 잘 유지해서 오래 친구로 잘 지내고 싶다. '하느님 감사합니다. 무조건 지지해 주는 좋은 친구를 주셔서….'

차를 찾아 돌아오는 길에 ME를 통해 친분을 쌓았던 요셉 신부님께도 전화를 드렸다. "선교센터 집에 가기 싫어요. 당장이라도 한국에 가고 싶어요."라고 투정했다. 신부님께서는 "어서 오세요."라고 하시면서 내 얘기를 잘 들어 주시고는 "하느님께서 자매님에게 무엇을 주려고 이런 시련을 주실까요?"라고 하셨다. '내가 얻기를 바라는 것은 하느님 사랑뿐이다. 그 안에 머무는 것, 그 이상의 상은 없다.'고 속으로 답했는데, "하느님께서 그 원장 신부를 사랑하시나 봐요. 그래서 자매님과 형제님을 보내신 것 같아요. 그러니 회피하지 말고 직면하세요."라고 하셨다. '어떻게 하는 게 직면하는 걸까?' 내가 싫어하고 두려워하는 것은 분위기가 나빠지는 것이고, 분위기를 해치지 않기 위해서 '그러면 안 된다.'는 싫은 소리를 하지 않는 것일까? 대부분의 사람은 스스로 깨우치기 전에 누군가의 말을 듣는다고 자신을 바꾸지는 않고, 관계만 해칠 뿐이라는 것을 경험으로 알고 있기 때문이었다.

그런데, '지금보다 더 나빠질 것은? 지금도 충분히 불편하고, 몸도 마음도 힘든데.' 어쨌든 하느님께서 우리를 여기에 보내신 사명을 깨닫게 해달라고 기도하는 수밖에 없었다. '그것이 명쾌해지면 용기를 내어 그렇게 해야지.' 집에 돌아와 원장 신부님께 인사를 하니 받으신다. '기분이 조금 나아지셨나?'

다음 날은 모처럼 해가 나서 밀린 빨래를 하려고 큰 대야 두 개에 나눠서 세제를 풀고 빨래를 담갔다. 뒤뜰에 수도꼭지가 있는데 물이 잘 나오고 물을 버리기도 좋다. 하수구가 없어 그냥 주변에 버리면 된다. 빨래를 비비고 물을 갈아가며 헹구고 버리고 물을 다시 받고, 헹구고 짜기를 대여섯 번을 반복해야 겨우 비눗기가 빠진다. 허리를 굽히면 허리가 아프고, 쭈그리고 앉아서 하면 다리가 아팠다. 다리가 후들거리고 팔도 후들거렸다. 그렇게 옆 뜰에 있는 빨랫줄에 널었다. 옆 뜰에는 4~5미터 되는 철사 빨랫줄이 네 줄 있다. 오늘은 해가 좋아서 빨래가 잘 마를 것 같아 좋다. 얼굴이 빨개지고 땀 흘리고 기력이 딸려 후들거리며 들어오니 원장 신부님이 식사를 하고 계셨다. 시계를 보니 1시 15분이 지나고 있었다. 많이 늦었다. 시간가는 줄 몰랐네.

서둘러 앞치마를 벗고 식탁에 앉았는데, 기력이 없어 수저를 들 수가 없다. 원장 신부님에게 "세탁기 없이 세탁하는 게 너무 힘들어요."라고 하니까 "내일 직원이 올 거예요."라고 하셨다. 사실 우리 사제관에는 청소와 빨래를 전담하는 직원이 있다. 그런데 그 직

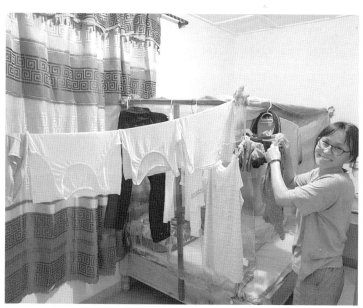

비오는 날 방에서 빨래를 널고 있는 로사.

원이 신부님 것만 하고 우리 것은 자기 일이 아니라며 하지 않는다. 나는 "그 직원이 하기를 원하지 않는데요."라고 하니 당신이 얘기해 주겠다고 하셨다.

'오늘은 내가 좀 불쌍해 보였을 텐데, 얘기를 잘 해주시면 좋겠다.' 그러나 그다음 날도, 그다음 날도 우리 빨래는 그대로였다. 무슨 말을 하시기나 했는지 모르겠다.

그리고 며칠이 지나 주님봉헌축일이었다. 봉헌생활을 하는 수도자들의 축일이라서 교구에 행사가 있었다. 나는 행사를 마치고 너무 피곤했지만 집으로 가지 않고 관구로 들어왔다. 누가 저녁 먹고 가라고 하는 사람이 없나 두리번거렸는데 주위에 아무도 없었다. 아는 신부님들은 내 마음과 상관없이 각자 일하러 사무실로 들어가신 모양이었다. 저녁 먹고 가라고 한마디만 하면, 여기서 좀 쉬다 저녁 먹고 늦게 돌아가고 싶었다. 관구에서는 식사를 미리 부탁하거나 누가 권하지 않는 한, 갑자기 들어와 식사하지 않기 때문이었다. 우리 집이 마치 구박하는 새엄마가 있는 집, 사랑이 없는 집, 미움 또는 무관심만 가득한 집, 비 오기 전 어두컴컴한 구름에 가득 덮인 듯 침침한 집처럼 느껴져 정말이지 들어가기 싫었다. 그래서 관구의 경당에 들어가 예수님을 찾아뵈었다.

처음엔 정말 돌아가기 싫다고 발을 구르고 울며 아이처럼 조르며 떼를 썼다. 가정불화가 있는 아이들이 얼마나 집에 돌아가기 싫을까, 얼마나 힘들면 집을 나갈까 진심으로 공감됐다.

한참을 그러다가 마음에 떠오르는 성가를 하나씩 불렀다. 온 마음으로. 그런데 갑자기 사순절 때만 부르는 '한 많은 근심에'라는 성가가 떠올랐다. 오늘따라 그렇게 마음에 와닿을 수가 없었다. 정말

슬프고 괴로웠다. 눈물, 콧물이 줄줄 흘렀다.

'한 많은 근심에 탄식만 하오며 십자가 우러러 구슬피 우오니 인자한 우리 구세주 내 영혼 위로하소서. 오, 주 예수 영혼의 빛이여 불쌍한 죄인 돌보사 위안해 주소서.'

오늘의 내 마음과 기도를 그대로 담고 있어서 구슬피 울며 불렀다. 한 시간 반 쯤 지났을까 한참을 그렇게 성가를 부르자니 수난 전날 겟세마니 동산의 예수님의 마음이 느껴졌다. 사람이신 예수님도 얼마나 싫었을까? 사람들의 적대감, 미움, 멸시, 조소를 온몸으로 그대로 받으며, 더구나 앞으로 지게 될 십자가의 무게와 고통을 너무도 환히 알고 계셨으니. 그래서 "아빠! 아버지! 아버지께서는 무엇이든지 하실 수 있으시니, 이 잔을 저에게서 거두어 주십시오." _{마르 14, 36ㄱ}라고 기도를 드리셨나보다. 아마도 어린이가 떼를 쓰는 심정으로 아버지께 청하지 않으셨을까? 얼마나 고통스러우셨으면 땀이 핏방울처럼 맺혀 떨어졌을까? 나의 쓴 눈물방울도 그때의 예수님의 피땀방울처럼 느껴졌다. '주님, 저의 이 고통도 봉헌으로 받아주소서.'

그런데, 내 앞의 그분이 홀연히 일어서신다.

그분 마음에 "그러나 제가 원하는 것을 하지 마시고 아버지께서 원하시는 것을 하십시오." _{마태 26,42; 마르 14,36}라고 아버지 뜻을 따르기로 결심이 서셨나보다.

'그래, 내가 원하는 것을 하려고 여기까지 온 게 아닌데, 아버지께서 원하시는 것을 하려고 온 거고, 아버지께서 내가 거기 있기를 원하시면 나도 가야지.'라는 마음이 드니 갑자기 힘이 났다. '아버지의 뜻', 그것이 '지금' 내가 할 일이다.

"가자!" 하시며 일어서시는 예수님의 뒤를 따라 나도 나섰다.

그리고 돌아온 집, 그리 나쁘지는 않았다.

식사 후 잠깐 방에 들어갔다 나와보니 수도자 축일이라고 원장 신부님과 보건소 의사, 여직원들과 수녀님이 와인을 한 잔씩 들고 거실에 앉아 있었다. 나를 부르지는 않았지만 한자리 끼어들었더니 주방 자매가 와인을 한 잔 가득 따라 주었다. 한 직원이 실과 병뚜껑으로 장난감을 만들어 놓고, 의사가 몇 가지 놀이를 제안해서 놀았다. 모처럼 빈병 아래 지폐 놓고 빼기, 빈병 둘 사이에 지폐 놓고 빼기 같은 관성 놀이를 하니 소싯적 과학교사 시절도 떠오르고 재미있었다.

'그래! 내 십자가는 향긋한 망고를 먹을 수 있고, 직접 육체에 가해지는 고통도 별로 없고, 당장 죽지 않아도 되는 십자가니 이만하면 질 만하지 않은가!'

4장

소소한 일상

학생 기숙사 앞.

천천히 천천히

선교사로 떠나기 전에 여러 선교사 신부님들로부터 "마음 급하게 먹지 말고 천천히 하라."는 조언을 여러 번 들었다. 또 "선교사는 가서 사는 게 선교사의 일이지, 뭘 많이 하는 게 중요한 게 아니니 인내심을 가지라."고도 하셨다. 그런 조언들을 들을 때면 지당하신 말씀이라 생각했다. '낯선 곳에 가면, 어린이로 다시 태어나는 것이나 마찬가지고 말도 잘 안 되는데 무얼 할 수 있겠는가? 저절로 천천히 할 수밖에 없을거야.'라고 생각했다. 우리 주제를 파악하고 천천히 준비하고 천천히 일을 해야 한다는 의미, 또 낯선 기후이고 건강도 중요하니까 무리하지 말고 천천히 해야 한다는 조언으로 들었다.

그런데 와서 살아 보니, 문화 그리고 상대에 의해 요구된 '천천히 상황', 우리가 예상했던 '천천히'와는 다른 의미의 '천천히'였다. 우리가 예상했던 '천천히'가 우리가 주도하는 '천천히', 우리가 결심하는 '천천히'였다면, 우리가 마주한 '천천히'는 우리를 무기력하게 하는 '천천히'였고, 자꾸 우리가 살던 한국과 비교하게 되는 그런 불편한 느낌의 '천천히'였다.

다음과 같은 일들을 겪으면서 우리는 천천히 살도록 요구받았다. 아니, 강제되었다.

에피소드 1. 자동차 정비

선교사의 가장 중요한 일은 운전이라고 할 만큼 차는 선교사의 가장 소중한 친구이다. 대중교통이 불편한 탄자니아에서 개인 자동차는 생각대로 움직일 수 있는 자유를 준다.

선교지로 발령받으면서 우리 부부에게도 차량이 한 대 배정되었다. 다른 선교사들이 쓰던 차를 물려받은 것인데, 19년 된 일본 차였다. 차가 물에 빠진 적도 있고, 교통사고도 난 적이 있기 때문에 언뜻 보기에 폐차해야 될 정도였는데, 고맙게도 관구에서 정비한 후 주겠다고 하셨다. 우리는 '일주일이면 되지 않을까?' 기대하며 기다렸는데, 일주일이 지나도 감감무소식이었다. 엔진을 점검하고, 내부 좌석이 지저분해 청소한다고 했다. 또 일주일 지나니 이제 외부에 찌그러진 부분들을 편다고 했고 이럭저럭 삼 주가 지나 차키를 받았다. 수리를 마치고 세차까지 된 차는 늠름하고 예뻐 보였다. 우리는 들뜨고 고마운 마음으로 인사하고 음고응고를 향해 출발했다.

우리의 발이 되어 줄 차를 받아 너무 고맙고 기쁜 날.

가다가 한낮의 햇살이 뜨거워 에어컨을 켰는데, 더운 바람과 먼지가 확 뿜어져 나왔다. 에어컨 가스가 하나도 없는 듯했다. 게다가 핸들은 10도 정도 비뚤어져 있었고, 결정적으로 속도계가 제대로 작동하지 않았다. '아니, 삼 주나 점검을 했으면서 무엇을 한 건가?' 집에 조심조심 도착해 차를 살펴보니 뒷 범퍼도 조금 떨어져 있었다. 그 틈은 차를 더 낡아 보이게 했다.

다음 날 차를 가지고 다시 관구의 정비공에게 갔다. 핸들이 휜 것은 그 자리에서 바로 고쳐 주었다. 그렇지만 속도계나 에어컨 수리는 외부 전문 수리 공장으로 가야 하니 차를 두고 가라 했다. 우리는 "빨리 부탁한다."고 하고 왔다. 열흘쯤 지나 관구에 일을 보러 가보니 차가 아직 그대로 있었다. 그러더니 그다음 날에야 시내에 있는 닛산 전문 정비소에 맡겼다고 했다. 일주일이면 될 거라고 했다.

근데 일주일이 지나도 아직이었다. 또 일주일이 지나 닛산 정비소로 직접 찾아갔더니 "아직 안 됐는데, 몇 시간 기다리던지 아니면 내일은 확실하게 관구에 가져다주겠다."고 해서 그러라 하고 돌아왔다. 이튿날 관구에 갔더니 우리 차가 있었다. 우리는 기뻐서 환성을 지르고 차 키를 받아 집으로 출발했다. 그런데, 에어컨을 켰더니 여전히 더운 먼지바람만 나오고, 속도계도 고장난 그대로였다. 우리는 기가 막혔다. '이 주 동안 무엇을 한 걸까? 그리고, 고치지도 못했으면서 아무 말도 안 하고 차를 돌려주는 건 도대체 뭐지?'

과속 단속에 걸려 벌금 낼 것이 두려워 고민하다 휴대폰 속도계 앱을 찾아 깔았다. 이제 고칠 생각을 포기하고 차라리 이걸 쓰기로 했다. 그런데, 며칠을 타면서 보니 휴대폰의 속도계가 햇빛이 강하면 잘 안보였다. 에어컨은 고장난 채로 타더라도 속도계는 고쳐야 했다. 그 정비소 사장에게 전화했더니 미안하다며 시간날 때 오면

빨리 고쳐주겠다고 했다. 시간 약속을 하자 했더니, 다음 주 월요일 아침 9시에 오라고 했다. 부푼 기대를 안고 약속 시간 5분 전 정비소에 도착했다. 그런데 사장이 없었다. 약속했는데 어찌된 거냐고 전화했더니 다른 도시로 출장을 갔다가 시간 맞춰 오려고 했는데, 오다가 급한 일이 생겨 다시 되돌아갔고, 목요일이 되어야 온다고 했다. 그러면서 차를 두고 가라고 했다. 나는 당장 차가 필요하니 온 다음에 연락해 달라고 부탁하고 돌아왔다.

그 후 죄송하다는 문자가 몇 번 왔지만 언제 고치러 오라는 연락은 없었다. 다른 수리 공장을 찾지도 못하고 반 년 넘게 그 상태로 타고 다녔다. 결국 그 정비소에서는 고치지 못했다. 속도계는 이듬해 새 원장 호세 신부님이 부임한 후 그분이 아는 전기 전문 수리공에게 맡겨 고쳤고, 에어컨은 그 후 다레살람에 가서야 고칠 수 있었다.

에피소드 2. 복사기 연결

선교센터에 오자마자 내토마스가 일할 사무실을 정리했다. 우선 청소부터 깨끗이 하고 가져간 노트북도 꺼내 놓았다. 이건 내가 할 수 있는 일이니 금방 했다. 그런데 프린터가 없었다. 인쇄할 때마다 신부님 사무실로 가기 불편해서 찾아보니 오래된 복사기가 복도 한 구석에 있었다. 가져다가 점검해보니 좀 느리지만 복사도 되고 프린터 기능도 있었다. 학교 사무직원에게 "복사기 업체에 연락해서 복사기를 쓸 수 있게 해 달라."고 부탁했다.

이틀 뒤 그 직원의 말을 들었다며 우리 학교 컴퓨터 교사가 연결 케이블을 가지고 왔다. 그러나 점검해보더니 케이블을 꽂는 곳이 없고, 프린터 드라이버도 없다며 알아보겠다고 하고 돌아갔다. 그리고는 감감무소식. 나는 목마른 사람이 우물 판다고 인터넷에서 우리 복사기에 맞는 프린터 드라이버를 찾아서 깔았다. 그리고 와이파이로 복사기를 구동해 보려고 하였으나, 와이파이도 불안정한데다, 컴퓨터 실력이 없어서 그런지 몇 번의 시도가 무위로 돌아갔다. 하는 수 없이 다시 직원에게 복사기 업체 사람을 불러 달라 했는데, 한 달 반 넘도록 무소식이었다.

에피소드 3. 보일러

우리가 사는 이링가 지역은 해발 1,500미터쯤 되는 고원지대라 아침저녁은 서늘하고, 햇빛이 있는 한낮은 봄가을에서 따끈한 초여름 날씨 같다. 지내기는 아주 좋은 날씨이지만 찬물로 샤워를 하기는 어렵다. 여기 온 첫날 우리 방 옆 벽에 전기보일러가 늠름하게 매달려 있는 것이 보였다. 스위치를 누르니 불이 들어왔다. 우리는 다행스러워하며 샤워를 하였는데 따뜻한 물이 안 나왔다. 이 사람 저 사람에게 보일러 수리공을 아느냐고 물어보았지만 아무도 모른다고 했다.

그렇게 찬물 샤워를 하며 일주일이 지난 어느 날, 마침 우리 보건소에 전기공이 왔다기에 부탁했다. 그가 와서 이것저것 만지고 작업하더니 고쳤다고 했다. 만져보니 온수 나오는 쪽 파이프가 뜨거웠다. '오! 드디어 따뜻한 샤워를 할 수 있겠구나!' 우리는 너무니 기뻤다. 그간 매일 샤워하는 시간이 얼마나 괴로웠는지!

그날 저녁 흐뭇한 기대를 안고 온수 꼭지를 틀었는데, 이럴 수가, 여전히 온수가 안 나왔다. '이런 황당할 데가! 아까는 분명 물이 데워지는 것 같았는데. 어떻게 된 거지?' 보건소 의사에게 그 전기공에게 연락해 달라고 부탁했으나 감감무소식.

다른 직원에게 "혹시 아는 보일러공 없어요?"라고 다시 물었다. 그랬더니 이삼일 지나 전기과 교사가 학생 한 명과 와서 자기가 한번 고쳐보겠다고 했다. 우리는 기대를 가지고 지켜보았다. 두어 시간을 애썼지만 결국 고치지 못하고, "어떤 부품을 갈아야 할 것 같은데, 부품을 어디서 구할지 모르겠어요." 하며 돌아갔다. 우리는 실망이 컸지만 별 뾰족한 방법을 찾지 못했다.

다행히 햇볕이 따끈한 날에는 옥상 탱크의 물이 데워져 아주 차갑지는 않았다. 그런데 우기가 되니 흐린 날이 많고 비라도 오면 물이 너무 차가워 온몸이 덜덜 떨리며 이가 딱딱 부딪쳤다. '고칠 수 없다면 새로 보일러를 사야겠다.'는 생각으로 인터넷을 뒤졌다. 이걸 주문하면 열흘이면 집까지 배달된다고 되어 있었지만, 설치가 고민이었다. 할 수 없이 시내에서 찾아보겠다고 마음먹고 원장 신

우리 방 책상 위의 선교사 십자가.
자비의 예수님 성화는 폴란드 순례
때 우연히 얻은 것이다.

부님께 말씀드리니 보일러공을 찾아보겠다고 하였다. 그런데 한 주가 다 지나도 별 소식이 없었다.

그러다 관구에 갔다가 "잘 지내고 있어요?"라고 물으시는 관구장 신부님께 "온수가 안 나와서 보일러공을 찾고 있어요."라고 하니, 아는 사람이 있다며 시원스럽게 즉시 전화를 걸어 다음 날 아침 8시 우리 집에 오도록 약속까지 잡아주셨다.

기대 속에 잠을 깬 우리는 아침부터 들떴다. 허둥지둥 아침을 먹고 5분 전 8시에 나는 그 사람이 들어오는 길을 잘 모를까봐 정문 앞까지 나가 기다렸다. 그러나 15분이 지나도 오지 않아 전화를 걸었다. 발신신호 대신 "전화가 되지 않는 곳에 있습니다."는 안내 멘트가 나왔다. 할 수 없이 "기다리고 있는데 언제 오시냐?"고 문자를 남겼다. 10시가 지났다. 완전히 포기하려다가 '전화가 안 되는 곳이어서 연락이 안 된 것은 아닐까?' 하고 혹시나 하는 마음으로 다시 전화를 걸었다. 이번엔 전화를 받았다. 반갑게 인사를 하며 "어디 있어요?"라고 물으니 "오는 중이예요."라고 했다. 무슨 애인 기다리듯 이렇게 반가울 수가 없었다. 얼른 들어와 로사에게 기쁜 소식을 전했다. "오고 있대!"

오는 길이라고 한 지 한 시간 반 더 지나 그 사람이 도착했다. 그래도 왔으니 고마울 따름이었다. 로사도 두 시간 늦게라도 오기만 하면 약속을 지킨 거 아니냐고 하니 탄자니아 사람이 다 된 것 같았다.

이런 일들 말고도, 한국 같으면 일도 아닐 일들이 긴 시간에 걸쳐 많은 노력과 신경을 써야 하는 비슷한 상황들이 계속 벌어졌다.

탄자니아 사람들은 자주 "천천히 천천히 해야 오히려 빨리된다."Polepole ndiyo mwendo., "서두르는 곳에는 은총이 없다."Haraka

haraka haina baraka.라고 말한다. 우리의 기존 습관에서 볼 때 답답한 상황들, 우리에게는 이미 몸에 배어 버린 '신속하게'를 못 하게 하는 상황, 약속이 지켜지지 않거나 한없이 늘어지는 상황, 언제쯤 이런 상황들을 대수롭지 않게 받아들일 수 있게 될까?

토마스 일기

그래, 선교사가 급한 게 뭐가 있어? 안 되면 기다리고, 되면 고맙고. 나는 내가 뿌릴 수 있는 씨를 뿌리고, 키우고 거두는 것은 주님 몫이고. '그래! 천천히 가자!' 이렇게 스스로에게 혼잣말처럼 기도했다.

'근데요, 주님, 그래도 답답하고 힘든 것은 어쩔 수가 없어요. 속도계 있는 차를 타고 싶어요. 와이파이로 손녀딸과 화상전화도 하고 싶고요, 프린트도 속시원히 하고 싶어요. 그리고 따뜻한 물에 샤워하고 싶어요. 도와주세요. 주님. 능력 있는 보일러공 보내주세요. 그 보일러공 꼭 오게 하시고, 그에게 당신 능력 조금만 보태주세요, 그러실 거죠?'

인터넷 금단현상

이곳 하늘은 한국에서는 아주 운이 좋은 날에나 볼 수 있을 정도로 맑고 예쁘고, 새소리도 예쁘고, 아이들도 너무 예쁜데, 인터넷이 안 된다. 관구에서 음고응고로 오기 전부터 이곳에 가면 인터넷이 안 될 것을 걱정했다. 날마다 읽던 한국어 '매일미사' 앱도 안 열리고, '카카오톡'도 안 되고 심지어 전화나 문자도 안 되니 따로 떨어져 있으면 이 선교센터 안에 있어도 어디 있는지 전화로 물어볼 수도 없다. 물처럼 공기처럼 인터넷을 쓰다가 '인터넷 금단 현상'인지 답답한 느낌이 드는 게 정말 아주 깊은 오지에 있는 듯했다.

우리 선교센터는 이링가 중심가에서 10여 킬로미터 정도 밖에 안 떨어진 곳이지만 분지라서 전파가 잘 안 잡히는 곳이기 때문이었다. 그렇다고 유선 전화가 있는 것도 아니었다. 물론 전화가 걸려오는 경우는 많지 않지만, 한국 친구들과 가족, 정다운 사람들과의 카톡방 수다를 확인하고 가끔 우리 인사도 전하는 것이 즐거움이었는데, 카톡을 확인하려면 정문 밖으로 나가야 했다. 정문에서 길로 100미터 정도 가면 전파가 조금 잡혀서 겨우 전화나 카톡을 할 수 있었다. 휴대폰을 손에 들고 전파 강도를 나타내는 막대기 개수를 보며 걷다보면 막대기가 없다가 짧은 막대기가 한두 개 나타나고 세 개쯤 잡히는 지점에서 멈춘다. 막대기 네 개는 시내에서나 가능했다.

휴대폰을 바라보며 몇 분을 기다리면 카톡 알림이 뜬다. 사진이 있을 자리는 검정색 네모로 보이는 경우도 있고, 용량이 조금 큰 사진은 아예 흔적조차도 없어서 단톡방에서 수다가 벌어지는 경우는 무슨 말들을 하는 건지 모르다가 나중에 사진이 받아진 후에야 이해하게 된 경우도 많았다. 그러니 사진 올리기나 카톡 전화, 특히 영상통화는 언감생심이었다. 문자 하나 보내려면 30분 이상 기다리고 서 있어야 하니 다리 힘이 약한 나_{老사}에게는 그것도 아주 힘든 일이었다. 가끔 시내에 있는 수도원 관구에 가거나 장을 보러 갈 일이 생기면 그때서야 카톡을 주고받고, 이메일도 확인했다. 공기처럼 물처럼 당연하고, 더구나 순식간에 정보를 주고받을 수 있는 한국에서는 짐작하기 어려운 일이다. 마치 물속에서 숨쉬기가 잘 안될 때서야 의식도 안 하고 쓰던 공기에 대해 고마움을 느끼는 것처럼 말이다.

우리가 살던 선교센터에서는 탄자니아에서 가장 큰 통신사인 보다폰이 잘 터지지 않았다. 그래서 다른 통신사인 티고폰을 추가로 가입했는데, 이 전화로 토마스 사무실에서 때때로 통화가 가능하였다. 그러나 통화뿐이고 인터넷은 되지 않았다. 사실 이미 우리가 오기 열흘 전부터 와이파이 업체에 설치를 주문했고, 우리가 도착할 즈음이면 될 테니 걱정 말라고 들었다. 그러나 이사를 오고도 와이파이는 되지 않았다. 이곳 신부님께 물어보니 신청했던 회사가 감감무소식이라 다른 통신사를 알아보고 있다고 하셨다. 몇몇 통신 사업자들에게 상담해 보았지만, 모두 불가하다고 거절당했다. 하는 수없이 민간 와이파이 사업자와 협의했는데, 이 지역에는 광케이블이 없어 무선으로 연결해야 하는데 이곳 지형이 분지이고, 이 동네에 처음 하는 공사여서, 전파를 받을 수 있는 곳에 안테나 3개를 세우고 태양광 패널을 연결해야 가능하다는 것이었다.

그러더니 며칠 뒤 처음 업체가 공사를 하겠다고 왔다. 그렇게 하루이틀 안테나 공사한다며 부산떨더니 또 무소식. 신부님께 어찌 된 거냐고 물어보니 업체 관리자가 전화도 받지 않는다고 신부님도 갑갑해 하셨다. 그러다 며칠 뒤 업체에서 "미안합니다. 외지에 출장 갔다 오느라고 그랬습니다. 이틀 뒤까지는 완성하겠습니다."고 연락이 왔다. 이렇게 안테나 세 개를 세우고 설치하는 데 거의 400만 실링*이 들었다. 게다가 매달 사용 요금도 월 30만 실링씩이나 했다. 이렇게 비싸도 할 수 밖에 없던 이유는 우선 선교사들이 외부와 문서를 주고받는 데 꼭 필요했고, 우리도 가끔씩 자녀나 친구들과 연락을 취하고 싶었기 때문이었다. 그렇지만 더 중요한 것은 학생들에게 최소한 이메일 사용법과 인터넷 검색방법이라도 가르치고 싶었기 때문이었다.

이런 식으로 처음 신청한 지 거의 두 달이 되어 와이파이가 연결되었다. 우리는 기뻐하며 접속해 보았다. 아주 느렸다. 느려도 없는 것보다 낫고, 사무실에 앉아서 카톡이나 이메일 쓰고, 느리지만 정보도 좀 찾을 수 있으니 다행이라 생각했다. 인터넷 속도로 보면 한국이 예외적이라고들 하니까.

그런데 문제는 낮에는 좀 되다가도 저녁 무렵이면 끊어지고, 어느 날은 낮에도 도대체 연결이 안 되는 것이었다. 왜 그러냐고 물어보니 태양전지 배터리 용량이 작아서 그렇다고 했다. 전파를 처음 받는 곳은 전기가 들어가지 않는 지역이라 소규모 태양광 발전을 해서 그 전기로 안테나가 작동하는데, 그 배터리 용량이 작아서 전기가 떨어지면 통신도 안 됐다. 요즘은 우기라서 흐린 날이 많으니

---

* 실링Tanzanian Shilingi은 탄자니아의 화폐 단위로 1달러USD가 약 2,263실링(2020년 기준)으로, 2실링이 대략 한화 1원이다.

전기 생산량이 적어 심지어 낮에도 수시로 끊겼다. 배터리 용량을 키우도록 해보겠다는 연락만 온 채 연결이 금방 끊기는 문제는 해결이 안 되고 있었다. 잠깐씩 끊어지는 일은 흔한 일이라 점차 익숙하게 기다리게 되었지만, 거의 3~4일이 지나도록 안 되는 날도 종종 있었다. 그럴 때마다 컴퓨터 교사를 앞세워 첫 번째 안테나가 있는 곳으로 가 보면 어떤 때는 안테나 방향이 바람에 틀어져 있었고, 어떤 때는 누군가가 안테나 전원에 휴대폰을 충전하느라 빠져 있었다.

인터넷이 되니 카톡도 되고 이메일도 받을 수 있어서 기뻤다. 그래도 속도가 너무 느려서 음성대화는 어렵다. 당연히 영상통화를 하려면 시내로 나가서 전파가 잘 잡히는 길가에 차를 세우고 하거

인터넷 연결을 위해 세운
첫번째 안테나.

나 카페에 가서 한다. 가끔 불편함에 투덜거려질 때는 100년 전 초창기 선교사들을 떠올렸다. '그들은 이탈리아의 가족이나 토리노의 본부와 소통하려할 때 얼마나 걸렸을까?' 배로 한 달 이상, 아니, 몇 달이 걸렸을지도 모른다. '우리가 너무 빠른 것에 길들여져 있구나.' 이렇게라도 탄자니아에서 한국과 실시간으로 통신할 수 있다는 것이 얼마나 놀랍고 고마운 일인지!

시장을 누비며

음고응고 선교센터로 발령받고 온 지 한 달이 지나가는데 선교사로서 하는 일이 별로 없었다. 그동안 이곳에서 이미 하고 있는 일들을 어떻게 하면 좀 더 개선할 수 있을까 하는 생각은 많이 하고 적어 두기는 했다. 그렇지만, 실상은 그저 일어나서 맛은 없어도 해 주는 밥 먹고, 기도 시간 되면 기도와 미사 드리고, 사람들 만나면 인사하고 웃는 정도이고 도움될 만한 일은 거의 하지 못했다.

관구장님의 파견 명령을 받을 때, 나토마스에게 행정과 재정 업무가 주어졌다. 그런데 지금까지 그 일을 해 오시던 원장 신부님이 차차 넘겨주겠다며 계속 그 일을 하고 있으니 그냥 기다릴 수밖에 없었다. 처음에는 내가 이곳 상황에 익숙해질 때까지 좀 시간을 주시는 거라고 여기고 있었는데, 두 달이 지나고 해가 바뀌었는데도 일을 넘겨주지 않자 짜증이 났다. 업무인계도 '천천히'인가?

우리가 선교사로 온 것이지 견학하러 온 것은 아니라며 마음이 급해졌다. 그래도 한국에서 우리를 양성해 주셨던 디에고 신부님께서는 "여러분이 6개월이 넘도록 돌아오지 않는 것 자체가 성공이에요."라며 격려해 주셨다.

'포기하고 금방이라도 돌아가고 싶은 마음'이 종종 들었던 것도 사실이었다. 그렇지만 다른 무엇보다도 '우리가 오고 싶어 온 것이 아니라, 성령께서 우리를 보내셨고, 한국에 있는 공동체로부터 파견뢰었다는 것을 기억하는 것'이 우리를 견디게 해 주었다. 딴마음이 들 때마다 '누군가가 성령의 일을 방해하는구나!' 생각하고 성령께 도움을 청했다. 사실 선교사가 할 일은 이곳 사람들 가운데서 사랑을 느끼고, 사람들을 사랑하고, 사랑을 보이고 실천하는 것이지, 무슨 일을 하는 것이 아니라는 것을 거듭거듭 새기려고 애썼다. 때로 여건이 되고 필요가 생기면 사랑을 구체적으로 보여주고 실천하기 위해 어떤 일을 해야 할 때가 있고, 요구될 때도 있을 것이다. 그러면 최선을 다해 그 일을 하면 된다. 순서를 바꿔 일을 우선으로 하거나, 무엇이 목적이고 무엇이 수단인지를 혼동하지 않겠다고, 즉 일을 앞세워 사랑의 마음을 잊어버리지 않아야겠다고 마음을 다스렸다.

이렇게 거의 삼 개월 정도 되는 초기의 적응기가 지나 우리는 본격적으로 일을 시작했다. 그때 음고옹고 공동체의 원장 신부님은 케냐 분으로 나이가 마흔 정도였다. 원장 신부님이 하시던 행정과

이링가 시장 입구의 과일가게 모습.

재정 업무를 내가 맡았다. 이 선교지에는 직원들이 30여 명이나 되었는데, 직원들 관리에 급여 주기, 수입금 챙기기, 예산 관리, 규율 부장 노릇까지 잘 하려면 할 일이 태산이었다. 이 중에 선교센터 내에 필요한 물건들, 특히 학교와 보건소에서 필요한 물건들을 사서 보급하는 일이 큰일이었다. 수입금은 목공소나 철공소, 구둣방 등 공장에 매출이 생길 때와 학생 등록금과 각종 임대 사업에서 생기는데 이 또한 잘 받아 관리해야 했다.

장보기로 말하자면, 공동체 식구가 먹을 식료품을 사는 거야 시장가서 눈으로 보고 사면 되니까 비교적 쉬웠지만, 학생과 직원 100여 명이 매일 먹을 식재료를 사는 것은 그 양부터 엄청났다. 단체급식용 식자재 납품 회사가 있는 것이 아니므로 직접 다니며 사야 했다. 그리고 각종 실습 자재를 산다든지, 철공소와 목공소에서 필요한 목재, 철판, 가죽, 사료와 의약품 등등을 사는 것도 내 일이었다. 그리고 이 모든 것들을 금전출납부에 기록하고 회계 시스템에 입력

토마스의 장보기. 현재는 비닐봉투를 사용하는 것이 금지되었다.

했다. 미리 필요한 물품을 신청하라고 해도 늘 필요한 직전에야 목록을 가져오곤 해서 일주일에 사나흘은 장보러 시내에 나갔다.

그런데, 목재, 철판 등 사업을 하는 데 필요한 물건들은 내가 잘 모르는데다가, 파는 가게와 물건값도 잘 모르니 어려웠다. 물건 사기도 얼마나 번거로운지 일단 인터넷 쇼핑도 배달도 없으니 직접 사러 다녀야 했다. 게다가 이곳에선 모든 거래를 현금으로 하기 때문에 카드나 인터넷 뱅킹에 익숙한 나로서는 번거롭기 이를 데 없었다. 그러니 장을 보러 갈 때면 두둑한 돈주머니를 가지고, 직접 차로 이 가게 저 가게 시장을 누볐다. 익숙하지 않은 수동기어 운전에 말을 더듬어 가며 하려니까 갑갑했다. 로사는 내가 명절이나 부모님 생신 등 큰일 때만 장보기를 도와줬다면서 한국에서 안 하던 귀찮은 일을 한다며 놀라워했다.

그래도 조금 적응이 된 후에는 시장에서 탄자니아 사람들의 삶을 가까이에서 보는 것 같아 재밌게 느껴졌다. 저녁 식사를 하고 나서, 로사와 함께 학생들이 공부하는 교실을 돌고, 기숙사에 가서 인사하고 나면 하루가 끝났다.

● 집주소도 우편배달부도 없어요

한국에는 있는데 탄자니아에는 없는 공무원 직종이 우편배달부이다. 탄자니아에는 가가호호 우편물이나 소포를 배달하는 우편배달부가 없다. 그럼 우편물은 어떻게 받느냐고? 우체국으로 가서 받는다. 탄자니아에는 우편배달부가 없을 뿐 아니라 대부분의 집에 주소가 없다. 요즘 새로 조성되는 택지에는 주소가 부여되고 있지만 대부분의 기존 주택에는 주소가 없다. 우리 학교의 직원들이나 학생들의 서류에 주소를 쓰는 칸이 있는데, 보통 그냥 동네 이름을 쓰는 경우가 많고, 아니면 우체국 사서함 번호를 주소 대신 쓰기도 한다. 주소가 없고 우편배달부도 없으니 우편물을 받고 싶은 사람은 우체국 사서함에 가입하여 사서함으로 배달받을 수 있다. 사서함을 이용하려면 수수료를 우체국에 지불해야 하니까, 어쩌다 우편물을 받게 되는 사람은 다른 사람의 사서함 번호로 우편물을 받는다.

소포를 보내거나 받고 싶으면 시외버스를 이용하는 경우도 많다. 시외버스 터미널에 가서 수수료를 내고 소포를 보낸 후에, 문자로 받을 사람에게 어느 차편으로 소포가 가는지 소포 영수증을 문자에 첨부해 보내면 그걸 근거로 버스터미널이나 정류장에 가서 차장에게서 소포를 받는다. 나도 몇 번 이용하였는데, 버스 도착 시간이 정확치가 않아서 좀 기다려야 하긴 하지만 빠르고 요긴한 배달 방법이다.

국제택배우체국 EMS는 우체국 사서함으로 받는다. 국제택배 도착 통지서를 사서함으로 받으면 우체국에 가서 확인한 후, 세무서에 가서 관세 신고를 하고 고지서를 발부 받아 은행이나 은행 대리점에 가서 세금을 납부한다. 이 납세 영수증을 가지고 우체국으로 다시 가면 택배를 받을 수 있다.

집까지 우편배달이 없으니 대부분이 기숙사생인 우리 학생들 가정에 기말 성적표를 우편으로 보낼 수가 없었다. 그러므로 학생들이 귀가할 때 성적표를 들려 보내기 위해, 시험이 끝나면 허둥지둥 성적 처리를 하느라 몹시 분주했다.

전기를 사라구요?

　우리 음고웅고 선교센터 수도원 뒤뜰에는 발전기 창고가 있다. 탄자니아에서 정전은 흔한 일이니까, 정전 때 발전기를 켜는 방법에 대해서는 오자마자 배워 두었다. 밤에 정전이 되면 얼른 발전기를 켰다가 10시 30분쯤 학생들 취침시간이 되면 껐다. 낮에 정전이 되는 경우에는, 철공소나 목공소에 일이 있거나 혹은 컴퓨터를 꼭 써야 할 경우에만 발전기를 돌리곤 했다.

　음고웅고 선교센터에 파견된 지 한 달 정도 지난 어느 날 원장 신부님이 외출했는데, 저녁이 되도록 안 오셨다. 그런데 갑자기 전등이 꺼져 선교센터 전체가 캄캄해졌다. 정전되는 경우는 잦으니 그런가 보다 했다. 그런데 식사를 준비하던 주방 자매가 내토마스게 오더니 "정전이 된 게 아니라 사 놓은 전기를 다 써서 전등이 나간 거니까, 전기를 사야 해요."라고 말했다. 나는 무슨 말인지 이해할 수 없었다. "아니, 전기 사둔 걸 다 써서 정전이 되다니 무슨 소리에요? 지난 달 요금을 안 냈어요?" 그랬더니 갑갑한 듯이 나를 보면서 나를 데리고 전력 분배기 쪽으로 데리고 갔다. 그리고는 어떤 미터기를 내게 보여 주었다. "이 미터기에 빨간불이 들어왔잖아요. 여기 보면 '0'이라고 보이지요? 사 놓은 전기를 다 써서 바닥이 난 거에요. 그러니까 다시 사야 해요." 나는 당황해서 "전기 요금을 한 달에 한 번씩 내는 게 아니라 미리 사서 쓰는 거였어요?" 그러자 그 자매는 당연한 걸 모르냐는 듯이 나를 한심하게 쳐다보았다. 탄자니아 이동전화에 가입하면서 여기서는 모두 선불제 요금 혹은 쿠폰을 사서 이동전화를 쓴다는 걸 알고 있었지만, 전기 요금도 그러리라고는 전혀 생각지 못했다.

"전기는 어떻게 사야 하나요?" 하고 물으니 "저는 사본 적이 없어서 몰라요." 한다. 어쩔 수 없이 외출하신 신부님께 전화로 물어보니, 그런 것도 모르냐면서 방법을 말해 주는데, 도대체 알아듣기가 어려웠다. 그분으로선 너무나 당연하고 쉬운 걸 물어보는 게 답답했던 것 같다. 하는 수 없이 이번에는 보육원에 계시는 노신부님께 전화를 드렸다. 다행히 노신부님께서 차근차근 설명해 주셨다. 전기를 사는 방법은 요컨대 휴대폰의 상거래 메뉴에 가서 '통신사 머니'*로 전기를 사면, 전기 미터기에 넣는 암호 숫자가 문자메시지로 들어오고, 그 암호 숫자를 전기 미터기에 입력하면 되는 것이었다. 물론 시내에 있는 전기 회사 대리점에 가서 살 수도 있다. 다행히 내 휴대폰에는 통신 패키지를 사려고 사 두었던 통신사 머니가 있었다. 다만 우리 선교센터에서는 전파가 잘 안 잡혀서 정문 밖 전파가 잡히는 곳까지 걸어 나가서 승강이 끝에 1만 실링 어치를 샀더니 문자로 28kWh를 샀다는 영수증과 숫자 암호가 왔다.

그런데 알고 보니까, 휴대폰과 전기 요금뿐만 아니라 상수도 요금도 선불이었다. 선불제로 공공 서비스를 운영하는 것은 신용 문제도 있겠지만, 아마도 다음과 같은 문제가 있을 거라 생각하니 이해가 되었다.

첫째, 전기나 수도의 인구 대비 보급률이 40퍼센트 정도로 낮은

---

* 통신사 머니는 이동통신사 대리점을 통해 구입한 만큼 휴대폰 본인 계좌에 저장되며, 휴대폰 앱으로 쉽게 주고받을 수 있다.

데다, 나라가 워낙 크고 흩어져 사니까 매월 검침하기도 쉽지 않을 것이다.

둘째, 검침을 했어도 대부분 집주소가 없는 상황에서 고지서를 가가호호 보낼 방법이 없을 것이다. 그리고 선불제 휴대폰이라서인지 많은 사람이 사용하는 전화번호를 자주 바꾸니까 전화 메시지로 고지하기도 쉽지 않을 것 같다.

우리 선교센터가 있는 마을은 100가구 정도 되는데, 우리 선교센터를 제외하고 마을 주민들 중에 전기를 사용하는 집이 두어 집 밖에 안됐다. 그럴 수밖에 없는 게, 전기 요금이 대체로 우리나라 요금과 비슷한 수준이라 이곳 소득 수준에 비해 너무 비쌌다. 나중에 내가 장보기를 하면서, 이때의 경험 때문에 전기를 한 번 살 때마다 넉넉히 한 달 소비량 정도를 사 두곤 했다.

우리 학교 운동장과 멀리 보이는 음고응고마을.

● 은행 계좌보다 이동통신사 계좌

이링가 시내에 가면 탄자니아에서 가장 큰 은행인 CRDB은행 Cooperative Rural Development Bank, 농촌개발협동조합은행이란 명칭인데, 한국의 농협은행 같은 위치인 듯하다.과 NMBNational Micro-Finance Bank의 지점이 있다. 이 두 은행은 탄자니아에서 2021년 기준으로 매출액이 가장 큰 은행으로 각각 5억 달러 정도의 매출액을 기록했다. 그 밖에 작은 은행이 10여 개 있었다. 그러나 점포망이 도시에 주로 있고, 인구의 대다수가 사는 농촌지역에는 거의 없다. 신문 기사에서 읽은 바로는 2020년 기준 은행 계좌를 가지고 있는 가구가 전국 평균 20퍼센트 정도에 불과하다. 은행을 이용하는 것이 대부분의 서민들에게는 아주 생소한 일이다. 내가 이런 사실을 처음 알게 된 것은 선교센터의 30명 정도의 직원들에게 매달 급여를 지급하는 일 때문이었다. 현금을 찾아다가 세어서 나누어 주는 것이 성가셔서, 은행 통장으로 지급하려고 생각했는데, 우리 직원들 중에는 아무도 은행 통장을 가지고 있지 않다는 것을 알게 되었다.

은행 계좌가 왜 없느냐고 물어 보니까, 대답들이 대체로 첫째는 저축할 돈이 없다는 것이고, 둘째는 작은 돈으로 은행을 이용하기에는 멀어서 번잡하고 은행 수수료가 비싸다는 것이었다. 다른 사람이나 거래처에 돈을 보내거나 받을 필요가 있는 경우에는 대개 이동통신사 대리점을 이용하여 통신사 머니를 보냈고, 통신사 대리점은 동네 곳곳 가게가 그 업무를 수행하여 아주 많았다. 물론 은행의 대리점으로 예금 및 수납을 대행하는 대리점들도 있었다. 아마도 농촌지역에서는 이동통신사 대리점망이 은행보다 훨씬 나을 것이다. 그래서 탄자니아에서는 여러 통신사의 대리점이 M-pesa, Tigo pesa, Airtel money, Halo-pesa 등의 통신사 머니를 이용하여 돈을 송금하거나 받고, 은행 대리점에서 공과금이나 범칙금 등 소소한 세금을 수납하는 서비스를 제공한다.

내 경우에는 과속 범칙금을 내느라고 이런 은행 대리점을 여러 번 이용하였고, 선교센터에서 내는 세금이나 공과금을 낼 때에도 이용하였다. 은행 계좌를 가진 사람이 적으므로 이동통신사의 중요한 기능 중의 하나가 송금 서비스이다. 현금을 통신사 머니로 바꿀 때는 수수료가 없는데, 송금하거나, 송금 받은 통신사 머니를 현금으로 인출할 때는 수수료가 있다. 문제는 수수료가 송금액 혹은 출금액에 따라 1~2 퍼센트나 되고 정부도 여기에 더해 1퍼센트 정도의 이동통신 송금세를 부과하고 있어, 큰 부담이 된다. 정부는 세수 부족 때문에 그러는 것 같은데, 많은 소비자들의 부담을 야기하고, 인터넷 관련 산업 발전에 장애가 될 것으로 여겨져서 특히 젊은이들의 불만이 크다고 들었다. 과거에는 국제전화에 대하여 세금을 부과했는데, 근래에는 국제전화보다 소셜미디어 등을 통한 통신이 증가하여 국제전화 세수가 줄어들자 정부가 인터넷 사용에 세금을 부과하였다.

꽃보다 아이들

나로사에게 맡겨진 직무는 기술학교의 '트레이닝 코디네이터'로 일종의 교감 역할이었다. 아침 7시 반이면 학생들의 조회에 가고, 잠깐 들어와 아침을 간단히 먹고 나서 8시 30분부터 근무 시작이다. 학교에 교사와 학생 관련 문서나 기록 관리가 부실해서 체계를 세우고, 학생들에 대한 교육성취도시험도 정기적으로 치르도록 하고, 그 결과를 분석해서 개선 방안을 만들려고 노력했다. 연간 학사 일정과 시간표를 짜는 것도 주요 업무였다.

그런데 교사들과 소통하는 정기 회의가 없어서 놀랐다. 교장 선생님도 "그때그때 필요할 때 소집해서 회의를 하면 되는데, 왜 매주 회의를 해야 하지요?"고 물었다. 나는 "학생들을 잘 가르치려면 교사가 너무나 중요한데, 학교가 잘 운영되려면 교사들이 적극적이고 능동적이어야 해요. 매주 교사들이 함께 모여 고민하고, 자신의 의견을 내는 것이 능동적인 참여를 이끌어낼 수 있어요. 교사가 살아 있어야 학생들이 살아납니다."고 대답했다. 그렇게 교사 회의 때 무엇을 논의해야 하는지 생각이 없는 교사들을 위해 회의 자료를 만들고 회의실 준비도 직접 했다.

회의실을 준비한다는 것은 먼지가 쌓인 회의실 탁자를 닦고, 교사들을 격려하는 의미에서 음료수나 간식을 준비하는 것이다. 우리 교사들의 월급이 적은 편이어서 미안한 마음이 있었기 때문이었다. 내 마음 같아선 단돈 5만 실링씩이라도 올려주고 싶지만, 교사 수가 12명에 그들만 있는 것도 아니고 우리 선교센터 내의 다른 직원들이 20명이나 더 있는데 그들의 월급을 다 올려줄 만큼 재정 상태가 좋지 못했다. 직원 회의에 준비하는 간식은 개인 돈으로 샀다. 학교 재정 형편상 필요한 실습 자재도 충분히 사지 못하는데 교사들의 간식을 구입할 수는 없었기 때문이었다. 간식이 차려진 회의실에 들어온 교사들은 대접받는 느낌을 받아서인지 흐뭇해했고, 아주 적극적으로 회의에 참여해 주었다. 연말이 되어 평가 회의를 할 때도 정기 회의로 학교 사정을 알게 되고 여러 가지 문제에 대해서 같이 논의할 수 있어서 좋았다고 했다.

우리는 이곳이 기술학교이니만큼 실습 기자재나 재료를 어떻게든 조금이라도 더 마련하려고 애썼다. 사실 학생들 수업료로는 식자재 사고, 교직원들 월급 주고 나면 남는 게 없었다. 그러니 실습도 부실하고 교과서도 없고, 한국 기준으로는 도저히 학교라고 하기 어려운 여건을 조금이라도 개선해 보려고 내 마음이 바빴다. 수도회 자체도 운영비를 해외에서 지원받고 있는 형편이었고, 탄자니아 신자들이 교육에 헌금하는 것도 아니어서 주로 유럽 신자들의 도움을 받고 있었다. 그러나 이런 도움도 눈에 띄지 않는 학교 운영 경비로 오는 부분은 거의 없었다. 건물로 남는 것보다 학생들의 몸과 마음에, 그 삶에 남는 것이 중요한데 말이다.

날마다 아침 조회에 나가서 보면 아이들이 심드렁하고, 때로는 심각한 표정을 지어도 그 모습 하나하나 모두 꽃처럼 예쁘고 사랑스러웠다. 이렇게 사랑스러운 아이들을 만나게 해 주신 하느님께 감사드렸다. 학교 일과는 4시 30분에 마치지만 이런저런 일을 챙기다보면 대부분 5시를 넘겼다. 퇴근 후 성가대 연습이 있는 날은 대략 한 시간 정도 성가 연습을 하고, 저녁 6시 반이면 학생들과 저녁 기도를 했다. 마치자마자 집으로 돌아와 공동체와 저녁 기도를 하고, 저녁 식사. 밤 9시경이면 도서실과 교실을 돌며 자율학습을 하고 있는 학생들과 눈인사, 주먹 인사를 나누었다.

이 시간은 내게 아주 중요한 시간이었는데, 한 사람 한 사람을 살펴보고 만날 수 있었고, 아픈 아이들을 엄마처럼 돌보는 시간이기 때문이었다. 아픈 아이들은 자율학습을 하며 내가 올 때를 기다렸다가 나를 보면 어디가 아프다고 얘기했고, 나는 내 사무실로 불러다 상처를 치료해 주고 약도 주었다. 가끔은 당직을 서는 젊은 선생님과 사무실 앞 벤치에 앉아서 수다도 떨었다. 수다라지만, 생활 스와힐리어를 배우는 시간이었다. 대부분의 젊은 선생님들이 선교센터 내에 있는 숙소에 살고 있어서 기숙사를 운영하는 학교 입장에서는 야간 지도가 가능해서 좋았다.

밤 10시 취침 시간이 되면 여학생 기숙사를 돌며 아이들을 안아

밤에 기숙사를 돌며 예쁜 학생들과 밤 인사를 나누곤 했다.

주며 잘 자라 인사를 했다. 덩치는 커다란 학생들이 아이처럼 폭 안기며 좋아한다. 방으로 돌아오면 10시 30분쯤. 씻고 정리하면 11시가 넘고 하루가 꽉 차게 끝났다. 주중이나 주말에 틈을 내어 빨래도 하고, 성작 수건 다림질도 하고, 방 청소도 하면서 지내다보면 한 주가 어떻게 가는지 모를 정도로 빡빡하게 지나갔다.

이곳에서 우리가 가장 중요하게 생각했던 선교사의 일은 우리 학교 학생들에게 조금이라도 사랑을 전하고 좀 더 나은 교육을 제공함으로써 이들에게 위로를 전하는 것이었다. 그것이 꼰솔라따 선교수도회의 영성, 카리스마이기도 하다. 더구나 우리 학교 학생들을 보면 40퍼센트 정도가 여러 보육원에서 온 학생들이었다. 그리고 이름으로 미루어 볼 때 아버지가 아닌 사람이 보호자인 경우도 많았다. 그러니 우리 학생들 가운데에는 어려운 처지의 학생들이 많았다. 탄자니아에서도 공부를 잘 하고 부유한 집 아이들이 기술

이웃 학교와 경기에서 응원 중인 꽃보다 예쁜 아이들.

학교에 오는 경우는 별로 없다. 심지어 보육원에서도 공부를 잘 하는 아이들은 수업료가 많이 들더라도 인문계 학교에 보내는 경우가 많다.

게다가 우리 학교는 이링가에 있는 기술학교 중에서도 일류는 아니었다. 그러니까 우리 학생들은 가정 환경도 어렵고, 가난한데다가 공부도 잘 못하는 학생들이 대부분이었다. 그렇지만 바로 이런 학생들이기에 우리는 선교사로서 우리의 임무, 사랑과 위로를 전하는 일이 더욱 의미가 있다고 여겼다. '이런 학생들에게 조금이라도 자신들이 얼마나 아름다운지, 얼마나 하느님의 사랑받는 자녀인지를 느낄 수 있도록 해줄 때, 그 얼마나 큰 보람인지! 거기에 더해 기술 교육을 잘 시켜서 어른이 되어 자기 스스로 경제적으로도 독립하여 살 수 있도록 도와줄 수 있다면 얼마나 좋을까?'

부활절 방학으로 학생들 대부분이 집에 가고 6명만 남았던 어느 날이었다. 토마스가 남은 아이들 이름을 하나씩 불렀다. "벤자민, 에제키엘, 그레이슨, 라이몬드, 아델리나, 벨투스.", "아이들 이름을 하나씩 기억하고 불러줄 때 사랑의 마음이 생겨나는 것 같아."라면서.

● 학생 이름이 뭐더라?

학생들이 새로 입학하면 신상기록카드를 작성하게 한다. 그런데, 한국의 주민등록등본 같은 출생증명서가 있지만 받아 오는 게 쉽지 않아서, 우리 학교는 입학서류로 요구하지 않는다. 그러다 보니 학생들의 주소나 가족 관계, 특히 법적인 부모가 누구인지를 정확히 아는 것이 쉽지 않다. 학생들이 써 오는 대로 믿을 수밖에 없다. 그런데 신상기록카드에 쓴 이름과 시험 답안지 등 다른 문서에 쓴 이름이 다른 경우가 많았다. 예를 들면, '이브라힘'Ibrahim 인지 '이브라히무'Ibrahimu 인지 부르는 교사도, 사무직원도, 아이도 쓸 때마다 달랐다. 정부의 공식 문서로 주소나 가족 관계를 증명해 주는 문서를 기준으로 하지 않고 아이들의 기억에 의존하니 쓸 때마다 다르게 쓰는 경우가 생겼던 것이다.

게다가 가족란에 이름을 쓰고, 관계에 아버지baba 혹은 어머니mama 라고 쓰는데, 나중에 학생들과 친해져서 이야기를 하다보면, 아버지 혹은 어머니라고 써 둔 사람이 친부나 친모가 아닌 경우를 자주 발견했다. 자기를 돌봐주는 보호자가 숙모나 고모, 이모인 경우 혹은 양모인 경우도 있는데, 모두 어머니mama라고 하였다. 그러니까, 기록카드를 보고 부모가 있는 학생인 줄 알았는데, 알고 보면 친부모는 모두 돌아가시거나 어디 사는지 모르고, 자기를 돌봐주는 친척을 그냥 아버지 혹은 어머니라고 써 놓은 것이다. 우리처럼 고모, 이모, 숙모, 양모를 엄밀히 구분해 부르지 않고 그냥 엄마라고 부르는 관습에서 비롯된 것 같다. 그래서 이제는 낳아 주신 엄마mama mzazi냐고 꼭 물어보게 된다. 학생들은 졸업할 때, 졸업장과 성적표를 받는데, 이걸 보관하고 있다가, 졸업 증명이나 성적 증명이 필요한 경우 이걸 복사해서 쓰는 게 보통이다. 그러므로 이걸 잃어버리면 아주 난처해진다. 새로 발급 받는 게 여간 어렵기 때문이다.

선교사의 구두

어느 날 보니 신고 다니던 샌들의 밑창이 다 떨어져 너덜거리고, 간편화는 새끼발가락 바깥 부분에 구멍이 나 있었다. 어떻게 할까 한참을 바라보다가 겉에 구멍이 난 신발은 구두 고치는 사람에게 꿰매 달라고 부탁하기로 하고, 샌들의 밑창은 가지고 있던 양면테이프로 붙여보기로 했다. 한국이었으면 이 정도가 되기 훨씬 전에 쓰레기통으로 들어갔을 텐데 여기서는 이만한 신발을 새로 사는 게 어렵기도 하거니와 비용이 들기 때문이었다. 이렇게 수선을 하고 신어보니 비 오는 날 물에 젖지만 않으면 신을 만했다.

그러고 보니 우리 공동체에 새로 오신 호세 신부님 구두가 생각났다. 호세 신부님께서 가끔 현관 앞에 앉아 구두를 닦으시는데 얼

밑창이 떨어져 버린 샌들. 양면테이프를 붙이자 제법 신을 수 있게 되었다.

마나 정성껏 닦으시는지 옆에서 지켜보는 나로서에게 "시내에서 산 중고 구두인데 품질이 아주 좋다."며 자랑하셨던 기억이 났다. 테이 프를 붙여 고친 내 신발도 진짜 선교사의 신발이 된 것 같아 기분이 좋았다.

신부님들이 인사이동하면서 우리 방을 조금 더 큰 방으로 바꾸 었다. 그런데 새로 옮긴 방도 온수 문제가 생겼다. 보일러는 정상 작 동하는데, 샤워기에 나오는 물이 아주 약하고, 찬물과 뜨거운 물을 섞으면 물이 더 약해졌고 곧 찬물로 변했다. 그걸 참고 쓰다가 방문 기술자 두 명과 우리 직원 한 명을 불렀더니 우리 방 안의 화장실에 들어와 이리저리 살펴 원인을 찾았다.

물이 약한 것은 샤워 호스가 막혀서 그랬다며 샤워기를 바꾸었 다. 이 지역 지하수에 석회와 소금이 많기 때문에 오랜 세월 동안 배관에 쌓인 것이리라. 그리고 냉온수가 섞이지 않는 것은 분배 손 잡이가 고장 나서 그런 것이라며 바꿔야겠다고 했다. 잘 고쳐서 따 스한 물로 시원하게 머리 감고 샤워할 수 있으면 좋겠다. 물이 잘 안 나와서 샤워 꼭지도 빼고 그래야 그나마 몸에 떨어지는 물의 양이 좀 많아지 니까 샤워를 했다. '그렇지 않아도 졸졸졸 나오는 물로 비눗기를 없 애려면 시간이 서너 배는 더 걸렸는데. 손잡이를 새로 구해오려면 또 며칠이나 기다려야 할까? 비좁고, 찬바람이 숭숭 들어와 춥고, 물은 졸졸졸 나오고, 뭐 하나 고치려면 하염없이 기다려야 하고….'

그런데 이런 불평을 하고 있지만, 직원들이 우리 방을 볼 때는 어 떤 기분일까 조심스러웠다. 그들이 사는 집에 비해 너무나 깨끗하 고, 화장실은 더욱 깨끗할 것이고, 게다가 더운 물이 나오는 보일러 라니. 그리고 수세식 양변기를 볼 때 어떤 기분일까? 한국 기준으로 보면 아주 초라하고 낡고 지저분하기 짝이 없는 시설이지만, 우리 직원들이 사는 가까운 동네 주민들의 수준과 비교하면 너무나 호화로워 보일 것 같았다. 우리 방이 한국의 70년대에서 80년대 초 수준이라면, 그들의 주거 수준은 몇 년대라 할 수 있을까?

우리는 식사도 밥이나 우갈리에다 반찬 두어 가지와 생채소를 먹었다. 한국 음식이 아니니 맛있게 먹기는 어려웠지만, 매주 한두 번 고기를 먹었으니 고급스런 식사였다.

우리 학교 학생들은 우갈리 또는 밥에다 강낭콩 스프 한 가지로 먹는데, 양을 넉넉히 주고 세끼를 거르지 않고 먹는다. 그런데, 학생들이 방학에 집에 갔다가 개학 후 학교로 돌아오면 많이 날씬해져서 온다. 한국 사람들이 본다면 예뻐졌다고 할 텐데 집에서 잘 먹지 못하고 농사일을 많이 해서 말랐다는 것을 알고 나면 마음이 짠했다. 집에서는 보통 세끼를 넉넉히 챙겨먹지 못한다는 방증이기 때문이었다. '우리 학교보다 잘 먹지 못하는 게 일반 가정의 수준인데, 선교사가 그들의 살림살이 수준과 너무 다른 것이 그들의 눈에 어떻게 보일까?' 걱정도 되고 미안하기도 했다.

선교사로 파견받을 때 계약서에 서명을 했다. 거기에는 선교사로서 생활을 현지인의 평균 수준으로 해야 한다고 적혀 있었다. 평균 수준이 어떤 걸까? 우리는 스스로 느끼기에 아주 검소한 씀씀이를 했다. 우선 우리가 살던 한국 도시와는 완전히 다른 시대의 주거와 생활 환경에서 살았고, 먹는 것, 입고 신는 것 모두 현대 한국 사회에 익숙해 있는 우리의 관점에서는 아주 소박했다.

그러나 현지인 관점에서 본다면 어떨까? 탄자니아의 1인당 GDP는 1,000달러 정도로 대략 한국의 30분의 1이다. 탄자니아 물가가 대체로 낮으니까 구매력으로 따지면 10분의 1 정도이다. 우리의 소박한 식비도 우리 동네 사람들에 비해 몇 배 이상이었다. 게다가 2, 30년이나 된 낡은 차지만 차도 있었고, 한국에서 가져온 옷을 입었고, 비싼 전기로 퍼 올린 물로 자주 빨아 깨끗하게 입었다. 작지만 냉장고, 세탁기에, LP가스레인지를 썼고, 휴대폰은 동네 사람들은 비싸서 만져 보지도 못한 한국산 스마트폰이었다.

아직 대부분 나뭇가지와 장작을 때서 음식을 만드는 이곳 사람들의 눈에는 우리가 어떻게 보였을까? 가난한 예수님의 삶을 우리에게서 볼 수 있었을까? 우리를 통해 예수님의 교회가 가난한 이들의 교회라고 느낄 수 있었을까? 이런 상황에서 우리는 어떻게 살아야 했을까?

한밤의 도둑잡기

음고웅고 선교센터의 부지 안에 조금 높은 구릉지역이 있는데, 이곳에 모래가 아주 많았다. 아마도 아주 먼 옛날에 바닷속이었다가 융기되어 지금은 해발 1,500미터 이상의 산지가 된 그 옛날의 바다 밑 모래가 드러난 지형이었다. 그곳에 올라가 보니, 작은 연못과 나무들이 있는데 주변 여기저기서 모래를 마구 채취하여 볼썽사나웠다. 주변 산지보다 더 솟아올라서 주변 경관을 조망하기에 좋은 곳인데 아쉬웠다.

선교센터는 그 모래를 팔아서 수입을 얻고, 또 동네 청년들에게 모래를 퍼서 트럭에 담는 일자리를 준다는 생각으로 우리가 도착하기 2년 전부터 모래 장사를 시작했다. 모래 판매를 담당하는 직원이

모래를 너무 많이 채취해 경관이 망가졌다. 뒤쪽에 작은 호수도 보인다.

있고, 건설업자가 트럭을 가지고 모래를 사러 오면 마을 청년들 몇 명이 트럭에 모래를 퍼 담는 일을 하여 일당을 벌었고, 선교센터에는 한 트럭 당 5천 실링이 입금되었다. 실제로 트럭들은 연신 드나들었는데 트럭들 수에 비하여 들어오는 수입은 아주 적었다. 이렇게 수입도 몇 푼 안 되는데, 환경은 아주 엉망이 되어 버렸다. 나무를 베어내고 모래를 퍼내니까 비가 와도 물이 잘 고이지 않아 연못이 점점 줄어들었다. 호세 신부님이 부임한 후 환경이 몹시 흉하게 망가진 걸 보고, 더 이상 모래를 팔지 않고 환경을 개선하기로 결정했다. 곧 동네 면장과 트럭차주협회에 정식 공문을 보내서 모래 판매가 중단되었다고 통지하였다.

그런데도 인적이 드문 시간에 드나드는 트럭이 종종 발견되었다. 우리 몰래 모래를 채취해서 팔고 사는 일이 계속되었다. 모래 장사들 입장에서는 시내에서 비교적 가까운 이곳이 운반 시간이나 연료비 측면에서 매력적이었고, 마을 청년들 입장에서는 돈 욕심 때문에 모래 채취를 중단하지 못하였다. 그렇다고 어떻게 해달라는 부탁이나 제안도 없었고, 그저 한밤중에 몰래 잠입하고, 마을 청년들도 한밤중에 기다리다가 모래를 훔쳐 파는 일이 수시로 일어났다. 저녁이나 한밤중에 이런 일이 벌어지니 뜬눈으로 감시할 수도 없고 참 갑갑한 노릇이었다.

그러던 어느 날 저녁이었다. 저녁 뉴스를 보고 있는데, 직원 한 명이 급하게 들어 와서 방금 모래 언덕 쪽으로 트럭 한 대가 들어가는 걸 보았다고 신고하였다. 신부님은 급하게 나갔고 나토마스도 따라 나갔다. 셋이서 픽업트럭을 타고 캄캄하고 울퉁불퉁한 길을 달려서 모래 언덕으로 갔다. 모래를 채취하는 곳으로 들어서니 트럭 한 대가 나오고 있었다. 우리 차의 불빛을 보고 발각된 것을 알고 모래를 싣다 말고 도망치는 중이었다. 모래를 퍼 담던 청년들은 이미 도망가고 없었다. 길이 좁은데 두 차가 마주보고 멈춰 섰다.

캄캄한 밤하늘에 별들이 이리도 아름다운데 이런 상황에 있게 된 것이 우습기도 하고 긴장도 되었다. 운전사는 처음이라며 모래 값을 내겠다는 등 뻔한 거짓말을 늘어놓았다. 신부님은 트럭차주협회장과 동네 면장에게 전화해서 상황을 알렸다. 조금 있다가 동네 면장이 왔다. 트럭 운전자와 동승자의 신원을 확인하고 차량번호와 운전면허증을 사진 찍어 두었다.

함께 경찰서로 가기로 하였다. 우리 직원이 그들의 트럭에 올라타고 출발했다. 그런데 산길을 내려와 차도에 접어들자 그 트럭이 갑자기 속도를 내더니 달아났다. 우리는 그 차에 타고 있는 직원이 걱정되었다. 다행히 전화 연락이 돼서 만났는데, 위협을 받고 차에서 내려져 공포를 느끼기는 했지만 큰 탈은 없었다. 그들은 자기들 사무실 쪽으로 달아났다고 했다.

우리는 경찰서로 가서 신고했다. 당직 경찰에게 먼저 말하고, 다음에 다시 당직 사령 같은 경찰에게 설명하고, 고발조서를 작성했다. 면장이 증인으로 함께 하였다.

그러나 신고는 아무 의미도 없었다. 현장에서 목격한 증인도 있었고, 사진 그리고 훔치는 데 사용한 차량번호, 도둑질을 시도한 운전자와 동승자의 이름 등 모든 것을 분명하게 신고했는데도 아무 진전이 없었다. 수사가 어떻게 되고 있느냐고 물어 보아도 진행 중이라는 말만 하면서 한 달이 넘도록 아무 성과가 없었다. 면장 말로는 아마도 그 트럭을 소유한 사업자가 '모종의 조치'를 해서 그냥 흐지부지되는 것 같다고 하였다.

그렇게 한 달여가 지나갔는데, 우리 선교센터의 모래를 훔쳐가려던 또 다른 트럭 한 대를 붙잡았다. 한 달 전에 경찰서에 신고했지만 아무 소용도 없었기에, 이번에는 경찰서에 신고하지 않고 차를 우리 선교센터 안에 잡아두고, 차주를 불러서 10만 실링을 변상금으로 받았다. 경찰에 신고해 봐야 소용없으니, 이렇게 하는 게 차라리 더 낫다고 본 것이었다.

그런데 도난당하는 선교센터의 물건은 모래만이 아니었다. 우리 선교센터에는 화라자하우스라는 보육원이 있다. 그런데 몇 년 전 화재로 일부 손상된 김에 1킬로미터 떨어진 곳에 새로 건물을 지어 이사했다. 나는 선교센터 총무로서 이제 떠나고 남은 빈집들을 어떻게 사용해야 할까 고민하였다. 여학생 기숙사를 빈집으로 옮겨서 학생들이 좀 편안하게 사용하도록 하고, 두 개의 큰 방은 부족한 교실과 컴퓨터실로 고쳐서 사용할 계획을 세워 둔 상태였다. 그런데 이사 이틀 후, 보육원을 담당하고 계시는 소르델라 신부님께서 전화하셨다.

"토마스, 사람들이 이사 나간 빈집에서 물건들을 훔쳐가고 있으니, 문단속을 잘하고 지키는 게 좋아요."

"신부님, 모든 가구와 비품을 다 가져가고 빈집이던데 도대체 무엇을 훔쳐 가죠?"라고 나는 물었다. 신부님께서는 웃으시면서 "가서 잘 살펴보세요."라고 하셨다.

나는 무슨 일인지 궁금해서 화라자하우스가 이사 가고 남은 빈집을 죽 둘러보았다. 자세히 보니 천장이나 벽에 있는 전등, 전선, 부엌과 화장실에 있는 수도꼭지, 심지어는 방 문짝도 몇 개가 없어졌다. 나는 깜짝 놀랐다. 이런 것들을 훔쳐갈 것이라고는 상상도 못했기 때문이다. 즉시 시내로 가서 자물쇠를 잔뜩 사 왔다. 그리고 집마다 대문과 방문에 모두 자물쇠를 걸었다.

그런가 하면, 우리 선교센터 안에는 난로를 만드는 철공소가 있는데, 그 안에 난로 뚜껑으로 사용할 무쇠 플레이트와 철판 등을 보관하고 있었다. 그런데 어느 날 플레이트와 철판을 도난당했다. 사실 이런 도난을 당했을 때 나는 몹시 놀랐다. 선교지의 물건을 훔쳐 갈 거라고는 상상도 못했기 때문이다. 선교센터 안에 있는 성당으로 미사를 하러 온 동네 사람들에게 신부님께서 어떤 물건들을 도난당했다고 공지하고, 아는 바가 있으면 알려달라고 부탁하였다. 도난당한 물품들의 특성상 대개 덩치가 크고 무겁기 때문에 혼자 훔쳤을 리 없고, 누군가가 분명히 목격했을 것이며, 또 물건을 내다 파는 과정에서도 목격자가 있을 것이 분명했기 때문이었다.

그러나 단 한 건도 도난에 대하여 신고받은 적이 없었다. 모두들 모른 체하였다. 처음에는 이런 점이 납득되질 않았다. 마을 사람들이 급한 일이 생길 때마다, 누가 아프거나 다치거나 굶게 되거나 도움을 요청하는 곳이 우리 선교센터이다. 어려운 사람들이 여러 가지로 도움을 받곤 한다. 게다가 마을 주민 다수가 신자이다. 그런데도 이 선교지에서 물건을 훔쳐가는 사람을 보면서도 모른 체했다. 왜 그런 걸까? 나중에 사람들과 자주 접하게 되면서 짐작하게 된 바는 이렇다.

첫째, 부자들의 물건을 좀 가져가는 것에 대해 별 죄책감이 없어 보였다. 그들이 보기에 선교사들은 부자이므로 부자의 물건을 어려운 사람이 가져가는 것은 괜찮다고 여기는 것 같았다.

둘째, 어려운 친척이 도움을 요청했을 때 그를 도와주느라고 훔치는 것에는 죄책감을 느끼지 않는 것 같았다. 이에 해당하는 사례가 있었다. 우리 기술학교 부설로 운영하는 운전학원이 있고, 그 사무실은 시내에 있었다. 그 학원의 수입이 평소보다 줄어서, 수강생

명단과 수입금을 비교해 보았다. 그 결과 사무직원이 학원 수입금의 일부를 횡령한 것이 드러났다. 나는 사무직원을 불러서 돈이 없어진 것에 대하여 물었다. 그 직원은 아주 당당하게 자기 형제Ndugu가 돈이 필요하다고 자기에게 부탁해서 돈을 가져갈 수밖에 없었다고 말하였다. 나중에 돌려주면 되지 무슨 잘못을 했느냐며, 얼굴 표정에서 전혀 잘못했다는 인식이 없음을 느낄 수 있었다.

사회와 법규는 영국법을 기초로 하여 자본주의적으로 이미 바뀌었는데, 대가족 공동체에 대한 의무의 관습은 여전히 사회의 많은 부분에 남아서 다른 공공적 책임이나 법규에 대한 준수 의무를 넘어서는 것을 볼 수 있었다.

선교사가 기본적인 윤리를 가르치며 야단치는 사람은 아닐진대, 이런 관습이나 문화를 고수하며 살아가는 사람들을 어떻게 편안하게 바라볼 수 있을지 많이 고민됐다. 서로 다른 문화 안에서 살아온 두 그룹의 사람들이 자연스럽게 접촉하면서 각자 스스로 성찰하고 배워야 한다는 생각을 한다. '상대주의에 빠지지 않으면서 다른 문화를 존중하면서도 더 낮게, 하느님께로 가까이 다가가는 길은 무엇일까?', '모든 문화를 넘어서는 인류 보편의 도덕이나 가치 기준은 있는 것일까?' 나는 '도둑질은 나쁘다'는 기준을 보편 도덕이라 생각하며 살아왔는데, 그렇게 생각하지 않는 사람들 사이에서 산다는 자체가 광야의 삶처럼 느껴졌지만, 동시에 나 자신을 돌아보게 하는 의미 있는 삶이었다.

나는 바오로 사도가 떠올랐다. '유다인에게는 유다인처럼, 율법 아래 있는 이들에게는 율법 아래 있지 않으면서도 아래 있는 사람처럼, 약한 이들에게는 약한 사람처럼, 모든 이에게 모든 것이 되었다.'1코린 9,20-22.

미리 좀 배워둘걸

우리 선교센터 마당에 안 보이던 닭들이 놀고 있었다. 닭들이 마당 여기저기를 자유롭게 돌아다니는 걸 보는 일은 재미있다. 저희끼리 싸우기도 하고, 뭔가를 쪼아 먹기도 하고. 선교센터 안에는 개도 여러 마리 사는데, 이 개들도 닭들과 친해졌는지, 공격하지 않고 잘 지낸다. 처음에 호세 신부님이 닭 20마리를 사 오셨을 때는 신부님이 목축 일을 워낙 좋아하시니까 사육을 목적으로 사온 줄 알았다. 그런데, 그게 아니라 닭고기용이었다. 포르투갈 청년들이 왔을 때 반 정도 잡아 먹었고, 주말이면 한 마리씩 잡아서 주일 점심상에도 올라 왔다. 그 후에 신부님이 또 닭을 열 마리 정도 사 오셨다. 이 닭들은 달걀을 얻고, 학생들의 실습용이라고 하시며 손수 만든 큰 닭장도 자랑스럽게 보여주셨다. 그러고는 병아리를 100마리 넘게 사 오셨다.

선교사의 일이 무얼까?

초기에 오신 분들은 학교 세우기, 보건소를 통한 건강 돌보기, 말라리아 퇴치 등을 하면서 복음을 전했다. 이탈리아에서 선교 후원금를 받아서 아무것도 없던 곳에 새로운 건물과 서비스 그리고 성당을 지었다. 그렇게 지어진 수십 년 넘은 건물을 사용하고 있는 경우라면 그것들을 유지 보수하는 데 선교사들의 시간과 비용이 엄청나게 들어간다. 우리 선교센터를 예로 들면 설계도도 없이 지어진 건물들이 20년 이상이 되다 보니 전기 배선, 수도 배관에 문제가 생기고, 지반이 내려 앉아 벽에 금이 갔다. 낡은 자동차들도 늘 부품을 바꾸거나 수리를 하게 된다. 예산은 늘 부족해서 이런 것들을 미리미리 점검하며 관리한다기보다는 응급 상황이 닥치고서야 급하게 고칠 수밖에 없다. 그마저도 코로나 시기에는 이탈리아에서 오는 선교 후원금이 줄어드니까 더 빠듯해졌다. '탄자니아 내에도 헌금할 능력 있는 신자들이나 기관들도 있을 텐데.' 하는 생각을 하곤 했다.

같이 사는 호세 신부님을 보면서 선교사의 삶이란 이런 일들로 채워짐을 보게 된다. 우선 미사와 기도 시간을 잘 지키고, 먼저 오셔서 묵상 기도를 하시는 모습도 볼 수 있다. 공소로 미사를 드리러 가면 정성껏 성사를 주고, 환자가 있다는 소식에 직접 가정 방문을 하고 손을 잡아 주고 기도해 주신다.

뭐가 고장 나도 무엇을 어떻게 해야 할지 모르는 우리와 달리 몸

환자 방문 중인 콜롬비아 선교사 호세 신부님.

일을 두려워하지 않고 먼저 나선다. 우선 물을 아끼고, 그래서전기 펌
프로 100미터 아래 지하수를 퍼 올리므로 전기를 아끼기 위해 수도 배관이
복잡하게 되어 있는 곳을 주목해서, 낡은 것을 고치고, 물이 조금이
라도 새는 곳을 막으려고 기술자를 불러서 일하는데, 몸소 땅을 파
고 움직인다. 나토마스도 덩달아서 삽자루를 잡고 배관을 고치기 쉽
도록 배관 아랫부분을 파는 작업을 했다. 얼마 만에 잡아보는 삽자
루인가? 그래도 힘들기보다는 보람으로 여겨지고, 선교사로서 할
일을 한다는 마음이 들어서 싫지가 않았다. 오히려 재미있었다.

　호세 신부님은 고치는 김에 이 선교센터 전체의 배관 흐름을 정
확히 알려고 애쓰셨다. 우리가 살던 방의 배관이 이상해서 보일러
를 제대로 사용하지 못하고 있다고 말씀드렸더니 신부님께서 배관
공과 함께 벽과 천장의 배관을 파악하여 문제를 해결하고자 발 벗
고 나섰다. 천장에도 올라가고, 우리 방 배관과 연결된 지붕 위 물
탱크에도 직접 가 보는 등 장장 이틀에 걸친 실험과 관찰 끝에 우리
방의 배관 문제를 파악하고 보일러를 잘 쓸 수 있도록 만들어 주셨

수도 배관 공사 중인 직원, 신부님, 토마스.

다. 우리는 온수 문제가 해결된 것도 기쁘지만, 우리의 작은 어려움에 관심을 가지고 애써주시는 모습에 너무나 행복했다.

　다음으로는 학생 기숙사 화장실이 막혀서 사용할 수 없게 된 일이 있었다. 신부님이 오시기 전에 선교센터 총무인 내가 화장실 전문 기술자를 불러서 고치려고 알아보니 비용이 만만치 않았다. 신부님께 말씀 드리니까 "우리가 직접 나서고, 꼭 필요한 부분만 기술자를 써서 비용을 줄입시다."고 하셨다. 나는 아끼고자 하는 신부님의 마음에 너무 기쁘게 공감이 갔다. '선교지 재산과 신자들 헌금, 직원들이 일해 번 돈을 아껴 쓰는 게 선교사의 자세지.' 하는 마음에 '할 수 있을까?' 하는 걱정이 들면서도 기뻤다. 우선 화장실에 연결되어 대소변을 모아두는 큰 웅덩이_{가로세로 깊이 3미터 정도의 큰 콘크리트 웅덩이} 2개에 가득 찬 오물을 치우기 위해 오물 수거차를 불렀다. 오물을 치운 뒤에 부서진 배관을 고치는 것이 근본적인 해결책일 것이라는 생각에서였다. 오물을 치우는 데도, 신부님께서 직접 고무장화를 신고 나서서 직접 진두지휘를 하니 나도 나설 수밖에 없었다. 정화조 역할을 하는 오물통에서 오물을 빨아들여 탱크에 담는데, 내 예상과는 다르게 똥 냄새가 하나도 나지 않았다. 오물통의 뚜껑을 열고 바라보면 거무스름한 액체 같은 것이 보이는데, 수년간 치우지 않아서 잘 발효된 비료가 되어 있었다. 그래서 이걸 버리지 않고 우리가 농사지을 땅에 뿌렸다. 네 번에 걸쳐 오물, 사실은 아주 좋은 비료를 뽑아다가 뿌렸다.

　그다음에는 화장실과 오물통이 연결된 배관 중 부서진 것을 고치기 시작했다. 부른 일꾼이 한 명이기 때문에, 신부님과 직원 한 명이 주로 하고, 나도 틈틈이 가서 도왔다. 사실 내가 할 수 있는 것은 그저 같이 돌을 나르고 삽질하는 정도였다. 배관이 부서진 이유는 화장실 뒤편 배관이 플라스틱이라 약하고, 그래서 틈이 생기면 그리로 더러운 물들이 새서 고이니까, 소들이 지나다가 그 물을 마시려고 자꾸 왔고, 육중한 그들이 얕은 땅 밑의 플라스틱 배관들을 밟으면서 부서진 것이었다. 우리는 그걸 정리해서 물 흐름이 좋게 배관을 하고, 물기가 겉에 고이지 않게 하고, 혹시 소들이 다시 오더라도 밟지 못하도록 철망으로 주위를 둘러쳤다. 이렇게 나흘을 애쓴 덕에 당초 예상보다 훨씬 적은 비용을 들여서 고칠 수 있었다.

가장 크게 몸을 쓰는 행사는 추수였다. 이곳은 우기가 시작되는 11월부터 농사 준비를 하고 12월에 파종을 한다. 옥수수와 해바라기가 주요 작물인데 익으면 바로 거두지 않고 밭에 세워둔 채로 말린다. 건기가 무르익어 잘 마른 옥수수나 해바라기를 6월 중순이면 추수하는 것이다. 이러한 농사 방법을 알기 전에는 지나다가 밭에 말라비틀어진 옥수수를 보며 '물이 없어서 말라 죽나보다.' 하며 안타까워했는데, 이것은 이들의 농사 방법을 모르는 데서 온 오해였

옥수수를 수확하는 학생과 직원들.

다. 동네 사람 14명을 고용해서 매일 추수하는데, 아침 8시에서 오후 2시까지 점심시간 없이 일을 하고 마친다. 해바라기는 기름을 짜는 데 쓴다. 내 일은 매일 아침에 해바라기밭에 가서 사람들이 일을 시작했는지 보고, 끝나면 추수한 해바라기를 가져오고 일당을 주는 것이다. 일을 제대로 하는지 아닌지는 모르겠지만, 대부분 동네의 가난한 아주머니들이 와서 일하고 돈을 받아가는 것이니 편하게 마음먹었다. 일당은 5천 실링이다. 이 시골 동네의 일당으로는 괜찮은 편이라고 한다.참고로 탄자니아의 최저 임금은 2021년 기준 월 7만 실링이다.

이제는 30년도 더 된 랜드크루저의 수동 기어 운전이 능숙해졌다. 밭에 갈 때는 이 차를 타고 갔다. 해바라기밭 크기가 만 평 정도로 크고 추수한 해바라기를 실으러 울퉁불퉁한 밭 한가운데 마른 줄기들을 밀면서 진짜 오프로드를 달려야 하기 때문이었다. 내 평생에 이런 운전은 처음이었다. 밭 옆에 차를 세우고 사람들이 어디쯤에서 일하고 있는지 둘러보아도 해바라기에 가려서 사람들이 하나도 보이지 않았다. 열 명이 넘는 사람들이 그 안에서 추수하고 있는데도 출발 전에 어느 쪽에서 추수를 할 것이라는 정보를 미리 알지 못하면 헤매게 된다.

둘째 날도 8시 반 조금 지나서 일한다는 밭으로 갔는데, 사람들이 하나도 보이지 않았다. 아직도 사람들이 안 왔나 생각하면서 밭 안으로 계속 들어갔더니, 점차 해바라기들 사이에서 사람들이 일하는 모습이 보이기 시작했다. 해바라기씨가 있는 곳만 따 모은 다음 두들겨서 씨앗을 빼고, 그 씨앗만 자루에 담아오는 일이었다. 사람들은 해바라기를 따오는 사람과 터는 사람들의 두 그룹으로 나누어 일했다. 해바라기씨가 있는 부분만 자르니까, 추수가 끝난 밭에도 해바라기대가 그냥 남아 숲을 이루어서 그 안에 있는 사람들이 멀리서는 보이지 않았다.

　도시에서만 자란 나로서는 평생 못 본 모습, 바람 소리, 사람들이 타작마당에서 일하는 모습을 보는 것만으로도 왠지 즐거웠다. 선교사로 사는 행복이 느껴졌고, 이런 시간을 주신 하느님께 감사하는 마음이 절로 들었다. 경제적으로 따지면 왜 이익도 안 나는 이런 농사를 짓나 싶었지만, 그날은 내게 선교사 삶의 색다른 기쁨을 느끼게 해 주었다.

설레는 손님 맞이

어디에 있든지 손님을 맞이한다는 것은 마음이 설레는 일이겠지만, 선교지에서는 특히 그렇다. 대개는 다른 선교사 신부님들이 다른 지역에서 오셨다가 들르거나 혹은 다른 나라에 파견되어 일하시던 선교사들이 휴가차 왔다가 들르는 경우가 많았다. 때로는 같은 이링가 지역의 선교사 모임을 우리 집에서 열기도 했다. 이런 경우가 아닌 특별한 손님들로 우리가 기억하는 세 그룹이 있다. 요한과 막달레나 커플, 포르투갈에서 온 10여 명의 청년 그룹 그리고 한국에서는 유일하게 우리를 찾아온 친구 바오로 릴리안 부부이다.

요한은 유엔환경기구의 직원으로 다레살람에서 근무한 한국 청년인데, 2018년 하반기에 처음 탄자니아에 도착했을 때, 우리 수도회의 다레살람 호스텔에 잠시 머물던 인연으로 알게 되었다. 그를 통해 탄자니아에도 유엔이나 NGO 등에서 일하는 한국 청년들이 제법 많다는 것을 알고 흐뭇하고 자랑스러웠는데, 그는 그중에서도 단연 외모로나 인성으로나 돋보였다. 일을 얼마나 잘 하는지는 알 수 없으나, 하는 일과 사람들, 탄자니아를 대하는 말과 태도에서 그가 얼마나 인성이 훌륭한지 느낄 수 있었다. 게다가 자기 부모뻘 되는 사람을 만나는 게 뭐 그리 재미있는 일이 아닐 텐데도, 아주 붙임성이 있고 공손하며 만날 때마다 반가워하였다. 우리로서는 그와의 만남이 선교사 생활에서 뜻밖의 즐거움이었다.

게다가 그의 프랑스인 약혼녀 막달레나가 그를 찾아 프랑스에서 탄자니아로 오는데, 그에 못지않게 예쁘고 반듯한 성격이었다. 둘 다 가톨릭 신자로서 신앙에도 열성이어서 결혼을 앞두고 있던 그들은 온라인으로 프랑스 교회가 요구하는 혼인 교육을 받고 있었다. 그러다가 그들이 탄자니아에서 약혼식을 하게 되었는데, 양가 부모님이 모두 오실 수 없다고 하였다. 그래서 우리가 어른으로서 대신 약혼식에 참석하겠다고 했더니 아주 기뻐하였다.

이링가에 살고 있던 우리는 12시간 동안 버스를 타고 다레살람의 약혼식에 갔다. 약혼식은 우리 수도회의 호스텔 안에 있는 경당에서 미사와 함께 치러졌다. 두 사람의 친구와 직장 동료들이 스무 명 정도 참석하였고, 어른은 우리 둘뿐이었다. 미사를 주례한 테샤 신부님은 미사 경문을 영어로 하다가 스와힐리어로 하다가 불어로 하는 등 자신의 언어 능력을 발휘하여 아주 흥미로운 약혼식이 되게 하였다. 약혼식 피로연은 어느 친구의 주택 정원을 빌려서 밝고 화사하게 이어졌다.

이 커플이 2019년 부활절 휴가 때 우리 선교지를 방문하였다. 우리는 이들을 우리 집에 맞아들이고 싶었지만, 우리 집의 손님방 2개는 오랫동안 사용하지 않아서 지저분한데다가, 정리정돈을 할 여유가 없어서 우리 집에 머물게 할 수 없었다. 그래서 집에서 차로 20분 정도 떨어진 시내에 있는 관구 본부에 손님방을 준비해 주었다. 그곳은 평소에 손님들이 많이 드나드는지라 방도 깨끗하고 음식도 훨씬 좋았다. 그곳에 머물면서 요한과 막달레나는 우리 선교지를 방문하였다. 마침 부활절 휴가 기간이라 우리 학생들은 아무도 없었다.

그들은 화라자하우스 어린이들과 하루를 보냈다. 요한은 마술을 하는 재주가 있어서 어린이들에게 여러 가지 마술 시범을 보이고 가르쳐 주면서 즐거운 시간을 보냈다. 아이들도 평소에 보지 못하던 놀이에 모두들 열심히 참여하고 재미있게 놀았다. 그림을 그리는 재주가 뛰어난 막달레나는 아이들에게 그림 그리기를 가르쳐 주었다. 이곳 학교에는 미술 시간이 없는지라, 이런 시간이 아주 유익했다. 보육원의 소르델라 신부님도 젊은 청년 커플이 방문해서 색다른 놀이감으로 아이들과 즐겁게 지내는 걸 보며 고마워하셨다.

우리 선교지를 이모저모 둘러보고 난 요한과 막달레나는 평신도 선교사가 있는 줄도 몰랐는데, 우리를 알게 되어 아주 좋았다고 말했다. 자기들도 나중에 탄자니아 부모님처럼_{우리를 탄자니아 부모님이라고 불러 주었다.} 선교사가 되고 싶다는 결심을 했다고 말했다. 우리는 이 말을 들으면서 너무나 기쁘고 보람을 느꼈다. 우리가 선교사로 얼마나 잘 사는지 몰라도, 젊은이 둘이 우리를 보고 선교 소명을 느끼고 결심하였다면, 그것만으로도 선교사가 되어 탄자니아에 온 보람이 있는 것 같아 고맙고 행복한 느낌이 들었다.

이 두 젊은이가 다레살람으로 돌아가고, 나중에 환경 전문가가 되기 위한 공부를 프랑스에서 계속하기 위해 떠날 때까지 우리는 다레살람에 갈 기회가 있을 때마다 요한을 만나며 우정을 이어갔다. 코로나19가 터진 직후에 요한은 탄자니아에서 일을 마치고 떠났고, 후에 프랑스에서의 결혼식 동영상을 보내왔다. 작지만 아름다운 막달레나의 고향 성당에서 올린 아름다운 두 청년의 혼인성사 영상을 유튜브로 보면서 우리는 두 젊은이의 행복을 위해 주님께 기도 드렸다.

요한과 막달레나가 우리 선교지를 다녀간 지 두세 달이 지나서, 전에 계시던 원장 신부님이 다른 선교지로 이동해 가시고, 콜롬비아 출신의 호세 신부님이 오셨다. 그 무렵인 2019년 8월에 포르투갈 청년들 11명과 성인 봉사자 1명, 신부님 1명이 선교지 체험을 하러 우리 선교지에 와서 삼 주간 머물기로 했다는 소식이 관구에서 전해졌다. 꼰솔라따 선교수도회의 탄자니아 선교 100주년이 되는 2019년을 맞아서 유럽에서 여러 선교 체험 그룹이 탄자니아에 왔는데, 그중 한 그룹이었다. 이제 막 부임하신 호세 신부님과 우리는 10여 명의 숙소와 식사 준비를 어떻게 하나 걱정이 컸다. 호세 신부님은 나토마스에게 어디에 숙소를 마련할 수 있을 지 찾아보라고 했다. 우리 선교센터에서는 최근에는 한번도 이 같은 그룹을 삼 주나 받아서 지낸 경험이 없었기 때문에 아이디어가 떠오르지 않았다.

청년들이 와서 선교지 체험 활동으로 어린이들을 만나고, 페인트 칠 등의 노동도 하고, 다른 선교지 답사도 하겠다고 하였다. 우리가 선교지 순례를 가서 여기저기 둘러본 적은 있지만, 이들처럼 한곳에 머무르면서 일했던 적은 없었다. 우리가 방문을 다닐 때는 손님 맞이가 이렇게 어려운 것인지 모르고 다녔는데, 우리가 맞이하려니 어찌해야 할지 모르겠고 마음만 급했다.

숙소 때문에 걱정하다가 보건소의 입원실이 거의 항상 비어 있

꼰솔라따 수도회 탄자니아 선교 100주년 기념 이링가 시가행진.

으니까 여길 이용하면 어떨까 하고 둘러보았다. 그러나 삼 주 동안 입원 환자가 단 한 명도 없으리라고 장담할 수도 없고, 일반 환자들이 오가는데 외국인들이 숙소라고 드나드는 것은 보기에 좋지 않을 것 같았다. 관구 신부님이 가끔 전화를 해서 준비가 잘 진행되는지를 물을 때마다 준비하고 있다고 답하면서도 마음이 무거웠다.

그런데 8월 1일에 화라자하우스의 소르델라 신부님이 새로 지은 집으로 이사가셨다. 로사와 나는 인사 겸 신부님을 찾아가서 신부님께서 쓰시던 사제관이 비었는지, 그 집을 우리가 써도 될지 여쭈었다. 이제 비웠으니 써도 된다는 답을 듣고, 반갑게 열쇠를 챙겼다.

평소에 거실만 들어가 보던 그 집에 들어가서 샅샅이 둘러보았다. 이사하면서 비교적 깨끗이 청소하고 떠나셨다. 로사가 직원 한 명과 창틀이나 화장실 등 구석구석 청소했다. 나는 전기와 전등, 물이 잘 나오는지를 점검했다. 전기에 작은 문제가 있는 걸 고치고, 보일러도 온수가 나오는지 점검하였다. 다행히 방이 세 개였고, 화장실은 두 개 그리고 거실이 있는지라, 신부님을 제외한 12명의 그룹이 지낼 만했다. 남자 두 명도 같은 집에 있겠다고 해서 부엌이던 곳을 청소해서 남자 청년들의 방으로 쓸 수 있게 하였다.

학교 사무실에서 책상 큰 것을 하나 가져다가 우리 식탁 옆에 놓고, 선교센터의 여기저기서 의자들을 모아다가 16개를 만들어 식당을 만들었다. 복작대긴 하지만 함께 하는 게 나을 것 같았다.

호세 신부님은 시내 본당에 가서 매트리스와 담요 15세트를 빌려오셨다. 지난해에 쓰고 안 쓰던 거라서 퀴퀴한 냄새가 났다. 이것들을 우선 햇볕에 말리고, 담요는 모두 빨아서 널었다. 손님방 두 개를 점검하고 청소하고 침대 정리를 했다. 로사는 민박집 주인이 된 기분이라고 했다.

청년들이 주로 쓸 집이 아무 장식도 없는 완전 빈집이라서 썰렁했다. 우리 집에서 커튼들을 떼어다가 그곳에 가져다 달았다. 십자가와 꼰솔라따 성모화와 복자 알라마노 액자도 가져다가 그곳 거실에 달고, 집에서 남는 소파들과 학교 여기저기서 스툴 몇 개를 가져다 놓았다. 그러고 나니 어느 정도 사람 사는 집 같아졌다.

그런데 침대가 없어서 매트리스를 그냥 바닥에 놓아야 할 판이었다. 그렇게 할까도 했는데, 침대 없이 하루 이틀도 아니고 삼 주를 지내기는 좀 무리 같았다. 학생들 기숙사에 침대가 남는지 점검해 보았더니 몇 개가 남았다. 방과 후에 학생들 도움을 받아 옮겼다. 옮기는 일이 쉽지 않았다. 모두 목재 이층 침대인데, 기숙사와 그 집의 방문이 작아서 일일이 분해해야만 옮길 수 있었다. 이렇게 분해하고 옮기고 들인 후 다시 조립하는 일을 하느라 시간이 오래 걸려서 청년들이 오기 하루 전에야 겨우 마무리 할 수 있었다. 직원 한 명과 로사가 다시 집 청소를 하였다. 그러고 나니 손님들이 올 시간이 임박하였다.

로사는 손님들을 맞기 위해 "Karibuni Tanzania"탄자니아에 오신 것을 환영합니다., "Karibuni Mgongo"음고응고에 오신 것을 환영합니다.라고 써서 우리 집 현관과 거실에 붙였다.

준비하다보니 이것저것 번거롭고 힘들기도 하거니와, 청년들이다 보니 숙식에 대한 희사금도 크지 않고, 피곤하고 좀 성가신 느낌도 들었다. 그런데 로사가 한국에 계신 요셉 신부님과 통화를 하고 나서, "이 포르투갈 젊은이들을 사랑스런 마음으로 맞이하고, 해줄 수 있는 한 기쁘게 잘 해 주어야겠어요." 하고 말을 꺼냈다. "젊은 친구들이 놀러 갈 곳도 많을 텐데, 굳이 불편을 감수하고 선교 체험을 하겠다고 여기까지 온 그 마음을 사랑스럽게 보아야겠어요. 혹시 누가 알아요? 그 안에 주님의 뜻이 있고, 이들이 선교의 길에 좀 더 가까이 다가갈지, 우리가 어떻게 대하는지가 그 길에 도움을 줄 수도 있잖아요?"

나도 그 말에 공감이 갔다. '사실 비슷한 나이의 우리 아들들도 이런 체험에 간 적이 없는데, 이들은 우리 아들들보다 이런 면에서 훨씬 훌륭한 친구들이 아닌가?' 그렇게 마음을 먹고 나니 젊은이들이 기다려지고, 만나기 전부터 사랑스런 마음이 들었다. 나중에 이들과 이야기하다가 알게 된 사실이지만, 청년들 11명 중에 해외여행 경험이 있는 청년은 단 1명뿐이고, 나머지 10명은 이번 선교지 체험이 첫 해외여행이라고 하였다. 첫 해외여행으로 선교지 체험을 오다니 참으로 기특한 청년들이라는 생각이 더욱 들었다.

청년들이 오고 삼 주 동안 매일 식사를 같이 하고 영어가 되는 대로 이야기도 하면서 기쁘게 지냈다. 청년들도 나름 최선을 다해 학생 식당의 낡은 벽과 창문, 식탁을 수선하고 몇 개의 교실에 페인트

포르투갈 청년 봉사단과 우리 학생들.

칠을 깔끔하게 했다. 또 우리 기술학교 학생들의 수학 및 영어 공부를 돕기도 하고, 보육원의 어린이들과 노래도 하고 놀이도 하며 지냈다. 중간에 이틀 국립공원 사파리도 다녀오고, 선교 100주년 기념행사에도 참여하였다.

그러나 식사 문제는 우리로서도 어찌할 도리가 없었다. 우리 주방 자매의 요리가 너무나 토속적이었고, 그렇다고 로사가 한국 음식을 해 줄 수도 없었기 때문이었다. 음식이 도무지 입에 맞지 않은 청년들은 제대로 먹지를 못해 며칠이 지나자 몇 명은 기진맥진하였다.

마침내 그들을 인솔해 오신 신부님이 매일 저녁은 자기들이 식재료를 사다가 식사를 준비하겠다고 제안하였다. 우리는 너무 미안했지만 그렇게 하라고 하는 수밖에 없었다. 그 와중에도 저녁 식사 후에 자기들의 숙소 근처에 나와 밤하늘을 보고, 기타 치며 성가를 부르는 청년들의 모습은 아름답고 싱그러웠다. 그렇게 삼 주를 우리 선교센터에서 선교 체험을 하고 청년들은 떠났다. 선교지를 어떻게 체험하고 기억했는지 그저 음식이 아니라 탄자니아 어린이들의 예쁜 모습으로 기억하기를 바라며 아쉬운 작별을 하였다.

마지막으로 바오로 릴리안 부부는 코로나 팬데믹이 시작되기 직전인 2020년 2월 초 3박 4일의 짧은 일정으로 음고응고에 왔다. 우리가 살던 사제관의 손님방에 묵도록 준비했다. 반년 정도 쓰지 않던 방이라 당연히 청소하고, 보일러도 점검해서 수리하고, 침구류도 있는 것 중에 가장 깨끗하고 예쁜 것으로 골라서 침대 두 개를 준비했다. 호세 신부님께서는 석회가 껴서 누렇게 된 샤워실 바닥을 면도칼로 긁어내고 세제로 닦으셨다. 한국에서 어떤 신부님이 집에 손님이 온다고 손수 청소를 하실까?

그렇게 소박한 방이나마 깨끗하게 준비한 후 바오로 릴리안 부부를 이링가 공항에서 맞이했다. 얼마나 반가운지 양팔을 벌려 환영의 포옹을 한 후 신나게 차를 달려 집으로 왔다. 로사는 "우리 집의 '스위트룸'이야."라며 자랑스럽게 방을 보여주었다. 바오로와 릴리안 부부는 "이렇게 좋은 스위트룸은 처음이야."라며 환하게 웃었다.

부부는 우리 학생들에게 줄 학용품 선물과 책들을 잔뜩 가져왔다. 우리 선교센터 구석구석을 둘러보고 화라자하우스에 가서 어린이들과 신부님께 인사하고, 꼰솔라따 수도회의 탄자니아 첫 선교지인 토사마강가 성당을 방문하였다. 이링가 시내에서 우리가 다니는 시장, 찻집들을 다니며 사람 사는 모습도 보았다. 주일에는 시내 성당에 들러 미사하고, 만난 어린이들과 같이 놀고 사진도 찍었다. 우리 시간표에 따라 함께 미사와 기도를 하고 식사도 하며 선교사 생활의 단면들을 같이 체험하며 즐거운 시간을 보냈다. 떠나기 전에 축사 앞을 막 나오시던 호세 신부님께 무릎을 꿇고 강복을 청하는 모습이 뭉클하고 아름다웠다.

함께 지낸 기간이 비록 짧았지만 우리가 한국에 돌아온 뒤에도 호세 신부님과 연락할 때마다 신부님께서는 미사 중에 기억하신다며 바오로 릴리안 부부의 안부를 꼭 물으신다. 아름다운 부부의 좋은 향기가 오래가는 것 같다.

그 이후 기대하고 있었던 한국 친구들과 후원 회원들의 선교지 방문 계획들이 코로나19로 인해 취소되었기 때문에, 우리는 더 이상 손님들을 맞지 못했다.

소 치료 작전

우리 선교센터는 젖소 30마리, 돼지 30마리 이상 그리고 약간의 염소와 닭을 키우고 있다. 선교지의 자립을 위해서 오래전부터 해온 일들이고, 더구나 우리 학교에 축산과가 있으므로, 학생들의 실습 현장이기도 하다. 내토마스 주업무 중 하나가 이 동물들을 위한 사료와 약을 사는 일이었다.

어느 금요일에 소 세 마리가 다쳤다고 목축 직원으로부터 보고를 받고 수의사를 부르라고 했더니 토요일에 올 거라고 했다. 우리는 그렇게 알고 토요일 새벽에 모로고로 수도회 수련자들의 첫 서원식을 보러 갔다. 그리고 월요일 저녁에 돌아왔다. 수의사가 왔었냐고 직원에게 물어보았더니 오지 않았다고 했다. 그러면서 "그 중 한 마리는 날카로운 철봉에 찍혀서 뒷다리 고관절 부분이 다쳤어요. 잘 먹지도 못해 그런지 살도 빠지는데, 더 마르기 전에 도살해서 고기라도 많이 얻는 게 어때요?"고 말했다.

부를만한 다른 수의사를 아느냐고 물었더니 모른단다. 나는 난감해져서 어찌해야 하나 고민하다가, 멀지만오려면 대중교통으로 두 시간 이상 걸린다. 우리 수도회의 이헤미 농장의 수의사가 기억나서 그에게 전화했다.

"우리 소가 많이 아파 죽게 생겼으니 급히 좀 와주세요."라고 간절히 부탁했다.

"농장 책임자에게 물어보고 갈 수 있으면 내일 오전에 갈게요."

라고 했다. 확답이 아니라서 불안했다.

　다음 날 아침 7시에 우리가 생산한 우유를 파는 아사스라는 우유 회사의 농장에 우유 납품 과정을 직접 보기 위해 갔다. 거기서 그쪽 직원들과 인사를 하다가 보니 수의사가 있었다. 나는 바로 그에게 "우리 소들이 아픈데 수의사가 없어요. 와서 봐줄 수 있나요?"라고 밑져야 본전이라는 마음으로 부탁했다. 뜻밖에도 그는 "우리 소들을 보고나서 9시 좀 지나서 가 볼게요."라고 흔쾌히 대답했다. 나는 뜻밖의 선물을 받은 듯 기분이 좋아서 고맙다고 몇 번이나 인사했다.
　집에 돌아와 아침을 먹는 중에 이헤미 농장의 수의사에게서 이리로 오는 중이라는 연락이 왔다. 그래서 아사스의 수의사에게는 안 와도 된다고 연락을 하고 이헤미 농장의 수의사를 기다렸다. 이 수의사는 두어 달 전에도 우리 선교센터에 와서 둘러보고 간적이 있었는데, 그때 나에게 "소와 돼지들이 사는 환경이 아주 열악하네요. 어쩌면 이렇게 엉망으로 관리하지요? 책임자로서 동물에 대한 관심이나 자비심이 없어 보이네요."면서 나를 비난했다. 그렇지만 나는 그가 밉지 않았다. 수의사로서 동물을 잘 돌봐야 한다는 책임감에서 나온 의견이었고 우리가 가축들을 제대로 놀보지 못하고 있는 것도 사실이었으니까. 다만 내가 어떻게 할 지식이나 경험도 없고, 시설이나 사료를 개선할 자금 여유도 없는 것이 문제였다.

　수의사는 10시쯤 도착했다. 그렇게 반가울 수가 없었다. 수의사와 직원들과 함께 아픈 소들을 보러 갔다. 먼저 뒷다리 고관절 부분이 철봉에 받혀서 찢어지고 그 상처가 덧나서 아파하는 소를 치료하기 위해서 소를 치료하는 나무틀에 소를 밀어 넣었다. 그놈은 자기가 치료받는 줄 아는지 필사적으로 버텨서 직원 두 명과 의사 그리고 내가 힘을 모아서 겨우 틀 안에 넣었다. 상처가 심하고 고름이 나는데다 파리떼가 달려 들어서 보기에도 흉하기 이를 데 없었다. 그 소의 이름은 사유니였다.

수의사는 먼저 항문에 체온계를 넣어서 체온을 재고, 다음에 심장과 목 부분에 청진기를 대고 진찰한 다음 젖을 짜서 육안으로 관찰하여 소의 상태를 판단하였다. 상처를 여러 번에 걸쳐 씻고 소독하고 또 덧난 부위의 가죽을 칼로 잘라내고, 항생제를 바르는 것 같았다. 마지막으로 항생제 주사를 세 대 놓았다. 소는 그때마다 버둥거렸다. 나는 치료 과정을 관찰하면서 소의 어깨 부분을 두들기면서 "사유니, 사유니…" 하며 이름을 불러 주었다. 다행히 버둥거리기는 할망정 눈물을 흘리거나 비명을 지르지는 않았다. 수의사는 좀 일찍 부르지 이렇게 늦게 치료해서 상처가 커졌다며 나를 책망했다.

다음으로 뿔을 자른 부위가 덧난 소를 치료할 차례였다. 그런데

선교센터 경내에서 풀을 뜯는 가축들.

이놈이 수의사가 온 걸 아는지 잡히지 않으려고 도망 다녀서 직원들이 애를 먹은 끝에 겨우 붙잡아 끌고 와 네 다리를 묶고 바닥에 뉘었다. 이놈의 이름은 자일이었고 임신 중이었다. 뿔을 잘라낸 자리를 보니 곪고 있었다. 수의사가 곪은 부분을 긁어내고 소독약을 바르니 자일이 아주 고통스러운 비명과 함께 온몸으로 발버둥쳤다. 마음이 짠했다. 자일이 하도 버둥거려서 나도 자일의 어깨 부분을 손으로 붙잡고 고통을 잊도록 두드려 주었다. "자일, 자일…" 하면서.

기본적인 소독과 곪은 부분을 긁어낸 후 의사는 밖으로 가더니 줄톱과 쇠줄을 가져와서 뿔을 잘라낸 부분을 좀 더 짧게 잘랐다. 자를 때 잘라내고 남은 부분의 길이가 비슷해야 하는데, 잘못 잘라서 불균형이 나서 이렇게 덧났다고 말했다. 길게 남은 부분을 자르는데, 몹시 아픈지 눈은 공포에 질리고 똥오줌을 흘리며 몹시도 버둥거렸다. 잘라내고 나서 뜨거운 인두를 가져다가 자르고 난 뿔을 지졌다. 단백질 타는 냄새가 진동을 했다. 소를 붙잡고 있는데, 소가 발

새끼 송아지와 토마스.

버둥치고 꼬리를 몹시도 흔들어서 온몸에 소의 똥오줌이 튀었다. 그래도 소가 불쌍해서 어깨를 두드리며 "자일, 자일…." 하며 달랬다.

두어 시간에 걸친 치료를 마치고 의사는 내일 다시 오겠다며, 필요한 약 목록을 적어 주었다. 외양간에서 나오면서 보니 사유니가 다른 소들 속에서 풀을 먹고 있었다. 내가 "사유니." 하고 부르니 그놈이 먹다 말고 고개를 들어 자기 이름을 부르는 나를 쳐다보았다. 소들도 다 자기 이름을 알고 있었다. 소를 치료하는 과정에 참여한 것은 내 평생 처음이고, 이곳에 온 이후에도 처음 직접 가까이서 보았다. 선교사가 하는 일이 이런 일도 있구나.

이삼일 후 아침에 목장으로 갔다. 송아지 두 마리가 외양간 앞에 있다가 햇볕을 쪼이러 나왔다. 오베디아라는 녀석은 이제 두 달 되었는데, 나를 여러 번 보았다고 내게 쓰다듬어 달라고 머리를 맡긴다. 귀여운 녀석. 2, 3주 된 존이란 녀석은 내가 낯선지 피한다. 그러더니 모두들 들판 쪽으로 달아난다. 이 둘은 모두 수컷인데, 거기에는 좀 더 큰 암송아지 두 마리가 풀을 뜯고 있었다. 네 마리가 같이 풀도 뜯고 장난도 치며 뛰어 다닌다. 밝은 햇빛 아래서 놀고 있는 송아지들을 보고 있자니 저절로 내 얼굴에 미소가 번졌다. 모처럼 행복한 느낌이 온몸으로 퍼졌다.

'아~! 행복하다! 낯선 환경에서 이 작은 행복의 느낌이 하느님의 선물 아닐까?'

창의적인 사랑법

2020년 2월 한국은 다른 나라보다 일찍 코로나 사태를 맞았고 누구보다 빠르게 잘 대처해서 전세계 언론의 찬사를 받았다. 우리도 외신을 통해 한국 상황을 뉴스로 접하면서 한국인으로서 자랑스러움을 느꼈다. 그러나 세계로 번지기 시작한 코로나19 바이러스는 유럽 국가들에서 환자가 급격히 늘어나며 사망자도 급격히 늘었고 세계의 많은 나라가 봉쇄 조치를 취하기 시작했다.

탄자니아도 북쪽 도시 아루샤에 코로나19 환자가 생겼다고 하고, 총리가 모든 학교를 휴교하라고 했다는 뉴스가 나와서, 우리 학교도 기숙사에 머물던 학생들을 집으로 돌려보내고 휴교에 들어갔다. 막상 휴교를 하니 코로나19 위협이 더 가까이 느껴졌다. '별일 없이 지나갈 수 있을까?' 걱정스러웠다.

게다가 이웃나라 케냐에서는 코로나인지 감기인지 모를 증상을 보인 중국 사람 두 명이 사람들에게 살해되었다는 끔찍한 소식도 나왔다. 나로사는 토마스에게 앞으로는 시장에 혼자 가지 말라고 했다. 중국인으로 오해한 혐오범죄가 두려웠다. 걱정한다고 뾰족한 수도 없는데, 괜히 걱정스러웠다.

토마스는 "아직 카타르 항공이 다니는 것 같으니, 귀국해야 하지 않을까?" 했다. 나는 "귀국편 비행기에 환자가 있을 수도 있는데, 그냥 여기서 조용히 있는 게 나을 것 같아요."라고 했다. 병에 걸려도 한국에 있으면 좀 안심될 것 같은데, 가는 길도 안전하지 않으니 이런 고민을 하는 것도 외국에서 일하는 선교사로서 겪어야 하는 일 중의 하나였다.

주일 아침, 나는 '기침하거나 몸이 안 좋은 사람은 성당에 오지 마세요.'라는 안내문을 써서 성당 입구에 붙이고 물과 물비누를 가져다 놓았다. 화라자하우스 아이들이 오자, 우리는 코로나 예방을 위한 수칙들을 아이들에게 설명하고, 서로 떨어져 앉도록 안내하였다. 아이들이 비교적 말을 잘 듣고 그대로 따라줘서 고마웠다.

오늘 미사를 성가 없이 빨리 진행하는 것이 좋겠다고 어제저녁 신부님과 이야기하였는데, 신부님이 잊으셨는지 성가를 해서 미사 내내 걱정스러웠다. 게다가 신부님이 오늘 새벽 시내에 있는 음신도 성당에 미사를 집전하러 다녀오셨는데, 거기는 신자가 아주 많아서 혹시 전염되었을까 더 걱정스러웠다. 그때는 한국을 비롯해 유럽 나라들이 역사상 처음으로 미사를 중단하기로 결정했던 시기였다.

호세 신부님은 "아직 탄자니아 주교회의에서 성당을 닫는다고 하지 않고 있지만, 다음 주부터는 우리 선교센터도 대중미사를 중단해야 할 것 같아요."라고 하셨다. 주일 새벽에 도와주러 다니던 음신도 본당 미사를 당분간 안 가시겠다고 했다.

그러나 탄자니아 대통령은 사람들 앞에서 "교회나 회교 사원은 하느님께 기도하는 곳이라 병이 낫는 곳이니 그 모임을 중단할 수 없습니다."라고 말했다. 대통령의 이런 말과 함께, 보건 당국자가 "우리는 사람들을 집에만 있도록 봉쇄할 수 없습니다. 그러면 가난한 사람들이 어떻게 살 수 있겠습니까?"고 했다. 그들이 말하는 것을 처음 들었을 때는 이해할 수 없었지만, 나중에는 이해가 갔다.

한국처럼 철저하게 추적하거나, 아니면 유럽처럼 봉쇄하는 두 가지 길이 있을 텐데, 탄자니아처럼 가난한 나라에서 철저하게 추적하기는 어려웠을 것이다. 그렇다고 봉쇄 조치를 취한다면, 가난해서 그날 벌어 그날 먹고 사는 사람들이 병이 아니라 굶어 죽을 가능성이 컸다. 그리되면 오히려 사람들이 폭동을 일으킬 위험도 있었다. 이런 현실에서 그저 해외에서 오는 비행기 막고, 휴교하고 기도하며, 이 질병이 가볍게 지나가기를 비는 것 외에 무슨 다른 수가 있겠는가? 어쩌면 대통령 말대로 가난한 국민들이 일상을 살아가도록 하며, 손을 열심히 씻으라고 강조하는 것밖에 다른 수가 없을 것이다.

이해는 가는데, 걱정도 되었다. '우연하게 진정이 되면 다행이긴 한데, 창궐하면 우리는 여기에서 어떻게 할까?' 일단 걸리면 의료 서비스를 받을 가능성은 없으니, 안 걸리도록 조심하는 수밖에 없었다. 관구에서 온 사진을 보니 요즘 관구에는 이탈리아나 케냐에 휴가 갔다가 돌아오신 분들도 있고, 미사를 계속 하고 있는 음신도 본당의 부제도 있어서, 관구에 가는 것도 자제해야겠다고 생각했다.

나는 휴교령이 내려지기 바로 전날까지도 올해 학생들 생활 지도는 어떻게 해야 할지, 필요한 실습 비품과 물품 목록을 만들고, 연간 계획을 위한 교사 회의를 하는 등 일상적인 학교 업무로 바빴다. 그런데 갑자기 휴교를 하고 학생들이 없어지니 무슨 일을 할 수 있을지 막연해지는 느낌이 들었다.

프란치스코 교황의 "사랑을 창의적으로 하라."는 말씀을 떠올리며 이 순간 사랑으로 사는 방법이 뭘까 고민하다가 마스크를 만들기로 했다. 학생들은 떠났지만 교사를 포함한 직원들이 30여 명 되고, 화라자하우스의 어린이들과 관구 신부님들도 계시는데 시내에서 구입이 가능한 일회용 마스크는 방역용이 아닌 보통 마스크인데도 너무 비싸 사서 쓸 생각을 하지 못하고 있던 터였다.

일단 주위에서 구할 수 있는 일반형 마스크의 크기를 재고, 학교에 있는 천을 찾아보니 축산과 학생들 가운을 만들려고 사 놓은 흰 천이 있었다. 최소 세 겹은 되어야 하지 않을까 하며 찾아보니 부직포도 있어서 반가웠다. 귀에 거는 고무줄 끈까지 사니 준비물이 갖춰졌다. 내가 크기에 맞게 천을 자르고, 그 사이에 부직포를 넣고, 실핀으로 고정시켜 주면, 봉제 선생이 가장자리를 재봉틀로 박고 끈을 연결시켜 주었다.

그렇게 이틀인가 만들었는데 평소 친하게 지내던 한국인 개신교 선교사 부부가 우리를 만나러 왔다. 요즘 마스크를 만든다고 하니 입체 마스크 본이 있다며 보내주었다. 어른용과 어린이용 두 종류의 본이었다. 본을 크기에 맞춰 종이에 그리고 오린 후, 천에 대고 그리고 자르고, 좌우 안팎과 사이 부직포까지 여섯 겹을 실핀으로 고정해 주면 봉제 선생이 재봉했다.

재봉이 끝나고, 오버록까지 마치고 남은 실밥을 제거하는 마무리까지 하나하나 만드는 데 시간이 꽤 걸렸다. 아무래도 초보자가 하

마스크 만들기

는 가내 수공업이다 보니 하루에 많이 만들어야 20개 정도였다. 그것도 아침 먹고 가서 오후 퇴근시간 이후까지 만드는 데만 집중해도. 며칠을 계속하니 나는 서툰 가위질에 손가락 마디가 다 아파서 붕대와 반창고를 붙였다. 사무직원과 토마스에게도 도움을 요청했다. 그러면서 모두 몇 개가 필요한지 수요 조사를 했다. 직원들에게는 한 사람 당 두 개씩, 배우자와 자녀에게도 한 사람 당 한 개씩 줄 작정이었다.

직원이 30명인데 미혼인 직원도 있지만, 기혼자 중에는 부인이 두 명이 있는 경우도 있고, 자녀 수도 각각이고 연령대가 어른인지 어린이인지도 알아야 했다. 그렇게 어른용 164개, 어린이용 36개를 포함해서 200개 조금 넘게 만드는데 꼬박 열흘이 걸렸다. 이렇게 만든 마스크를 공동체 신부님과 직원들, 가족들이 쓰도록 나누어 주었고, 화라자하우스의 소르델라 신부님과 관구 신부님들께도 드렸다.

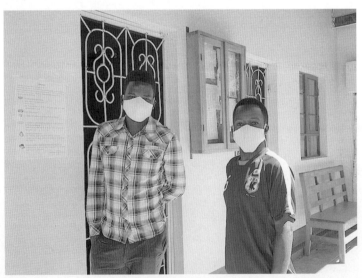

우리가 만든 마스크를 쓴 선생님들과 벽에 붙은 방역 지침.

한편 방역 지침이 아직 홍보되고 있지 않아 한국의 방역 지침을 참고로 주의사항을 스와힐리어로 적어서 프린트했다. 선교센터를 돌며 직원들에게 일일이 설명하고 잘 볼 수 있도록 선교센터 곳곳에 붙였다.

주의사항으로 손소독제를 쓰라고 되어 있어서 사려고 보니 100밀리리터에 1만 실링이니 너무 비싸서 살 수가 없었다. 그래서 직접 만들어보려고 인터넷을 검색해 보니 에탄올이 필요하다고 되어 있는데, 시내 약국에 에탄올이 동나고 없었다. 그러던 중 호세 신부님이 알코올을 사 오셨다고 해서 보니 메탄올이었다. 메탄올을 인체용으로 쓰기 곤란하다고 말씀드렸더니, 이번에는 건물 소독용 크레졸액을 사 오셨다. 우리는 일반 비누로라도 자주 손을 닦는 수밖에 없었다.

마스크 만들기를 일단 마치고 나니 다시 한가해졌다. 우리 선교지는 농사도 짓고, 가축도 키우고 있으니 뭐라도 해야겠다고 마음먹고 밭을 만들고 있는 곳에 나갔다. 직원 몇 명이 '젬베'라는 연장으로 밭을 갈면, 나는 그 뒤에 남겨진 돌멩이나 나뭇가지, 나무 막대기 등을 줍고 엎어진 잡초에서 흙을 털어내고 밭 바깥으로 던지는 일을 했는데, 두 시간쯤 지나니 더 이상 할 수 없을 만큼 힘이 들었다. 그렇게 며칠을 일하던 중 탄자니아 한인회로부터 한국행 특별기가 마련되었다는 소식을 받았다.

우리 순교하는 거 아냐?

6월에 있을 작은아들의 혼사로 5월 말에 잠시 한국에 갈 예정이었던 우리는 4월 초에 항공편이 끊기는 바람에 아예 결혼식을 연기하자 하고 한국행을 포기하고 있었다. 그런데 특별기가 마련되었다는 소식에 어떻게 할까 고민했다. 예정되어 있던 임시 휴가였지만 항공편이 끊긴 상황이라 언제 돌아올지 모르는데 떠나는 것이 흔쾌하지 않았다.

더구나 선교사로서 어떤 일이 있어도 선교지를 지키고 선교지 사람들과 함께 하는 것이 좋다고 생각해 왔는데, 상황이 좋지 않은 이때 떠나는 것은 마치 위험을 피해 도피하는 것처럼 느껴져 더욱 망설여졌다.

그렇지만, 한국에 가서 상황을 보고 우리 때문에 연기한 작은아들 혼인도 함께 하고, 휴교 동안 특별한 소임 없이 개교를 막연히 기다리는 것도 우리로서는 힘들었기에 지금은 일단 한국으로 돌아가기로 하고 공동체 원장님과 관구장님의 허락을 받았다. 모두가 처음 겪는 팬데믹 상황인지라 언제까지 계속될 지는 아무도 몰랐지만, 그 당시에는 몇 달 후에는 다시 비행기가 다니지 않을까 막연히 기대했다. 게다가 8월에 거주 비자가 만료되니까 그전에는 돌아와서 갱신을 할 생각이었다. 선교지 사람들과는 다시 비행기가 다니게 되면 돌아오겠다고 인사하고 떠났다.

조심스러운 마음에 마스크를 두 겹으로 쓴 채 기내식도 거의 먹지 않고 먼지 하나 없어 보이는 깨끗한 인천공항에 도착했다. '이제는 코로나에 걸리더라도 검사도 받고 병원에도 갈 수 있겠구나!' 하는 안심이 된 것이 솔직한 심정이었다. 이왕 이리된 것 미리 당겨온 휴가지만 맘 편히 쉬고 작은아들 결혼도 시키자고 마음먹었다.

무사히 자가격리가 끝났지만 성당도 못 가고 친구들도 편히 만나지 못하니 꼭 인사드려야 하는 분들을 제외하고는 거의 만나지 못하고 집에서 지냈다. 혹시나 감염시킬까 두려워 손녀, 손자도 자주 보러 가지 못했다. 이제 우리도 왔으니 작은아들 혼인날을 잡아볼까 했는데, 코로나 상황이 나아지는 듯 하더니 다시 폭발하기를 반복하는 통에 날짜만 가고 날은 잡지 못했다.

거의 집에만 있었는데도 선교지에서의 생활이 알게 모르게 힘들었는지 조금만 움직여도 피곤하고 많이 쉬어도 별로 생기가 나지 않고 몸이 무거웠다. 몸에서 생기가 다 빠져 나가 소진한 느낌이었다. 전장에서 간신히 살아 돌아온 패잔병 같은 느낌이랄까? 게다가 학교가 다시 열렸다는 소식을 받고나니 선교지로 돌아가야겠다는 조급한 마음이 들었지만 그것이 언제인지 확신이 들지 않았다.

우리를 양성해 주셨던 디에고 신부님을 방문해서 선교사로서 지낸 시간들에 대한 식별을 시도했는데, 주님께서 무엇을 원하고 계신지 전처럼 맑고 환하게 보여주시지 않았다. 그저 내로사가 전처럼 주님 안에 머물지 못하고 있음을 알려주셨다.

거주 비자 만료일이 다가오자 탄자니아 관구 사무실에서 비자 연장 신청을 위해 연락이 왔다. 내 마음은 더 조급해졌지만, 탄자니아에 있는 동안 나보다 훨씬 더 힘들어 했던 토마스는 아무런 방역 조치 없이 코로나 상황이 진행되고 있는 탄자니아에 돌아가고 싶어

하지 않아 했다. 관구장 타므랏 신부님과 디에고 신부님께서도 배우자를 두고 혼자 가는 것은 좋지 않다고 말씀하셔서 순명했는데, 마치 연락이 되지 않는 친구를 길에 서서 기다리듯 막연하고, 마음속에 뭔가 뿌옇게 안개가 낀 듯 편안하지 않았다.

지금 여기서 무엇을 할 수 있을까?

두어 달 후에는 돌아갈 수 있으리라 예상했던 휴가는 언제 탄자니아로 돌아갈 수 있을지 아무도 모르는 상황이 계속되면서 여름을 보내고 가을을 맞고 있었다. 언제 돌아갈 수 있을지 몰라도 마음은 여전히 탄자니아 선교지에 있었기에, 지금 한국에서 할 수 있는 일이 뭘까 생각해 보고, 그곳에서 필요한 것들을 배우고, 필요한 물건들을 하나씩 준비해 갔다.

우선 봉제과 학생들이 꼭 필요한 곡자를 눈금도 없이 합판을 잘라 가운데를 뚫어 쓰고 있었던 게 생각났다. 봉제에 재봉틀 외에도 필요한 게 많을 텐데, 그 분야에 아는 바가 없어서 의상을 전공한 동생

봉제과 학생들을 위한 물품 구매

의 도움을 받았다. 그런데 어디나 천사들은 있었다. 시장에서 옷감을 파시는 분께서 학생들을 위해 쓰라고 옷감을 선물해 주셨다.

또 탄자니아에서는 교재를 구하기 어려웠지만 한국에서는 쉽게 찾을 수 있을지 모른다고 기대하며 교보문고도 가보고 대학 도서관까지 뒤져보았다. 그러나 영어로 된 적절한 책은 몇 권 구하기가 어려웠다. 다행스럽게도 몇 권은 인터넷에서 찾을 수 있었는데, 고맙게도 같이 찾아주던 친구가 그 두꺼운 책들을 제본해 주었다.

탄자니아는 어디를 가나 농사를 짓는다. 우리 선교지는 땅이 꽤 넓어서 농사 규모도 큰데 우리는 아는 게 없어 눈뜬장님처럼 느껴졌다. 그러니 선교센터의 농사에 별로 도움이 되지 못해 답답했다. 마침 친구가 토종 농사를 짓고 있는 수녀님을 소개해 줘서 이참에 귀동냥이라도 좀 하려고 만나 뵈었다. 그 수녀님으로부터 여러 가지 조언도 듣고, 도움이 될 만한 책도 몇 권 소개받았다.

우리 선교센터에선 키운 소를 잡아 쇠고기를 팔기도 하는데, 쇠

호세 신부님과 쇠고기 부위를 나누는 중이다.

고기를 살코기와 뼈가 붙은 고기 두 종류로만 나누어 팔고 있었다. 호세 신부님과 쇠고기를 나눠보다가 혹시 부위별로 잘 나누면 값을 더 좋게 받을 수 있지 않을까 하는 생각이 들었다. 이왕 한국에 온 김에 쇠고기나 돼지고기를 부위별로 나누는 방법을 배우고 싶었다. 부위별로 포장되어 유통되는 것을 사 먹기만 해봤지 어떻게 접근할 수 있는지 막막했다. 혹시나 하며 생협을 찾아갔더니 그곳도 부위별로 포장해서 들어오는 것을 소포장할 뿐이었다. 결국은 유튜브를 보며 공부하는 것으로 갈음했다. '선교사는 별걸 다 하게 되는구나!'

그중 조금 곤란했던 일도 있었다. 인천 교구의 한 신부님께서 우리 수도회를 통해 아프리카의 세 나라에 마스크를 보내주셨는데 우리가 그 중간 다리 역할을 했다. 기부물품 증명서를 첨부해 보냈지만 탄자니아 세관에서 추가로 코로나 검사비, 보관비와 세금을 거의 마스크값만큼 요구하는 바람에 탄자니아 관구 신부님들은 이런저런 해결책을 찾고 있었다.

한국의 신자들이 얼굴도 보지 못한 먼 나라 사람들에게 사랑의 마음으로 보내주신 마스크인데 이게 가난한 관구에 큰 부담이 될 수 있는 상황이 되어 버려 안타까웠다. 그러다 한국에서 마스크를 보내주신 신부님께서 기꺼이 통관비까지 추가로 보내주셔서 탄자니아 관구로 무사히 마스크를 보낼 수 있었다. 우리의 얼굴도 모르시면서 사랑의 마스크를 보내주신 신자들과 신부님들께 정말 고마웠다.

다른 일은 음고웅고 선교지에 사랑의 후원금을 전달한 일이었다. 우리가 한국에서 지내는 동안에도 일주일에 한 번씩은 호세 신부님과 안부 인사를 주고받으며 지내고 있었다. 늘 부지런히 일하고 검소하게 사는 신부님이신데 셋이 하던 일을 혼자 하시니 미안한 마음이 들었다.

이에 더해 선교지 학생들 식량, 교사들 월급, 전기료 등 운영비가 빠듯하여 힘들어하셔서 우리 마음이 안타까웠다. 토마스가 재정 담당을 했기 때문에 재정 상황이 얼마나 어려울지 환히 짐작되었다. 그때는 꼰솔라따 잡지를 통해 탄자니아 관구와 우리 음고웅고 선교지를 위한 선교 후원금 캠페인이 계속되고 있는 중이었지만 언제 모금이 끝날지 알지 못하던 상황이었다. 혹시나 하고 우리의 선교를 도와주기 위해 만든 수도회의 계좌 통장을 확인해보니 후원금이 적잖이 모여 있어서 기쁘게 보내드렸다. 우리가 선교지로 떠날 때 그 통장에 모인 후원금을 가져갔기 때문에 잔고가 없었는데, 마치 엘리야 예언자를 대접했던 과부의 기름병이 마르지 않듯1열왕 17,16 채워진 것이 참 신기했다.

우리 순교하는 거 아냐?

이렇게 지내다가 12월에 탄자니아로 돌아가고 싶은 마음이 강렬해졌다. 사실 수도회 총장님께서 2020년 내에는 모든 국가 간 이동을 금해 달라고 하셔서 참고 있었는데 내년에는 가도 되지 않을까 싶어서 1월에 다시 가고 싶다고 말씀드렸더니 이번에는 디에고 신부님도, 아시아 관구장 신부님도 좋다고 하셨다. 탄자니아 관구장님께 편지를 쓰고 호세 신부님께도 말씀드렸다. "코로나 상황이 어떻게 돌아가는지 정부가 발표를 하지 않아 알 수는 없지만, 요즘 아무도 마스크도 안 쓰고 살고 있어요. 환영합니다."고 말씀해 주셨다.

친구들과 가족들 중에는 "조금 더 기다렸다가 백신을 맞고 가는 게 좋지 않겠니?"라며 걱정하는 사람도 있었다. 나도 코로나에 걸려 순교하게 될까봐 걱정된 것이 사실이었지만, 일단 결정이 되고 나니 새로운 기쁨과 생기가 생겨나고 왠지 그리 두렵지 않았다.

사랑의 통로

이렇게 적으면서 보니 휴가 동안의 활동은 주로 사랑의 통로 역할을 한 것임을 깨닫게 된다. 세계의 한편에 있는 나라 한국에서 예수님을 만나고 봉사도 하고 열심히 신자 생활을 하면서도 자신은 늘 부족하다고 여기며 기꺼이 선교 사업을 위해 사랑의 헌금을 봉헌하고 헌신하는 고마운 분들을 어디서나 만날 수 있었다.

그분들의 사랑을 세계의 다른 한편에 있는 탄자니아의 가난한 사람들을 연결해주는 통로가 되니 얼마나 고맙고 기쁜지! 사람들 마음 안에 사랑의 불꽃을 일으키고, 사랑을 주고받는 은총을 베풀며, 사랑의 나라를 만들어 가시는 성령께서는 찬미와 영광을 받으소서. 아멘.

드디어 탄자니아로 다시 출발! 인천공항에서 비행기를 기다리며 우리 자녀들 사진을 꺼내 보았다. 사랑스런 아들딸들 그리고 손녀와 손자! 가슴이 아릿하게 눈물이 솟아올랐다.

'이 아이들은 자신들이 이렇게 사랑받는지 알기는 할까? 우리 아버지이신 하느님께서 우리를 이렇게 가슴 저리게 사랑하실 텐데 우리는 알고 느끼나? 하느님께서는 당신의 가슴 서린 사랑을 받는 귀한 존재임을 탄자니아의 가난한 학생들과 사람들에게 전하고 싶어 하시는 게 아닐까? 주님, 저희를 당신 사랑의 도구로 써 주소서. 아멘.'

광풍 속에서

2021년 1월 11일 탄자니아에 다시 도착했다. 마스크를 쓰고 있는 우리를 본 사람 대부분이 탄자니아에는 코로나가 없다며 고개를 갸웃거렸다. 수도원뿐만 아니라 학교에서도 시내에서도 마스크를 쓴 사람은 우리 둘뿐, 우리 외에 마스크를 쓴 사람은 거의 없었다. 사실 한국을 떠나올 때부터 '계속 마스크를 써야 할지 말아야 할지' 마음속 갈등이 있었다. 선교사는 현지 사람들과 가능하면 비슷하게, 어울려 살아야 한다고 생각해 왔는데 마스크가 너무 눈에 띄어 사람들에게 위화감을 줄 수 있기 때문이었다.

그러나 다레살람에서 만난 피터 신부님께서는 여기에도 코로나가 있다며 우리에게 마스크를 계속 쓰라고 권했다. 우리는 왕따를 무릅쓰고 마스크를 쓰기로 했다. 마스크는 우리 자신을 보호하기도 하지만 우리가 모르는 사이 걸렸을지도 모르는 코로나를 다른 사람들에게 전파하지 않기 위해서도 쓰는 것이기 때문에 용기를 낼 수 있었다.

음고웅고 선교센터에 도착해서 우리 공동체 신부님들께 한국에서 가져온 KF94 마스크를 드리면서 써 주시길 부탁드렸다. 평소에 쓰지 않고 지냈는데, 우리 부탁이 간곡해서였는지, 천 마스크나 일회용 마스크보다 입에 붙지 않아서였는지 기꺼이 써 주셨다. 패션처럼 어느 날은 쓰고, 어느새 안 쓰고 있는 적도 많았지만, 좀 지나서는 감사하게도 식사 시간을 제외하고는 거의 써 주었다. 우리가 하루하루 긴장 속에 어떻게 살았는지는 토마스의 일기 속에 담겨 있다.

2021년 2월 11일

관구장께서 관구의 왓스앱 방에 메시지를 보냈다. "코로나 환자의 현실적인 치료 비용이 산소치료 등을 포함해서 매일 752,000실링인데 최소 2주일간 입원해야 하므로 총비용이 10,528,000실링이 든다. 그나마 나을지 어떨지도 알 수 없다. 그러니 형제들, 여러 말들 말고 마스크 쓰고, 손 닦고, 사람 많은 곳에 가지 말고, 손소독제를 쓰시오."

관구에 환자가 발생했는데도 어제까지 마스크를 안 쓰고 별다른 조치를 안 취하더니, 치료비 청구서를 보고서야 깜짝 놀랐나 보다. 갑자기 오늘 이런 메시지를 모두에게 보낸 걸 보니. 어쨌든 좀 더 조심하는 계기가 되었으면 좋겠다.

2021년 2월 13일

로사가 이콘다 병원에 코로나로 입원했던 산느로 수사님이 돌아가셨다는 소식을 전한다. 우리가 탄자니아에 와서 알고 지내던 분 중 처음으로 부고를 받으니 더욱 마음 아팠다. 지난 1월 말 수도회 설립 기념행사 때 뵈었는데 좀 피곤해 보이셨다. 그러고는 며칠 후에 병세가 심해져 이콘다 병원으로 갔고 결국 부고가 오고 말았다. 71살의 생애. 영정사진을 보니 가슴이 뭉클하다. 2주 전까지도 보던 얼굴, 2월초 물건 사러 시내에 갔다가 그분이 일하던 약국 앞에 서 계신 것을 얼핏 보았는데, 그게 마지막 모습이 되었다.

2021년 2월 14일

산드로 수사님에 연이어 오늘 저녁에 꼰솔라따 수녀회의 리따 수녀님 역시 코로나로 돌아가셨다는 부고가 떴다. 장례미사는 목요일에 산드로 수사님과 함께 한다고 한다. 사람들이 마스크도 안 쓰고 부주의해서 애꿎은 분들이 돌아가셨다고 생각하니 화가 올라왔다.

기사에 따르면 다레살람의 라디오원이라는 방송국이 매일 부고 공지를 하는데,* 평소 하루에 5~10분 걸렸는데, 올해 들어서는 시간이 30분씩이나 된다고 한다. 다레살람의 주요 병원들은 코로나로 보이는 환자로 꽉 차서 더 이상 환자를 받을 수 없다고 한다. 산소도 부족하고, 인공호흡기도 부족하고, 그런데도 정부는 아무 말도 대책도 없고. 대통령은 하느님이 보우하사 우리는 극복할 거란 말만 하고 있다. 탄자니아에 있다가 귀국한 사람들 중에서 하루가 멀다 하고 환자가 확인되고 있다고 한국 대사관의 공지사항은 전하고 있다. 감염자가 얼마나 많은지 짐작할 수 있다.

우리도 산드로 수사님과 함께 미사를 같이 하고 점심을 같이 먹었다. 아마 이때 우리 공동체의 탄자니아 출신 단스탄 신부님이 감염되었는지, 한동안 힘들어 하더니 2주가 지나니 좀 나으신 것 같다. 우리도 아마 검사하면 감염자로 나올 것 같다. 며칠 전부터 기도의 느낌이 좋지 않다. 면역력으로 잘 극복하길 기도할 뿐이다.

2021년 2월 16일

어제 로사가 열나고, 설사하고, 목도 좀 느낌이 안 좋다며 코로나가 의심된다고 방에서 쉬었다. 이링가에는 코로나 검사소가 없어서 혹시 증세가 비슷한 말라리아는 아닐까 하여 보건소에 가서 검사

---

* 탄자니아에서는 사망자가 생기면 가족들이 TV나 라디오에 부고 광고를 많이 한다.

를 받았다. 아니었다. "그럼, 더 걱정스럽네." 하며 방으로 들어가더니 점심도 방에서 혼자 먹었다. 하루 종일 쉬더니 저녁에는 좀 나아진 느낌이 든다고 한다. 나도 어제 아침 미사 독서를 하는 데 평소와 다르게 약간 숨이 찼다. 낮에 수업을 할 때에도 숨이 찼다.

수업 후에 되도록 쉬었다. 내 느낌으로는 이미 며칠 전부터 감염된 듯하다. 목도 까끌거리고 기침도 간혹 나고, 열감도 있다. 자고 나니 오늘은 어제보다 좀 더 기분이 나아졌다. 미사 독서할 때 숨찬 느낌도 좀 덜하다. 하느님께 감사하다.

2021년 2월 17일

요즘 학생들 사이에 두통, 기침, 설사, 발열 증세를 보이는 학생들이 늘어나고 있다고 로사는 걱정을 한다. 아마도 코로나가 퍼지고 있는 듯한데, 알 수는 없다. 그저 젊은 애들이니까 조금 앓다가 지나가기를 바랄 수밖에.

2021년 2월 18일

오늘은 코로나로 돌아가신 산드로 수사님과 리따 수녀님의 장례 미사가 있었다. 통상 수도자의 장례미사는 이링가 교구의 주교님이 하셨는데, 오늘은 음베야 교구의 대주교님이 멀리서 오셨다.

잔지바르의 부통령, 대통령 비서실장 등 고위 공직자들도 여러 명 죽었다고 한다. 코로나인 경우 병명을 언급하지 않는 것 같다. 지난 1월 21일에 있었던 교구 장례미사 때는 우리 부부만 마스크를 썼고, 다른 사제들이나 신자들은 노마스크였다. 한 달 사이에 코로나가 퍼졌다고 생각하는지, 오늘은 신부님들 전원 그리고 신자들이나 수녀님들도 80퍼센트 이상 마스크를 하고 왔다.

오늘 탄자니아 주교회의에서 코로나 예방을 위한 주의사항을 발표하였다. 그러나 각 교회들이 그 준수사항을 지킬지는 모르겠다. 모든 장례 예절이 끝나면 점심을 제공하는 것이 일반적인 관행인데, 코로나 때문에 오늘은 어떻게 하려나 궁금했다. 모두들 마스크를 하고 왔고, 주교회의의 밀집 방지 권고도 있고 해서 말이다. 그러나 평소처럼 강당에서 식사를 제공했다. 다른 점이 있다면 사람들이 강당에 오는 대로 식사를 제공하여 흐름을 빨리하였다. 우리는 얼른 들어가서 바나나와 물만 받아들고 나와 성당 앞 그늘지고 시원한 곳에 앉아서 먹었다.

주교회의에서 경고를 하고, 우리 선교사들 중에서도 코로나로 죽는 사람이 생기고, 고위 공직자들 중에서도 죽는 사람이 많이 나오는데도, 시내에서 마스크를 쓴 사람은 볼 수 없었다.

2021년 3월 21일

매일 뉴스에 나오던 대통령이 2, 3주간 무소식이더니 갑자기 돌아가셨다. 승계한 새 대통령은 코로나가 있음을 인정하고 위생 수

토사마강가 성당에서 봉헌한 두 선교사의 장례미사.

칙을 지키도록 지시하고, 우리가 사는 이링가시의 시장도 코로나 주의를 당부한다는 보도가 나왔다. 우리는 기회는 이때다 싶어 우리 선교센터 직원들과 교사 학생들 모두 마스크를 쓰도록 했다. 우리 선교센터 내 성당에 오는 신자들도 마스크를 쓰도록 하고 미사도 창미사 없이 짧게 하는 등의 노력을 했다.

그런데 그것도 불과 일주일이 지나니 창미사도 여전히 하고, 학교 학생들과 교사들은 두어 주일 마스크를 열심히 쓰더니 아침 조회 때만 쓰고 낮에는 벗어버리는 이전의 생활로 돌아갔다. 코로나가 무서운 병이라고 알고 있고, 자신이 코로나가 걸려도 상관없다고 생각하지는 않겠지만 막연히 '나는 안 걸리겠지, 내 주변에는 없겠지.'라는 기대를 하며 현실을 회피하는 것 같다.

그 사이에도 학생들이 감기에 걸렸다며 하루에 열 명도 넘게 로사에게 약을 받으러 오는 경우도 있고, 어떤 학생은 하루이틀만에 감기약만으로 낫기도 했지만 어떤 학생들은 일주일에서 열흘 가까이 앓는 일이 계속되며 한 넉 달 이상 지나갔다. 우리 학교에는 후천성면역결핍증을 앓는 학생들도 몇 명 있어서 그 학생들이 감염될까 봐 너무나 조심스럽다.

2021년 7월 19일

한인 카톡방에 개신교 선교사 한 분이 코로나로 위급해서 에어앰뷸런스로 한국에 갔다는 소식이 올라왔다. 조심하고는 있지만 이런 소식을 접하니 더 위축이 된다. 마스크 쓰고, 주로 집에 머물고, 하느님 믿고 있는 것밖에는 별 수가 없다. 지난달 가족 행사로 고향 부코바에 갔던 단스탄 신부가 돌아왔다. 저녁을 먹으며 이야기를 나누는데, "고향에 사람들이 많이 죽고 있는데 왜 그런지 모르겠다."고 말한다. 참 갑갑한 일이다. 아니, 요즘 코로나19가 전 세계에

번지고 있다는 소식을 그렇게 들으면서도 이런 말을 하다니.

◎ 대통령 장례식 풍경

탄자니아의 마구풀리 대통령이 2021년 3월에 갑작스레 심장병으로 사망하였다. 장례식 일정으로 22일과 26일이 임시 공휴일로 지정되었다.

이곳의 국장 모습을 보니 다른 점들이 눈에 띄었다. 우선 주요 도시에 시신 없이 빈소를 차리고 조문 받는 관습이 없었다. 대신 시신을 주요 도시로 차례로 옮기고 그때 거기에 빈소를 차리고 조문을 받는 식이다.

시신을 옮기는 장의차들이 움직이는 길가에 시민들이 나와서 애도하였다. 즉 장례식을 여러 번 하는 셈이다. 최대도시인 다레살람 20-21일, 수도인 도도마 22일, 잔지바르 23일, 제2도시인 므완자 25일 그리고 26일은 고향인 차토, 장례식을 이들 도시마다 한 번씩 다섯 번을 하고 고향에 묻혔다. 탄자니아에는 국립묘지가 없다. 처음과 마지막 장례식은 그가 믿던 신앙에 따라 가톨릭 성당에서 하였고, 나머지는 운동장 같은 곳에서 거행되어 많은 국민이 올 수 있게 하였다.

3월 26일은 국장 휴무일이라, 강당에 가 보니 아침부터 학생들이 TV를 통해 장례식 중계를 보고 있는데, 저녁 6시까지 계속되었다.

백신 공포

전 세계적으로 백신을 맞고 있고 이웃나라 케냐에서도 백신 접종을 하고 있다는데 탄자니아에서는 2021년 7월 말까지도 백신 소식을 들을 수가 없었다. 내년에 한국에 들어가면 맞을 수 있겠지 하고 포기하고 지냈는데, 8월 초에 갑자기 미국 원조로 얀센 백신이 들어온다며 신청을 받았다. 우리는 50세 이상 어르신 기준에 맞아서 얼른 신청했다.

이링가에 백신 접종이 시작된다는 날 그다음 날로 신청했는데, 신청한 날 시립보건소에 갔더니 백신이 아직 도착하지 않았다. 역시나 하며 돌아왔는데, 다음 날 호세 신부님께서 시내에 나간 길에 들러서 백신을 맞았다고 우리에게 전화를 해 주셨다. 우리는 곧장 서둘러 가서 금방 맞을 수 있었다. 백신으로 100퍼센트 예방은 안 돼도 중증으로 진행되는 것은 막아준다고 하니 퍽 안심이 되었다. 혹시 코로나 걸려서 상태가 나빠 병원 치료를 받게 되면 비용도 엄청나고, 더구나 혹시라도 중증으로 진행되어 에어앰뷸런스로 한국에 실려 가면 비용도 엄청 많이 들까봐 걱정했기 때문이다.

그런데 우리가 맞고 난 후 세 시간쯤 지났는데 탄자니아 정부에서 외국인은 자기 나라 대사관에 가서 확인 서류를 받아 제출해야만 접종이 가능하다는 까다로운 조건을 내걸었다는 사실을 알게 되었다. 만약 세 시간만 늦었더라도 여기서 12시간이나 걸리는 다레살람의 한국 대사관까지 가서 서류를 준비해야 하는 번거로운 절차 때문에 못 맞을 수도 있는 상황이었다. '하느님 감사합니다.' 하는 기도가 저절로 나왔다.

우리는 이렇게 신속하게 백신을 맞았지만, 주변 어르신들이나 심지어 생물학 공부를 한 우리 학교 축산과 선생님에게 권하니 백신 맞는 게 무섭다며 고개를 가로저었다. 답답하고 안타까웠다. 탄자니아도 영유아기 기본 예방접종은 하는데, 코로나19 백신에 대해서는 제대로 된 교육보다는 부작용에 대한 가짜뉴스가 더 많이 퍼져 그런 공포심이 있었다. 백신 접종률이 낮으니까 접종 기준이 18세 이상으로 낮춰졌다. 우리 학교 학생 상당수와 교직원들, 선교센터 직원들이 해당되기 때문에 지역 병원에 알아보니 우리가 원하면 직접 방문해서 접종해 줄 수 있다고 연락이 왔다. 우리는 어떻게 설득해야 무사히 접종을 받을 수 있을까 고민했다.

접종 당일 보건소 직원이 나와서 전교생과 교사가 모인 앞에서 왜 백신을 맞아야 하는지 설명하도록 했다. 로사는 학생들이 너무 몰려 접종이 지연될까 걱정스러워 미리 써야 하는 신청 서류를 30

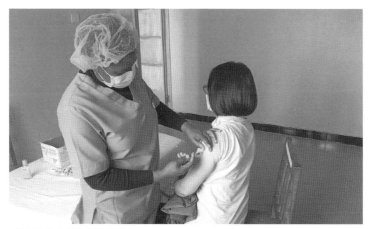

시립보건소에서 백신을 맞는 로사.

장 정도 준비했다. 그러면서도 속으로는 부족하면 서둘러 복사해야지 하면서 걱정했다. 그런데 설명이 끝난 후 백신을 맞겠다고 신청한 사람이 90여 명 중에 단 4명뿐이었다. 너무 실망스러웠고 완고하게 거부하는 마음이 이해되지 않았다. 왜 이렇게 무서워할까 생각해 보았다.

어떤 국회의원이 외국의 백신은 탄자니아를 조종하려는 음모라는 말을 대중들 앞에서 공공연히 얘기했다. 게다가 이미 미국과 유럽에서 자기 국민에게 시험을 끝내고 들어 온 백신인데도, 탄자니아 사람을 상대로 시험하려 한다는 가짜뉴스를 생산하고, 그 말을 듣고 많은 청중이 환호했다. 그런데 이와 비슷한 말을 우리 공동체의 단스탄 신부님에게서도 들었다.

"선진국 제약 회사들이 안전성이 검증되기도 전에 아프리카에서 임상실험을 했던 선례들이 있어서, 외국에서 원조해 준다는 신약 백신을 나는 믿을 수 없어요."라고 했다.

나토마스는 "예전에는 그랬는지 몰라도, 이번 코로나 백신은 이스라엘을 비롯해 선진국 시민들이 이미 맞은 다음에 오는 것이니까, 이미 실험을 한 것이지, 아프리카인을 대상으로 실험하는 것은 아닐 것 같은데요?"라고 반문했다. 그랬더니 "그렇다면, 아마도 선진국에서 사용하기에 적합하지 않은 불량품을 보내는 것일 가능성이 있어 못 믿겠어요."라고 했다.

결국 우리 학교 학생과 교사들은 호세 신부님과 우리 둘이 다 맞고도 멀쩡한 것을 보면서도 끝내 백신을 맞지 않았다. 합리성보다 감정적인 두려움이 훨씬 강했다.

한국에 돌아온 후에, 우연히 〈콘스탄트 가드너〉라는 영화를 보았다. 아프리카에서 거대 제약 회사와 정부가 수백만의 민간인 환자를 대상으로 불법적인 신약 실험을 하는 것을 둘러싼 음모에 관한 영화였다. 아마도 이와 유사한 사례와 경험들 때문에 외국에서 들어온 신약 백신을 그토록 불신하고 거부한 것이었구나 하고 뒤늦게 이해되었다.

어쨌든 이링가의 공동묘지에 새로운 무덤들이 전에 없던 속도로 급속하게 늘어나는 것을 지나갈 때마다 볼 수 있었다.

코로나가 심하던 2021년 4월 로사와 단스탄 신부님이 화라자하우스에 부활절 선물로 돼지 한 마리를 드리러 다녀왔다. 소르델라 신부님이 기운이 없어 보이고 자신을 위해 기도해 달라고 해서 힘드신가 보다 했다. 그 이틀 후에는 많이 편찮아서 식사도 못 하고 열이 난다고 하셨다. 걱정이 된 로사는 어떻게 할까 하다가 부드러운 리조또는 좀 드시지 않을까 해서 나름 정성껏 만들어 가져다 드렸는데도 한 수저밖에 못 드셨다. 다음 날은 혹시나 해서 한국식 흰죽을 쑤어 드렸는데 그것도 거의 못 드셨다. 코로나가 아닌지 너무나 걱정스러웠다.

부활주일미사 후에 호세 신부님이 서둘러 소르델라 신부님 상태를 보러 갔다 오셨다. 아직도 열이 있고 식사를 잘 못하신다고 하신다. 당장 70여 명 아이들의 삶이 달려 있는데, 어쩌나 하는 걱정이 들어 더욱 간절히 기도했다. 그렇게 며칠을 앓으며 관구장도 와 보고 의사도 왕진와서 해열제와 항생제를 처방했지만 별 차도가 없었다. 얼른 큰 병원으로 모시고 갈 일을 이렇게 견디는 게 답답했다. 마침내 우리 수도원의 이콘다 병원으로 갔다가 결국은 다레살람의 국립 병원으로 옮겨져서 석 달 넘게 치료를 받으셨고, 감사하게도 회복되셨다.

코로나 기간 중이었지만 어김없이 전례력의 날들이 흘러갔다. 이번 성주간에는 십자가를 바라보며 내가 얼마나 사랑받는 아들인지에 관하여 묵상하였다. '내가 이런저런 이유로 구시렁대기는 하지만, 지금 나의 삶이 얼마나 평화롭고, 또 그와 상관없이 나는 주님께서 목숨을 내놓을 만큼 사랑받는 존재다.'라는 것을 거듭 묵상하며 감사와 사랑을 느끼는 체험을 하였다. 그러면서 내가 이곳에서 만나는 학생 하나하나의 삶에 강제적 개입 없이 그들을 사랑하고, 할수 있는 한 기회를 만들어 주고, 그들의 자발적 선택을 존중하며 살겠다는 결심을 했다.

부활주일 오후 잠시 서성대다가 책상 위에 로사가 인쇄해 놓은 한국어 부활 찬송 악보가 눈에 들어왔다. 부활 찬송을 나지막하게 불러보았다. "종을 위하여 아들을 내어준 사랑"이라는 대목에서 가슴이 뜨거워졌다. 교황님의 성지주일 강론에서 "자신이 사랑받는 존재임을 깨닫는 것이 행복한 사람이며, 특히나 사람에게서 사랑을 받아도 행복한데 전능하신 하느님의 사랑을 받는다는 것을 안다면 얼마나 행복하겠느냐?"고 하신 말씀이 떠오르며 눈이 아렸다.

첫 수학여행

　새벽 3시 10분에 알람이 울렸다. 졸업반 아이들이 수학여행을 가는 날이라 일찍 일어났다. 탄자니아는 자연공원으로 유명한 나라이지만, 학생들이나 교사들 거의 모두 그런 곳을 가 본 적이 없다. 대부분의 학교에 소풍이나 수학여행이 없고, 가난하다보니 가족 단위로 관광을 다닐 경제적 여유가 없기 때문이다.

　외국인들은 보는 자기 나라의 아름다운 자연공원과 동물을 보지 못하는 학생들이 안타까웠다. 그래서 졸업반인 2, 3학년 학생들

루아하 국립공원의
우아한 기린.

에게 이링가에서 비교적 가깝고 탄자니아에서 가장 큰 루아하국립공원을 다녀오는 수학여행을 제안했다. 숙박 없이 새벽에 떠났다가 저녁에 돌아오는 당일치기로 비용은 1인당 3만 실링 정도 드는데, 학생들에게 1인당 1만 실링씩만 받았다.

그런데 우리가 코로나 사태로 한국에 있었던 해에는 예산 부족으로 수학여행을 못 갔다고 해서 마음이 언짢았다. 선교센터에 돈이 늘 부족한 것은 사실이지만, 수학여행에 필요한 예산이 대략 100만 실링 정도이니 무엇에 우선순위를 두는가의 문제였을 것이다.

어쨌든 2021년에는 다시 시행하기로 했다. 아쉽게도 작년까지 있었던 스쿨버스가 없다. 그 버스는 40년도 넘어서 고장 나는 것이 일상이고 그때마다 수리하는 비용이 너무 많이 들어 몇 달 전에 약간의 돈을 받고 팔았기 때문이다. 임대버스를 알아보니 임대료만 40인승이 90만 실링, 30인승은 70만 실링으로 비쌌다. 게다가 원

수학여행 인솔 교사와 학생들

장 신부님이 "현재 자금 사정이 올 연말까지 직원들 월급 주기에도 부족할 텐데, 이런 걸 꼭 해야 해요?"라고 하셨다. 우리는 "소풍다운 소풍 한번 못 가 본 아이들에게 자기 나라의 위대한 자연과 동물을 볼 기회를 주는 것은 아주 중요한 일이라고 생각해요. 꼭 보냈으면 좋겠어요."라며 30인승 차량을 임대할 비용을 후원금으로 따로 냈다.

마음 같아선 버스도 넉넉한 40인승으로 임대하고 수학여행비를 못낸 학생도 다 태우고, 수학여행에 가 보지 못한 교사들과 원하는 직원도 몇 명 태우고 싶었다. 그러나 길게 볼 때 올해만 할 행사도 아니었고 우리가 이곳에 없을 때에도 여행할 수 있으려면 이곳 사정에 맞춰 조금은 궁색한 선택을 할 수밖에 없었다. 끝까지 수학여행비를 못낸 학생 중 모범생 2명은 개인적으로 비용을 내서 결국 학생 28명과 인솔교사 3명이 가기로 했다.

바로 그 수학여행 가는 날이었다. 캄캄한 새벽 3시 반경 일어나 아침 식사로 아이들이 좋아하는 만다지아이 주먹 크기의 도넛 비슷한 빵와 차를 마시고 4시에 출발할 것이다. 너무 이른 시간이라 기숙사에 살지 않는 통학 학생들은 전날 기숙사에서 잤다. 여행 중에 먹을 음료수, 물, 과자, 사탕, 만다지 등도 차에 실었다. 점심으로는 개인용 도시락이 아닌 닭고기와 감자, 양배추 볶음, 밥을 커다란 들통 몇 개에 담아 준비했다.

기숙사 생활을 하는 학생 비율이 높아서 수학여행이라 해도 개인적으로 준비할 물품이 없다. 아침부터 점심 식사와 간식까지 모두 학교에서 준비한다. 나가보니 시내버스로 운행되는 '달라달라'라고 부르는 합승버스 한 대가 와 있었다.

'저기에 31명이 탈 수 있나? 고작 25인승이나 될까 말까 보이는

데. 좀 더 돈을 들여서 정상적인 관광버스를 불렀다면 더 좋았을 텐데.' 하는 아쉬운 마음이 또 들었다.

아이들이 차에 타기 시작했다. 보조의자까지 다 펴고 어떤 자리에는 두 명이 끼어 앉고 해서 겨우 다 탔다. 그러나 아무도 차가 낡고 비좁다고 불평하지 않았고 오히려 들뜨고 즐거워 보여 다행이었다. 오가는 데만 9시간이 걸리는 고된 여행길이다. 재작년에 갔다온 아이들이 신나서 사자를 비롯한 동물들을 본 경험을 떠들었던게 떠올랐다. 게다가 만다지를 비롯한 점심과 군것질거리가 풍부했던 것도 아이들이 엄청 좋았다고 했다. 그저 아무 사고 없이 무사히 구경 잘하고 오기를.

신청 기간을 연장해 가며 접수했는데도 신청 안 한 아이들이 네명 있었다. 가난해서 그런 건지 아니면 집에서 돈을 받아 다른데 쓴 것인지 모를 일이었다.

로사는 수학여행에 못 가는 아이들이 불쌍하다며 오후에 그 아

수학여행을 못간 학생들을 데리고 시내에 있는 박물관에 갔다.

이들을 데리고 시내에 바람이라도 쐬러 나갔다 오자고 했다. 아이들에게 어디 가고 싶으냐고 물으니 시내면 다 좋다고 한다. 시내 중심부에 있는 우후루 공원에 들어가 벤치에 앉아서 로사가 준비해 온 음료수와 과자 그리고 매점에서 조금 더 사서 간식을 먹었다. 그다음 공원을 한 바퀴 산책하고 독일 식민지 시절 청사였으나 지금은 박물관으로 운영되는 보마에 갔다. 우리는 외국인이지만 거주자라서 5천 실링, 아이들은 1천 실링을 내고 들어갔다. 직원이 직접 우리를 안내하고 설명해 주었다.

이링가 지역은 헤헤라고 하는 부족이 많이 사는 지역인데, 그 부족의 역사와 관련된 사진과 유물들이 전시되어 있고, 19세기 말 독일 침입에 맞서 싸웠던 음콰와라는 부족장 이야기 그리고 끝방에는 헤헤족의 전설을 그림으로 표현한 그림 5점이 전시되어 있었다. 한 시간 이상 설명을 듣는 게 힘들었을 텐데도 아이들은 평소 수업 태도와는 다르게 진지하게 열심히 들었다. 이 아이들도 진짜로 수학여행을 잘 했다.

박물관에서 시간을 오래 보내 바로 학교로 돌아왔다. 돌아오는 길에 만다지 한 개씩 더 주니 아이들이 잘도 먹었다. 니콜라우스, 살바도르, 스티븐스는 18살, 루치아노는 21살이다. 니콜라우스는 행동이 좀 거친 편이고 규칙도 잘 어기는 편인데, 로사가 자주 챙기고 발가락 아픈 것도 치료해 주면서 이런저런 이야기를 해서인지 요즘 행동이 많이 좋아졌다.

며칠 전에 어떤 아이가 니콜라우스에게 욕을 해서 니콜라우스가 화가 치솟아 때리려고 하니까, 그 욕한 아이가 로사 사무실로 도망쳐 왔다. 곧 니콜라우스가 들이닥쳤다. 로사는 사정은 잘 모르지만 니콜라우스가 화가 나서 그 애를 때리려고 하는 걸 보고, 그 애를 내보낸 다음 니콜라우스를 타일렀다고 한다.

"주먹을 쓰면 안 되고, 네가 큰 숨을 쉬면서 참으면, 그 애도 구하고 너도 구하는 거야."라고. 그랬더니 알겠다며 주먹을 쓰지 않겠다고 했다. 그 학생이 공원에서 간식을 먹던 중에도 "이렇게 챙겨줘서 고맙습니다."고 하더니, 그다음 날 발가락 치료를 받으러 와서도 거듭 "어제 시내 소풍을 가서 너무 고맙고 행복했어요."라고 했다.

저녁 미사를 마치고 나오니 여행 갔던 아이들이 돌아왔다. 차가 작고 낡아 보여서 오가는 길에 고장 날까 봐 걱정됐는데 하느님께 감사하게도 아무 사고 없이 잘 다녀왔다.

국립공원에 일찍 도착해 아침 8시부터 오후 4시까지 무려 8시간이나 사파리를 했단다. 아이들은 여러 동물들을 본 이야기로 흥분해서 밤이 깊어도 피곤한 줄 모르고 신나게 떠들었다. 루아하 국립공원을 갔던 아이들, 시내 나들이를 했던 아이들이 모두 좋아하니 우리도 덩달아 감사하고 행복했다. 하느님 감사합니다.

선교사는 하루하루의 삶이 하느님과 호흡을 맞춰 춤을 추는 게 아닐까 하는 마음이 든다. 리처드 로어의 《벌거벗은 지금》이라는 책에 "당신은 함께 춤추는 완벽한 파트너가 있다. 그러니 당신은 실수할까봐 겁내지 않아도 된다."라는 말이 나온다. 모든 게 조심스럽고 걱정이 많은 초보자인 우리에게 호흡을 맞춰 리드해 주시는 성령이라는 완벽한 파트너를 믿고 그분의 팔에 내어 맡기며 춤을 추니 편안하고 행복했다.

비밀 친구

에릭은 용접 전공 2학년 학생인데, 아주 성실하고 공부도 잘하는 학생이다. 그 애가 로사에게 와서 어제 병원을 다녀왔다면서, "저는 사실은 부모에게 유전된 에이즈 보균자라서 꾸준히 약을 먹고 있어요. 어제 약을 받으러 가서 진찰했는데, 의사가 몸 상태가 약해졌다며 주의하라고 했어요."라고 말했다. 그동안 에릭은 몰래 약을 먹고 있었다. 그런데 상태가 안 좋다 하니 로사에게 말한 것이다. 우리 공동체는 어떻게 이 학생을 도와줄 수 있을지 상의를 하였고, 단백질 외에 추가로 비타민 보충을 위해 오렌지도 틈틈이 주기로 했다.

우리 학교 학생 80여 명 중에 우리가 아는 에이즈 보균자는 2명이다. 아무래도 그 학생들을 더 신경을 쓰게 된다. 이 학생들은 정기적으로 병원에 가서 약을 받아 오고, 계속 약을 먹어야 한다. 부모에게 유전된 병 때문에 신경 쓰고 사는 걸 보면 안쓰럽다. 탄자니아 국민 중에서 지역에 따라 다르지만 2~3퍼센트가 에이즈 보균자라고 하는데, 우리 학생들 중에도 2명인 걸 보면 대강 그 비율이다. 더 급증하지는 않는다고 하는데, 작년에 있던 보균자 학생 둘은 이미 졸업하고 올해 재학생 중에 2명이 보균자이다. 이 아이들이 감기가 걸리거나 어디가 아프다고 하면 더 걱정될 수밖에 없다.

흔한 병인데도 보균자라는 것이 다른 학생들에게 알려지는 걸 부끄러워하기 때문에 매일 먹어야 하는 약을 기숙사에 보관하고 먹는 것도 문제가 된다. 지금은 약을 로사에게 맡겨 보관하고 매일 약을 먹을 때 로사 사무실에 와서 먹고 갔다. 로사 사무실에는 이런저런 사유로 아픈 아이들이 수시로 드나들기 때문에 티가 안 나기 때문이었다.

에이즈 보균자는 특히 단백질 영양이 꼭 필요하므로 로사의 제안으로 우유와 삶은 달걀을 챙겨서 두 학생에게 매일 주었다. 이것 역시 다른 아이들이 알게 되면 이상하게 여길 것이고, 그 아이들이 에이즈 보균자라는 게 알려지게 될 수도 있고 혹은 자기들은 왜 안 주냐고 할 수 있으므로 로사가 챙겨두었다가 자기 사무실에서 아무도 모르게 먹였다. 에이즈 보균자인 걸 숨기고 싶은 것은 그냥 부끄럽거나 왕따를 당할까 하는 걱정도 있지만, 보균자라고 어떤 우대를 받으면 다른 학생들이 시샘하고 그로 인해 해코지할 가능성도 있기 때문이다.

6월 방학이면 2, 3학년 학생들은 현장 실습을 나가는데 대부분의 학생들이 학교가 있는 이링가 근처의 정비소나 철공소, 목장 등에

성가 연습 시간을 기다리며 천진하게 웃는 남학생들.

서 실습하고 전공 지도 교사가 격려차 실습 현장을 찾아간다. 그런데 도도마나 다레살람에서 현장 실습을 하면 하루 출장으로는 불가능하고 1박이라도 하면 출장비가 너무 커진다. 에릭이 다레살람에서 현장 실습을 하고 있어서, 지도 교사 대신 교감인 로사와 내토마스가 다레살람에 간 길에 에릭을 찾아가기로 했다. 초행길이어서 전화를 여러 번 주고받으며 물어물어 어렵게 찾아갔다. 어떤 교회 건물을 짓기 위해 철골 지붕과 창문을 제작하는 현장이었다. 에릭 말고도 6명의 직원이 그 현장에서 일하고 있었고 마침 정전이어서 일을 쉬고 있었다.

지붕 골조를 만들어 설치하는 현장이라 위험해 보였다. 게다가 아침 6시부터 오후 6시까지 일한다고 했다. 중간에 점심은 먹겠지만, 마음이 짠했다. 그렇지만 에릭은 나름 잘 지내고 있는지, 얼굴이 괜찮아 보였고 의젓해 보였다. 다행히 숙소도 거기서 걸어서 10분이라고 했다. 우리는 이런저런 이야기를 하며 에릭을 격려했고, 함께 일하던 직원들에게도 음료수 한 병씩을 사주고 함께 사진도 찍었다. 우리가 방문해서 에릭은 활짝 웃으며 좋아했고 우리도 보호자가 된 듯 흐뭇했다.

학년말 방학으로 집으로 가기 전날 저녁 무렵에 누르딘이 인사하러 왔다. 누르딘은 전기과 1학년 학생인데, 지난 학기부터 로사가 이 학생의 어려운 처지를 알게 되어 조금씩 이야기도 나누고 도와주고 있었다. 이 학생은 탄자니아의 동북지방인 탕가 출신인데, 부모님은 모두 돌아가셨다. 그리고 형제는 다레살람에서 일하고 있는 누나뿐이다. 2학기에 기숙사비 낼 돈이 없어서 시내에서 더부살이하며 밥도 제대로 못 먹는다는 걸 알게 되어 기숙사비를 내주고 공부에 더 집중하도록 하였다.

누르딘은 이슬람 신자이다. 성격이 차분하고, 우리 학생 중에서 공부도 잘하는 편이었다. 공부를 열심히 하려고 애쓰는 모습이 눈에 뜨이고 축구도 아주 좋아해서 열심이었다. 2학년 때는 돈 걱정하지 않고 공부하도록 선교 후원금으로 장학금을 주기로 하였다. 방학에 들어가기 전에 2학년 수업료와 기숙사비는 걱정하지 말고 공부하라고 알려주었다.

매주 금요일이면 모스크에 기도하러 가는데, 한번은 로사가 무슨 기도를 하느냐고 물었더니, 우리가 한국에 갔다가 꼭 다시 돌아오게 해 달라고 하느님께 빌었다고 했다.

누르딘은 다른 학생과는 정서가 많이 다르게 느껴졌다. 아마도 차분하고 성실하고 멀리 생각하는 습성을 가졌기 때문인 듯하다. 방학날 자기가 고향 간 사이에 우리가 떠나고 내년 신학기에는 없을 것이므로 로사에겐 영어로, 나에게는 스와힐리어로 편지를 써서 인사하러 왔다. 누나에게서 여비를 받아 모레 다레살람에 들러 누나를 만나고 고향집에 갈 거라고 했다. 고향집에 가도 부모는 없지만, 동네에 작은아버지 등 친척들이 있으니까 거기서 방학을 보낼 거라고 했다. 아마 농사일을 거들면서 있게 될 거란다.

나는 누르딘에게 주경야독 이야기를 하며, 낮에는 일하더라도 밤에는 공부하라고 격려하였다. 학교생활에서 느낀 점, 교우 관계와 장래 희망, 공부에 대한 각오 등에 대하여 이야기하였다. 또한 무엇보다도 도서관을 자주 들러서 이런저런 책을 많이 보라고 권하였다. 뭐 줄 것이 없나 하고 사무실을 뒤져보니 기초 부기책이 보여서 그걸 가져다 틈틈이 공부하라고 주었다. 로사는 방으로 들어가더니 에코백과 양말 두 켤레 그리고 여행할 때 쓰라고 용돈을 조금 가져다가 손에 쥐어 주었다. 악수로 작별 인사를 하고 보냈다. 로사는 학교 정문까지 배웅하고는 눈물이 글썽해서 돌아왔다. 우리는 그 아이를 다시 볼 수 있을까?

○ 개신교 수녀원(?)

에릭을 만나러 가느라 전화로 위치를 물어보니 수녀원Masista 옆이라고 하였다. 수녀원 옆이라고 해서 우리는 교회 현장이 수녀원 옆이라고 생각하고 두리번거리며 찾아갔는데, 아무리 봐도 수녀원은 없었다. 어쨌든 에릭을 격려하고 공사 현장 책임자에게 실습 학생을 잘 부탁한다는 말을 하고 나오다 보니 수녀 복장을 한 몇 분이 보였다. 에릭이 그중 한 사람을 엄마 목사님mama mchungaji이라며 우리에게 소개했다. 흥미롭게도 수녀 복장을 하고 있었다.

이처럼 여목사님이 사는 집을 스와힐리어로 Masista수녀들의 집 즉 수녀원이라고 불렀다. 여자 목사도 수녀 복장을 하고 있는 점이 한국에서는 볼 수 없는 모습이었다.

정 갈무리

우리의 선교사 3년 계약 종료가 반 년 쯤 남았을 무렵부터 우리에게 계약 연장에 대해 물어오는 분들이 있었다. 공동체 신부님들과 관구장 신부님, 주위 사람들, 수도회와 교구의 아는 신부님들도 연장하면 좋겠다고 말씀하셨다. 우리가 돌아갈 거라고 말씀드리면, 너희가 가고 대신 다른 평신도 선교사가 한국에서 오는 거냐고 묻기도 하셨다.

나로사는 마지막 두어 달 전부터 몸살이 나고 숨차고, 심박수가 자주 100이 넘게 올라가고, 보름간 날마다 몇십 분씩 코피를 쏟는 증세가 있었다. 막바지 피로가 누적되어 몸으로 나타난 것인지 아니면 코로나에 걸린 것인지 검사를 못 해 알 수가 없었다. 그때 나의 마음 안에는 계약을 연장하고 싶은 원의는 있었지만, 토마스 눈치를 보니 돌아가고 싶어 하고 나도 당시 체력으로는 계속할 자신이 없었다.

디에고 신부님께 여쭤보니 돌아오는 것을 환영한다고 하셨고, 일단은 한국에 돌아가 휴식을 취해야겠다고 생각했다. 탄자니아 관구장 신부님께 떠난다고 말씀드렸더니 "언제든지 다시 오면 환영할 거예요. 긴 기간이 힘들면 짧게라도 꼭 오세요."라고 하면서 우리의 체험 보고서를 써 달라고 부탁하셨다.

귀국하기로 결정한 후 우리는 틈나는 대로 보고서를 쓰고, 학기

말 학교에서 있는 국가시험과 졸업식을 준비하고, 인수인계를 위한 업무 파일과 물품 등을 정리하고, 가지고 있던 옷과 신발, 용품들을 주위 사람들과 나누기 위해 정리했다. 하루의 일기를 쓰는 것도 생각이 필요한데, 3년 기간을 정리하는 보고서를 쓰는 것도, 쓰던 물품을 정리하는 것도 시간이 많이 들고 간단하지 않은 일이었다. 나는 교감으로 이런저런 학교 잡일을 거의 맡아 보았기에 관련 파일들과 문구류, 도서 관리, 약품 관리, 물품관리대장 등 학교 업무 인수인계 작업도 만만치 않았다. 막바지에는 작은 일 하나 더해지는 것을 견디기 어려울 정도의 피로감에 거의 녹초가 되었다.

마지막 수업

사랑하는 학생들과 교사들은 12월 초에 방학을 하면 집으로 돌아가게 되니 마음이 더 바빠졌다. 우선 틈틈이 찍었던 사진들을 한 학생당 두세 장 씩 줄 수 있게 인쇄했다. 아이들과는 어떻게 마무리를 하면 좋을까 오래 고민이 되었다. 마지막 종교 수업 시간을 이용하

졸업식 후 기념사진. 졸업생 목에 꽃목걸이를 걸어 준다.

면 전교생을 다 만날 수 있을 것 같아 평소에 하고 싶었던 말을 준비하고 인쇄한 사진도 한 사람씩 봉투에 담고 이름을 썼다. 우리 둘이 함께 들어간 교실에서 우선은 학교생활 중에 찍은 비디오를 같이 보았는데, 아이들은 자신들이 주인공이라 더 깔깔거리며 즐거워했다. 그 후 학교생활 소감을 나누었다.

　나는 예쁜 꽃을 보여주며 "너희들은 이 꽃보다, 하늘의 별보다 훨씬 예쁘고 있는 그대로 사랑스럽다."는 말을 해 주었다. 중간중간 눈물이 나와서 힘들었지만 그래도 우리 마음속 진심이 전해지는 것 같았다. "너희가 성적이 좀 나빠도, 조금 잘못을 해도 너희가 사랑받는 존재임에는 변함이 없고 사랑스러워. 나도 그렇고 더욱이 예수님께서 또 하느님께서 너희를 지극히 사랑하셔. 너희를 지극히 사랑하는 누군가가 너희를 위해 기도하고 있음을 잊지 말렴."이라고 스와힐리어로 얘기했다. 그리고는 아이들의 이름을 한 사람씩 부르며 선물로 가져온 사진을 나누어 주었다. 아이들은 너무 좋아했다.

아이들과 마지막 수업. 학교생활에서의 추억과 삶에 대한 이야기를 나누었다.

우리는 "너희도 우리에게 선물을 줘야지."라고 하자 무슨 선물을 줘야 하나 고민인 눈치여서 노래를 하나 불러달라고 했더니 안심하는 표정이 되었다. 저희들끼리 무얼 부를까 하는 논의가 길어지기에, 모두 다 아는 노래인 탄자니아 국가를 불러달라고 했다. 모두 자리에서 일어나고 학생 둘이 앞으로 나와서 아이들을 지휘하듯 마주보며 섰다. 이곳에서 부르는 거의 모든 노래가 빠르고 흥겨운 리듬인 데 반해 국가는 아주 느리고 장중하게 부른다. 작별하는 오늘의 분위기에 잘 어울렸다. 아이들의 노래 소리를 들으며 나는 또 눈물이 났다.

끝으로 함께 사진을 찍은 후, 우리는 "너희들 덕분에 행복했고 너희들이 나에게 기쁨을 주었다. 고맙다."고 하며 마무리했다. 그 수업 후 사랑받고 있음을 알게 되어서인지 헤어지는 것이 아쉬워서 그런지, 어떤 아이들은 "두 선생님이 떠난다니 마음이 너무 아파요." 혹은 "좀 쉬고 다시 오실 거죠? 언제 오실 거예요?"라고 묻기도 하고, 우리를 볼 때마다 모두들 환하게 웃어주었다. 우리는 그 미소와 웃

마지막 수업을 마치고 아쉬움에 교무실까지 따라온 남학생들.

음 선물을 가슴속에 넣었다.

아쉬운 이별

선교센터 내 성당 성가대의 단원들은 물론이고 반주자와 지휘자도 모두 성가를 악보 없이 듣고 가르치고 배운다. 나는 악보가 없으면 정확한 음을 알 수 없고 가사도 낯설어 우리 공동체의 단스탄 신부님에게 부탁해 악보를 받아 보며 성가대 활동을 했다. 단스탄 신부님은 가끔 새 노래를 가르치고 싶어 했는데 악보를 읽을 수 있는 사람이 나뿐이기 때문에, 내가 알토를 가르쳤다. 단스탄 신부님이나 오르간 반주자 없이 새 노래를 배워야 할 때는 본의 아니게 지휘를 해가며 소프라노까지 가르치기도 했다.

한국에서 하지 않았던 성가대를 탄자니아에 와서 한다는 것은 예상하지 못했던 일인데, 생각보다 재미있고 보람도 있었다. 매주 다음 주에 부를 성가를 정하고 연습을 하는데, 특별한 점은 율동 스텝을 어떻게 해야 하느냐를 먼저 묻는다. 스텝으로 박자를 맞추고 간단한 춤을 추며 온몸으로 성가를 부르기 때문이었다.

11월 어느 날 단스탄 신부님이 성가대 앞에서 나에게 "로사, 떠나기 전에 선물로 새 노래 'Enyi viumbe msifuni'만물들아 주를 찬미하라를 가르쳐 주고 가면 좋겠어요."라고 하니 사람들이 웅성거리며 떠나느냐고 물어왔다. 사람들은 가지 말라고, 계약이 끝난 것이면 갱신하면 되지 않느냐고 했다. 정이 많은 사람들이라 그런 것 같다. 떠난다는 말만 들어도 눈물이 났다.

선교센터에서의 마지막 주일미사 때 단스탄 신부님이 우리가 곧 떠난다고 공지하였다. 우리에게 여비를 아니, 생수값이라도 보태주면 좋겠다며 2차 헌금을 제안했다. 18,000실링 정도가 모였다. 우리는 가난한 신자들이 모아준 이 돈을 기꺼이 받아들고 감사 인사를 드렸다.

  음고웅고 선교지를 떠나기 전 날, 낮에는 성가대 식구들과 아쉬운 이별을 했다. 미사 후 성당 문 앞으로 나와 달라고 해서 나갔더니 다들 성가대 단복을 입고 우리를 환송하며 노래를 불러주었다. 음료수도 준비되었고, 선물인 케이크와 옷감들을 두 손에 받쳐 들고 춤을 추며 걸어와서 몸에 직접 걸쳐 주었다. 우리는 자꾸 눈물이 나서 얼굴도 눈도 부었지만 마음은 고마움으로 벅차올랐다. 이렇게 정이 많은 사람들과 함께 했던 것이 고맙고, 떠나는 것이 너무 아쉬웠다.

  그날 저녁에는 소르델라 신부님께서 환송회에 초대해 주셔서 호세 신부님, 단스탄 신부님과 함께 갔다. 식당 밖에서 아이들이 노래를 불러주었고, 작은 연극도 보여주었다. 식사는 잔치를 하듯 풍성하게 차려져 있었고, 식사 후에 이어진 공연에서 춤과 노래가 몇 곡이나 이어졌다. 그 후에 케이크와 선물들, 우리가 잘해 준 것도 별로

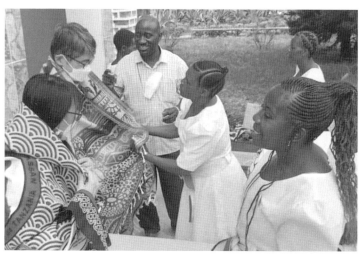

성가대 친구들의 환송식. 선물로 옷감을 들고 나와서 몸에 걸쳐 주었다.

없는데 너무나 고맙고 감동이었다.

그날은 하루 종일 울었다. 왜 그리 눈물이 났는지. '정이 들어서? 아니면 다시 만나지 못할까 봐? 보고 싶을 것 같아서? 글쎄, 왜일까? 이곳 사람들과의 정과 회한 때문일까?'

다음 날 새벽 호세 신부님과 아쉬운 작별 인사를 나누었다. 며칠 전 한국 친구들에게 선물로 가져가라며 커피를 볶아 작은 봉지에 담아 주신 자상한 신부님! 평소에 감정 내색을 별로 하지 않는 분인데, 눈시울이 붉어지며 물기가 어린 눈가를 보며 신부님 마음을 엿볼 수 있었다. 단스탄 신부님은 우리 낡은 차가 가는 길에 고장이라도 날까 걱정이 되었는지 다레살람까지 손수 운전해서 데려다 주겠다며 나섰다. 그렇게 우리는 정든 음고웅고 선교센터를 뒤로 하고 다레살람을 향해 귀국길에 나섰다.

화라자하우스 보육원 신부님과 아이들과의 환송 식사 후.

● 악보 없는 성가책

탄자니아 사람들은 음악을 아주 좋아한다. 결혼식 피로연이나 기념식, 졸업식 등 행사에 가 보면 노래를 아주 크게 틀어 놓고 행사를 진행한다. 대중가요도 있고, 성가도 있다. 심지어는 초상집에서도 음악을 크게 틀어 놓는다. 이 경우엔 보통 성가를 틀어 놓는데, 성가라도 대개 리듬이 빠르니까 우리 정서로는 왠지 어울리지 않는다는 느낌이 든다.

주일미사를 할 때에는 우리 학생들, 화라자하우스 어린이들 그리고 동네 아주머니들의 세실리아 성가대 이렇게 세 그룹이 돌아가면서 성가를 담당한다. 그렇게 노래를 좋아하는 탄자니아니 우리도 성가를 함께 부르고 싶어서 성가책을 찾았으나 우리가 생각하는 성가책은 없었다. 수도원 경당에 비치된 것이 있었지만 성가 번호, 제목 그리고 가사만 있지 악보가 없었다. 다른 성당에서도 성가책을 본 적이 없다. 다레살람의 가장 큰 가톨릭 서점인 성바오로서점까지 가서 찾아 보았지만 악보가 있는 성가책은 없었다.

주위 사람에게 물어보니 초중등학교에 음악 시간이 없어서 악보를 볼 줄 모른다고 했다. 그럼, 성가대는 성가를 어떻게 배우고 부를까? 성가대원은 모두 공책을 하나씩 들고 성가를 부르고 있었다. 아는 노래든 새로운 노래든 간에 일단 공책에 제목과 가사를 받아 적는다. 가사만 공책에 적어두고, 음은 들어서 외운 대로 부른다. 오르간 반주자도 악보를 볼 줄 모르는데, 신기하게도 귀로 듣고 적당하게 반주를 한다.

처음에 성당에 가서 지휘자나 반주자까지 모두 악보 없이 지휘하고 오르간을 치는 걸 보고 매우 놀랐다. 구전의 전통이 있는지라 귀로 듣고 잘 외워서 지휘하고 연주한다. 지휘자는 다른 성가대에서 하는 성가가 마음에 들면 열심히 들어서 4부 음을 외운다. 이렇게 외워 가르쳐서 4부 합창을 하는 걸 들으면 참으로 신기하다.

사정이 이렇다 보니, 분명 같은 성가인데 조금씩 다르게 부르는 걸 들을 때가 있다. 요즘은 작곡자나 도시의 합창단이 유튜브로 노래를 올리는 경우가 많으므로, 지휘자가 유튜브로 노래를 듣고 배우는 경우가 많아졌다. 악보가 있어도 읽을 줄을 모르니까 우리가 악보를 보고 노래를 부르면 아주 신기하게 여긴다. 어떻게 이걸 읽을 수 있냐며 마치 신기한 외국어를 할 줄 아는 사람 보듯 한다.

5장

탄자니아를 만나다

이링가 시내 음신도 꼰솔라따 성당 60주년 기념행사에 모인 신자들과 어린이들.

다른 나라에 살면 많은 것들이 색다르게 보이는데, 탄자니아도 우리나라와 다른 점이 많이 보였다. 일부는 문화나 관습 때문이고, 어떤 것은 시대의 발전상 때문이고 어떤 것은 자연환경이 달라서 그랬다.

괴테가 1786~88년에 이탈리아를 방문하고 쓴 《이탈리아 기행》을 보면, 방문 전에 읽은 어떤 독일인의 이탈리아 여행기에 "이탈리아는 후진국이고 사람들이 가난하며 게으르다."고 말한 것에 대한 괴테의 견해가 나온다. 괴테는 자신의 관찰에 입각하여 이 주장을 부정한다.

괴테는 독일인들이 언제나 하늘의 축복을 받아 온 이탈리아인들에 대해 매우 엄정한 독일식 기준으로 판단해 왔다고 지적했다. 이탈리아에서는 가난해서 불쌍해 보이는 사람도 최소한의 기본 욕구는 충족시키고 있을 뿐만 아니라 오히려 누구보다도 멋지게 인생을 즐기고 있다고 본 것이다. 아무리 가난한 사람일지라도 비참하지는 않다며 애초부터 다음날을 걱정하지 않기 때문에 그들은 아직 가난하지 않다고 말한다.

또한, 그들이 일하는 이유는 단순히 생존을 위해서가 아니라 즐거움을 위해서이고, 일할 때조차도 노동 그 자체에서 삶의 기쁨을 찾으려 했음을 괴테는 감지하였다. 그렇기에 독일에 비해 이탈리아가 수공업이나 공장이 뒤떨어졌다고 설명할 수 있다고 썼다.

18세기 중반에 독일과 이탈리아의 발전 격차가 얼마나 컸는지는 잘 모르겠지만, 아주 큰 차이가 있지는 않았을 텐데도 같은 문화권의 이웃나라에 대해서도 이렇게 편견을 가지고 볼 수 있으니, 대륙과 문화가 다른 나라에 대한 편견은 얼마나 클까?

탄자니아에 살면서 시대가 다르다는 걸 실감할 때가 있었다. 문화가 다른 거야 당연하고 경제 수준 격차도 있으니, 생활 방식이 다를 것이라 예상했지만, 생각보다 더욱 다른 점이 많았던 멀고도 가까운 우리 이웃, 탄자니아 사람들을 만났다.

같이 먹어요

탄자니아에서 가장 많이 듣는 말은 환영한다는 뜻의 '카리부'Karibu이다. 어느 곳을 방문해도 "카리부 카리부."하며 환영해 주어 어색함이 줄어들고 편안해진다. 그런데, 식사를 하고 있는 학생들이나 직원들을 만나면 꼭 "카리부 툴레."Karibu tule, 같이 먹어요.라며 '같이 먹자.'고 권한다. 우리가 방금 식사한 것을 알고 있어도 권한다. 그럴 때마다 잠깐 학생들 옆에 앉아 우갈리를 손으로 떼어 먹으면 아이들이 아주 좋아했다. 시내에 나갔다가 음료수를 하나 사러 구멍가게에 들어갔는데 마침 점심을 먹고 있던 가게 주인이 "카리

"같이 먹어요." 하는 우리 학생들.

부 툴레."라며 음식을 권했다. 내 주변에 배고픈 사람이 없도록 나누는 아름다운 풍속이다.

탄자니아에서 우리가 아주 좋게 기억하는 것은 거리에서 구걸하는 아이를 못 본 것이다. 하루에 한두 끼밖에 못 먹는 경우가 많다는 말은 들었지만 그렇다고 해서 아이들이 구걸하러 거리로 나오는 모습은 볼 수 없었다. 사실 1인당 GDP로 볼 때 탄자니아보다 소득 수준이 높은 아시아의 몇몇 나라에서도 구걸하는 아이들은 흔히 볼 수 있는 풍경인데, 탄자니아에서는 볼 수 없는 점이 신기했다.

무엇이 다른 걸까? 우리가 경험한 바로는 이런 배경이 아닐까 싶다. 첫째, 건조지역도 있기는 하지만, 대체로 농사짓기에 좋은 기후이다. 공식적으로는 국민 중 60퍼센트가 농민이라고 하지만 실제로 대부분의 도시 사람들도 자기 땅이든, 빌려서든 옥수수 같은 식량 농사를 지었다. 넉넉하지는 않지만, 최악을 대비해 열심히 농사 짓는다.

둘째, 탄자니아 사람들은 대체로 체면 의식이 아주 강하고, 자존심도 아주 강하다. 그러니 마을의 어떤 아이도 구걸하지 않도록 이웃이 챙긴다.

셋째, 독립 이후 내전 같은 재난 상황이 발생하지 않고 오랜 세월 살아 왔다. 따라서 넉넉하지는 않을망정 비참한 상태에 빠지진 않았다.

넷째, 대가족 안에서 서로 의지하는 경우가 아직도 상당히 유지되고 있다. 우리 학교의 학생들 중에서도 친척들이 돈을 모아서 학교를 보내주는 경우를 여러 번 보았다.

우리가 탄자니아에 도착한 초기의 관구장인 치프리안 신부님은 문화 체험 차원에서 우리를 아링가시 교외에 있는 자기 본가에 자주 초대하셨는데 어머님께서 꼭 식사를 준비해 주셨다. 아무리 방금 식사를 했다고 말씀드려도 개의치 않고 식사를 내 오셨다. 우리는 배가 불러도 어머님의 정성을 보아 식사를 또 하곤 했다.

나중에 알고 보니 탄자니아에서는 손님이 왔을 때 식사하겠느냐고 물어보는 것은, 집안의 여자가 게을러서 식사 준비가 안 되어 있다는 뜻이란다. 그래서 묻지 않고 무조건 음식을 내오는 것이 예의이고 또 그것이 그 집안의 여자가 부지런하다는 뜻이라고 했다. 나로서는 우리 수도원 집에 손님 신부님이 오시면 뭘 드시겠느냐고 묻곤 했는데, 탄자니아 신부님에게는 내가 게을러 보였을 수도 있겠다.

치프리안 신부님의 가족 행사에 참석한 적이 있었는데, 수백 명의 친척과 친지들이 모였는데 헤헤족 전통 의상을 입은 어르신도 보았다. 아직도 옛날 족장의 후손이 부족 대표로 부족장 전통 의상을 입고 큰 행사에 참여하는 것을 보면 전통을 소중히 여기는 부족이라는 것을 느낄 수 있었다. 사제 서품식 후 잔치 때 흰색 모자와

치프리안 신부님 댁에서, 신부님과 인정 많으신 어머니와 여동생.

전통의상을 멋지게 차려입은 사람들이 칼과 창을 들고 노래와 춤을 추며 등장하여 분위기를 한층 띄우는 것을 본 적도 있다.

가족 행사를 위해 소를 한 마리 잡았다고 했다. 가족 행사라지만 친척은 물론이고 이웃들, 성가대까지 다 참석해서 음식을 먹게 되니 소 한 마리가 필요할 정도로 사람이 많이 왔다. 우리는 신부님과 함께 상석에 앉게 되었다. 큰 드럼통에 담긴 옥수수로 만든 전통주를 맛보았는데, 맛과 향이 우리의 막걸리와 비슷해 반가웠다.

헤헤족의 언어는 키헤헤라고 한다. 신부님 친척 어르신들을 만나면 키헤헤로 인사를 드렸다. 또 가정 방문을 하거나 학생들을 만날 때 우리에게 가끔 키헤헤로 인사하기도 하는데, 우리가 키헤헤로 대답해 주면 신기해 하며 아주 좋아한다. 하긴 외국인이 한국어로 인사를 해온다고 상상만 해도 저절로 미소가 지어지니까.

탄자니아의 주식은 지역이나 부족마다 다르지만 크게 옥수수, 바

흰색의 헤헤족 전통의상을 입은 어르신.

나나, 쌀 세 가지 중 하나이다. 우리가 살았던 이링가 지역은 옥수수 가루로 만든 우갈리가 주식이다. 우갈리를 만드는 방법은 물에 옥수수가루를 조금 타서 끓인 다음 그 물에 옥수수가루를 조금씩 넣어가며 긴 나무주걱으로 재빨리 저어준다. 옥수수가루가 바닥에 눌어붙지 않게 재빨리 골고루 저으면 익으면서 찜처럼 된다. 이렇게 익은 찜을 손으로 조금 떼어 꼭꼭 주무르고 채소로 다져 만든 반찬에 찍어 먹는다.

바나나는 북쪽 지역의 주식인데, 주식용 바나나는 우리가 알고 있는 달달한 과일이 아니다. 주식으로 먹는 바나나는 찌는 바나나와 굽는 바나나가 있는데 단맛이 거의 없다. 찌는 바나나는 일단 초록색 껍질을 까면 감자처럼 단단한 속이 나온다. 이것을 토마토와 양파와 소금으로 간을 맞춘 국물에 삶아 먹는다. 구이용은 조금 무른데, 껍질째 반으로 갈라 굽거나 기름에 튀겨 먹는다.

우리가 선교지에 살 때 주로 먹은 음식은 아침에는 식빵과 잼, 커피, 때때로 삶은 계란이었다. 점심과 저녁때는 우갈리에 채소를 다진 반찬이나 콩을 토마토 소스에 삶은 마하라게를 주로 먹었다. 그런데 우갈리 맛이 아주 심심해서 우리에게는 아무 맛도 없게 느껴졌다. 일주일에 한두 번 나오는 고기 요리도 양념이라고는 토마토와 양파, 소금 정도만 쳐서 만드니까 우리 입맛에는 짐짐하게 느껴졌다. 때로 돼지고기를 기름에 튀겨서 주는 데 너무 질겨서 먹기 힘들었다. 고기를 부드럽게 숙성시키는 방법을 모르고, 기름을 많이 쓰면 무조건 좋은 음식이라고 생각하는 것 같았다.

매일 이런 점심과 저녁을 먹어야 하니까 얼마 안 가 물려서 맛있게 먹을 수가 없었다. 그야말로 죽지 않을 만큼 조금 먹거나 혹 바나나, 아보카도 등 다른 과일이 있을 때면 과일로 배를 채우곤 했다.

특히 파인애플이나 망고, 아보카도, 파파야 같은 과일들이 맛있었는데, 모두 노지에서 재배되므로 제철에만 먹을 수 있었으나, 아쉽게도 대개 맛있는 과일 철은 짧았다.

다만 바나나는 거의 항상 시장에 가면 있었는데, 탄자니아의 지역에 따라 바나나가 나는 계절이 달랐고, 때로는 이웃나라에서 온 수입 바나나도 있었다. 토마스가 "우갈리는 테이스트리스아무 맛이 없어요. 해요."라고 말하면, 탄자니아 신부님은 "잘 씹어 음미하면 맛있는데…"하고는 토마스를 볼 때마다 고개를 가로저으며 "테이스트리스, 테이스트리스." 하며 놀렸다. 우리도 쌀밥의 담백하고 고소한 맛을 즐기는데, 그렇게 먹지 못하고 아무 맛도 없다고 했던 것에 미안한 마음이 든다.

교구 사제 서품식 행사나 결혼식, 장례식, 졸업식 등 많은 사람들이 모이는 행사에는 대개 식사가 제공된다. 이링가 지역에서는 고기 요리 한두 가지에 밥, 탄산음료나 물이 공통이고 마하라게, 바나나 튀김, 양배추 볶음, 칩시, 카춤바리 중에 몇 가지가 제공된다. 바나나 튀김과 양배추 볶음은 말 그대로이고 칩시는 튀긴 감자칩, 카춤바리는 오이, 양파, 당근, 토마토를 가늘게 채를 쳐서 소금에 살짝 절인 채소 샐러드이다.

고기류는 토막 낸 쇠고기 또는 염소나 양고기를 토마토 스프에 삶은 요리가 보통이고, 가끔은 닭을 기름에 튀겨서 주는 경우도 있다. 탄자니아 사람들도 야외에서 장작에 직접 고기를 구워 먹는 바베큐를 하기도 하고 팔기도 하는데 이것을 냐마초마라고 한다. 직역하면 '고기 구이'라는 뜻이다. 이때 고기와 함께 바나나도 같이 굽는다. 우리 수도원에서도 이탈리아 손님들이 왔을 때 냐마초마를 한 적이 있다.

간식으로는 무엇을 먹었는지 떠올려보니, 가끔 바람 쐬러 관구 본부 근처 언덕 위에 있는 선셋 호텔에 가곤 했다. 선셋 호텔에는 바위와 절묘하게 어울려 지어놓은 테라스 바가 있는데, 그 위에 서면 이링가 시내 전경이 거의 270도로 활짝 펼쳐져 보인다. 뿐만 아니라 그곳은 무료 와이파이도 제공되니 사파리 맥주 한 잔에 삼부사 한 접시를 시켜 놓고 가족, 친구들과 소식을 주고받았다. 삼부사는 세모난 튀김 만두 같은 것인데, 한 접시에 세 개, 양배추 샐러드가 조금 곁들여져 나왔다. 맥주와 삼부사 합해서 6천 실링 정도에 이런 호사를 누릴 수 있어 흐뭇했다.

신부 보내기

어느 탄자니아 신부님 조카의 센드오프send-off 행사에 초대받아서 문화 체험차 참석하였다. 센드오프는 결혼식 전에 신부 가족들이 딸을 보내면서 하는 행사인데, 우리나라에는 없는 행사여서 호기심에 여행을 떠났다. 우리는 새벽 4시 반에 일어나 준비하고 5시 20분에 출발했다. 장소가 이링가에서 5시간쯤 걸리는 은좀베라는 도시였기 때문이다.

은좀베로 가는 길은 대체로 포장도로였고, 가끔씩 도로를 보수하거나 건설 공사 중인 비포장도로여서 길 자체는 괜찮았다. 좀 더 고지대로 가는 것이라서 날씨도 선선하니 좋았고, 마핑가 근처에 가자숲이 많고, 고지대임에도 넓은 평원과 지평선이 보여서 아름답고 신기했다. 마핑가 지역은 목재 생산이 활발하여 길가에 목재를 만들어 세워 놓거나 말리는 곳이 많았다. 나무를 베고 2년 후에 새로 식목하도록 하고 있어서 숲이 계속 유지된다고 했다. 건조한 지역을 지날 때와 달리 푸른 숲이 있는 지역에 오니 마음이 편안해진다. 아마 이곳에 사는 사람들이 덜 힘들게 살지 않을까 하는 짐작에서 그런 것 같다.

마핑가를 지나 거의 9시쯤 꼰솔라따 선교지인 마캄바코 본당에 들어가서 차와 빵을 아침으로 먹고 다시 출발했다. 중간에 이렇게 편하게 들를 곳이 있다는 것은 좋은 일이다. 꼰솔라따 선교사들이 오래전부터 사목해 온 마캄바코 성당은 터가 아주 넓었다. 20분쯤 머물고 다시 출발했다. 여전히 나무숲들이 이어졌다. 이곳은 물도 충분한가 보다.

은좀베에 다다르니 제법 안정된 도시처럼 길가에 다양한 가게들이 이어졌다. 10시 좀 넘어서 신부님의 친척집에 도착했다. 거실에 잠깐 들어갔는데, 겉모습보다 안은 더 깨끗하게 정돈된 가정집이었다. 오늘 센드오프 행사의 주인공인 치구는 신부님의 조카로 돌아가신 형의 딸인데 이곳에서 10시간 떨어진 모로고로에 살고 있다고 했다. 그런데 행사를 왜 은좀베에서 하느냐고 물었더니, 가문의 가장이 신부님의 외삼촌인데, 그분이 은좀베에 살기 때문이라고 했다.

가문의 딸을 결혼시킨다고 친척과 이웃들에게 알리며 노는 센드오프 행사는 오래된 전통은 아니고 20여 년 전부터 생겼다고 한다. 나중에 들어보니 누구나 하는 것은 아니고 경제적으로 여유 있는 집안만 한다고 한다.

센드오프 행사에서. 신부와 들러리가 같은 옷을 입는 것이 색다르다.

친구의 부모님이 안 계시기에 외조부 내외가 부모 역할을 하며 비용을 들여서 이런 행사를 주최하고, 먼 곳에 사는 친척들까지 모두 모였다. 다레살람 같은 데서 오려면 이틀은 걸리는 거리인데도 말이다. 탄자니아는 아직 대가족제 사회이고, 그중 어른이면서 경제적으로 여유가 있는 사람이 가문의 가장 역할을 하는 것이다.

행사는 먼저 낮에 성당에서 감사미사를 하고 본 행사는 저녁 때 했다. 미사가 11시라고 하여 우리는 성당에 들어가 10시 30분부터 기다렸는데 시간이 되었는데도 아무 기미가 없었다. 11시 반이 되어서야 갑자기 성가 소리가 뒤쪽에서 들려왔다. 성당 밖에서 온 가족들이 모여 행렬을 만들고 성가대를 앞세워 들어왔다.

잘 차려 입은 두 아가씨가 성가대 바로 뒤에서 가벼운 춤을 추며 들어와 맨 앞자리에 흰 천으로 덮은 의자에 나란히 앉았다. 여자 둘이 맨 앞 주인공 자리에 앉은 게 신기했고 비슷하게 옷을 입고 장식해서 누가 오늘의 주인공인지 미사 내내 궁금했다. 나중에 보니 한 명이 주인공이고, 한 명은 들러리로 행사 내내 신부 옆에 있었는데 사촌이란다.

오늘 행사가 신부집의 행사여서인지 신랑은 어디에도 보이지 않았다. 소개할 때 보니 우리보다도 뒤쪽 자리에 손님들과 같이 앉아 있었다.

미사가 끝나고 밖으로 나가니 신부가 친척들과 사진을 찍고 있었다. 신부가 우리를 보고 오라고 손짓을 해서 같이 사진을 찍었다. 이제 끝났나 했더니 가족들은 촬영하러 간다며 음악을 크게 튼 차를 앞세우고 쿵작거리며 떠났다. 센드오프가 있음을 온 시내 사람들이 알게 하려는 듯, 드레스를 입은 친구들이 작은 트럭 짐칸에 타고 음악을 크게 틀고 춤을 추며 시내를 돌았다.

집 근처에 가니 스피커에서 나오는 음악 소리가 더 요란했다. 사람들이 벌써 점심을 먹고 있었다. 집 앞에 흰 플라스틱 의자들이 죽 놓여 있고 밥상은 없었다. 친척과 이웃들 그리고 동네 아이들까지 모두 와서 한 끼 밥을 나누었다. 다들 손으로 먹고 있는데, 우리는 아직은 아무래도 손으로 먹기 어색하고 불편해서 포크와 수저를 달라고 부탁해서 먹었다. 식사가 끝나자 많이 돌아갔지만 스피커의 음악은 계속해서 아주 크게 틀었다. 이 음악에 맞추어 동네 아이들이 춤을 추기에 웃으며 박수를 쳐 주었더니 더 신나게 춤을 추었다.

아이들은 한 시간도 넘게 추다가 지쳤는지 하나둘 집으로 돌아갔고, 이번엔 친척 여자 어른들이 발로 땅을 두드리며 전통춤을 추기 시작했다. 리듬이 흥겨워 춤추기 좋았고, 유행가인가 했는데 가끔씩 하느님을 찬양하는 가사도 들려 신기했다. 재밌기도 했지만 너무 오랫동안 몸이 울릴 정도의 큰 소리를 듣고 있자니 몹시 피곤했다. 우리는 이리저리 조용한 곳을 찾다 포기하고 귀를 휴지로 막고 마당의 긴 의자에 앉았다. 얼굴이 순하고 토실토실한 9개월쯤 된 아기를 젊은 아빠가 안고 있기에 손을 내밀어 안아보고 싶다고 했더니 아기를 건네주었다. 눈이 왕방울만 한 게 얼마나 예쁘던지.

저녁때가 가까워지자 센드오프 본 행사에 참석하러 신부님과 집을 나서서 시내 거리를 걸으며 구경한 후 소셜홀이라 부르는 연회장으로 갔다. 6시쯤 도착했는데 정전이니 조금만 기다리라고 했다. 잠시 후 전기가 들어와서 행사장으로 들어갔다. 200여 개 좌석이 꽉 차 있고, 앞에는 울긋불긋한 조명과 함께 화려하게 치장되어 있었다.

원래 6시에 시작하려던 행사는 7시쯤 시작되었다. 화려하게 정장과 드레스를 맞춰 입은 젊은 남녀 들러리들이 춤추며 입장하는 것으로 시작되어 신부 입장, 친척 어른들 입장, 건배, 어른들 소개, 그러다가 중후반에 신랑 소개, 케이크 커팅, 선물 증정 그리고 식사의 순서로 진행되었다. 입담 좋은 사회자가 좌중을 웃기며 이끌어 갔다. 제일 흥미로운 점은 누구든지 앞의 무대로 입장하고 퇴장할 때면 항상 음악에 맞추어 흥겹게 춤추었다는 것이다. 신부와 들러리들은 춤 연습을 한 듯 더 특별하고 멋진 춤을 선보였다. 무대 양쪽에는 양가 어른들이 자리 잡았다.

서양 문화가 들어와서 과거 문화와 교묘하게 결합된 듯 보였다. 그래도 죽은 조카의 딸을 위해서 행사를 성대하게 치러주는 신부님의 외삼촌 내외가 훌륭해 보였다.

행사준비위원회로 다섯 명의 어른들이 있어서 그들이 준비하여 신부를 초대하는 형식을 취하는 것이 재미있었다. 그 지역의 유력자들이 준비위원회를 구성하는 것은 집안의 세력을 자랑하는 의미가 있는 것 같다.

우리는 신부님과 함께 맨 앞줄에 앉아 있었다. 사회자가 외국인인 우리를 보고 재미있어 하더니, 나중에 신부가 케이크를 잘라서 한 쪽씩 어른들에게 드리는 행사 때 한 조각을 우리에게 주어서 앞으로 나가서 신부의 행복을 빌며 받았다. 선물 증정 때 우리는 준비한 침대 커버와 베개 커버를 선물했다. 신부와 부모님을 대신한 외조부모가 무대의 양편에 앉아 있고, 손님들이 춤추며 앞으로 나가서 먼저 신부에게 선물을 증정한 후 이어서 신부 외조부모에게도 따로 선물을 증정하는 것이 흥미로웠다. 어떤 사람은 물건을 가져왔고 어떤 사람은 축의금을 냈다.

긴 행사가 끝나고 10시 40분이나 되어서 저녁 식사를 했다. 다행히 우리는 신랑 신부 다음으로 음식을 받아먹을 수 있었다. 우리 문화와 다른 것 중 하나는 신랑 신부가 제일 먼저 식사를 받고 그다음으로 가족들이 받고, 손님들이 나중에 받는 것이었다. 경로 우대와 손님 우대가 몸에 밴 우리로서는 의아했지만, 그날의 주인공이 길을 여는 의미로 가장 먼저 받는 거라고 했다.

한 사람의 인생에 가족과 수많은 사람의 격려와 사랑과 헌신이 연결되어 있는 것을 눈으로 확인할 수 있었다. 사실 이곳에 우리가 와 있는 것도, 이런저런 곳을 다니며 보고 느낄 수 있는 것도 수많은 사람의 정성과 기도와 희생과 헌신이 있기 때문에 가능한 것임을 안다. 그 배후에는 그 사람들을 통해서 우리와 함께 하는 하느님께서 계시는 것이고.

그런데 탄자니아에 오래 지내다 보니 이렇게 부유층에서 큰 비용을 들여 하는 성대한 센드오프 행사를 모든 젊은이가 흉내 내고 싶어 하고, 못 하면 부끄럽게 여기고, 성대하게 못 할 바에야 결혼식을 안 하고 동거하는 경우가 많다는 것을 알게 되었다. 참으로 안타까웠다. 한국의 옛날 용어로 하면 허례허식의 폐해랄까?

게다가 공중파 TV의 프로그램으로 이런 호사스런 결혼식 준비 과정을 예능 프로 형식으로 매주 방영을 하는데, 젊은 아가씨들에게 인기가 아주 높았다. 대부분의 사람들은 도저히 흉내 낼 수 없는 사치를 매주 보여주는 방송을 보며 탄자니아 아가씨들은 신데렐라를 꿈꾸겠지만 우리는 화가 났다.

스와힐리어의 종주국

사하라 이남 아프리카 대다수의 나라들은 과거 식민 지배국의 언어를 공용어로 쓰는 경우가 대부분이다. 그런 점에서 거의 모든 국민이 아프리카어인 스와힐리어를 사용하는 탄자니아는 특별한 나라라고 할 수 있다.

탄자니아에는 120여 개 부족이 산다. 부족이 다르면 외모나 문화도 다를 뿐만 아니라 각 부족어는 사투리 정도가 아니라 말이 아주 달라서 대부분 서로 말이 통하지 않는다. 이처럼 탄자니아의 각 부족에게는 각자의 부족어가 모어로 있으므로 스와힐리어는 국어가 아닌 공통어이다. 스와힐리어를 모어로 사용하는 인구는 약 1천만여 명에 불과하다고 한다.

스와힐리어의 시작이 언제인지 분명한 증거는 부족하지만 약 1천 년 전부터 반투어에 아랍 문명이 섞여서 생겨난 것으로 추정된다. 지역적으로 탄자니아 앞바다의 잔지바르섬을 중심으로 오늘날 케냐와 탄자니아의 동부 해안지역을 중심으로 북으로는 소말리아의 모가디슈 지역까지, 남으로는 모잠비크의 북부 지역까지 살던 여러 원주민들의 모어로 사용되었던 언어에 기초한 것으로 추정된다. '스와힐리'라는 말의 의미가 '해안'이다.

15세기에 포르투갈인들이 이 지역에 왔을 때 이미 스와힐리어가 사용되었다는 증거들이 있다. 17세기에 오만 거점의 아랍 세력이 포르투갈인들을 몰아내고 잔지바르에 근거지를 두고 내륙 여기 저기에 교역로와 거주지를 두면서 스와힐리어는 이 경로를 따라 본격적으로 퍼져나갔다. 아랍 상인들의 교역 언어로서 교역로를 따라 콩고, 말라위, 우간다 등 내륙으로 퍼져 갔고, 스와힐리어는 그들의 부족어 다음의 제2언어로서 널리 쓰였다. 그러다가 현대에 가까워지면서 동부 아프리카에서 다른 부족 사이의 유일한 공통어로서 스와힐리어는 점점 더 많은 사람들의 언어가 되어 갔고, 심지어 가정 안에서도 스와힐리어가 일상적으로 쓰여 모어처럼 되는 경우가 많아졌다.

이런 흐름을 따라 살던 사람들은 스와힐리어를 이슬람과 함께 받아들이는 경향이 있었고 그래서 단어들 중에 아랍어에 어원을 둔 단어들이 많다. 식민지 초기까지는 아랍 문자로 스와힐리어를 표기했다. 그리하여 스와힐리어에는 반투어를 기반으로 아랍어, 포르투갈어 그리고 식민지 시대 이후 독일어와 영어 단어들이 많이 남았다.

1885년에 독일이 탄자니아 대륙 지역을 식민지화하였는데, 어떤 스와힐리어 사전 서문에는 원주민 능력으로는 어려운 독일어를 배울 수 없을 것이라는 독일 식민지 관료들의 인종차별적 발상에서 식민 정부가 현지인 하급 공무원 양성을 위한 초등교육에 스와힐리어 보급을 추진하였다고 써 있다. 인종차별적인 좋지 않은 의도였지만 스와힐리어가 발전하는 긍정적인 결과를 낳았다고 할까?

어쨌든 스와힐리어는 독일 식민지 정책을 통해서도 탄자니아 전 지역으로 퍼져 나가게 되었고, 제1차 세계 대전 후에 영국 식민지로 바뀐 후에도 이 언어 정책은 그대로 이어졌다. 그러다가 1961년 탄자니아가 독립하면서 스와힐리어가 공식적으로 탄자니아 공용어로 지정되어 사용되었다.

스와힐리어는 이미 어느 한 부족의 언어가 아니었으므로 별 저항 없이 보급되었다. 스와힐리어는 탄자니아의 초등학교 교육 언어로 채택되고 정치와 방송, 경제 등 일상생활은 모두 스와힐리어로 행해진다. 탄자니아 사람들의 정체성은 스와힐리어를 중심으로 형성되고 있다고 할 수 있다. 덕분에 부족이 다양함에도 불구하고 다른 아프리카 나라들에 비해 부족 간의 갈등이 비교적 적은 편이고 정치적으로도 안정된 것 같다.

젊은이들은 사회생활에서 부족어를 사용하지 않고 스와힐리어로 말하고, 잘 때 꿈꾸고, 생각하는 언어도 부족어가 아니라 스와힐리어라고 한다. 영어는 중학교 이상에서 교육 언어이기는 하지만 일반인들이 사용하는 언어는 아니다.

스와힐리어를 일상 언어로 사용하는 인구는 세계 10위권에 가깝게 늘었다. 아프리카연맹의 공식 언어로 아랍어, 영어, 프랑스어, 포르투갈어 그리고 아프리카어로는 유일하게 스와힐리어가 포함되어 있을 만큼 사용 인구가 이미 1억 명을 훨씬 넘었다. 스와힐리어 방송국이 있는 아프리카 국가도 탄자니아, 케냐, 남아공, 나이지리아 등 10개국이나 된다.

탄자니아가 스와힐리어를 지킨 덕에 아프리카어 중 하나가 세계적으로 점점 더 중요한 언어가 되어가고 있다.

◉ 요일에 남아 있는 아랍의 흔적

주간을 스와힐리어로 주마juma라고 한다. 우리가 일요일, 그리스도 인들이 주일이라고 부르는 요일은 주마필리juma-pili라고 한다. pili는 2 이라는 의미이니까, 직역하면 주간 둘째 날이라는 의미이다. 왜 이렇 게 되었을까?

이것은 요일 명칭이 아랍어에서 유래한 외래어이고, 이슬람의 안식 일이 금요일이라는 점을 알아야 이해가 된다. 금요일은 스와힐리어에 서 이주마아Ijumaa인데 아랍어의 엘주마아Eljumaa에서 온 말로 하느님 의 날, 안식일을 가리킨다. 이 안식일을 기준으로 주간 첫날, 둘째 날 이런 식으로 요일을 부른 것이다.

그래서 토요일은 주마모시juma-mosi, mosi는 1을 의미, 일요일은 주마 필리jumapili, 월요일은 주마타투juma-tatu, tatu는 3을 의미, 화요일은 주마 은네juma-nne, nne는 4를 의미, 수요일은 주마타노juma-tano, tano는 5를 의 미이다. 그럼 목요일은 무엇일까? 6을 의미하는 sita를 넣어서 주마시타 juma-sita일 것 같은 데 아니다. 목요일은 알하미씨Alhamisi이다. 그 의미 는 '하느님의 날을 준비하는 날'이다.

이렇게 보면 스와힐리어에서는 요일 명칭 가운데, 목요일과 금요일 은 아랍어에서 온 외래어이고, 나머지는 스와힐리어 고유어라고 하겠 다. 그리스도교의 주일 또는 안식일을 '주간 둘째날'이라고 부르는 게 맘에 안 들 수도 있겠지만, 이는 역사와 문명 교류사를 반영하는 과거 문화의 흔적일 뿐이니까 너무 불편할 것은 없다. 영어의 일요일 명칭 인 선데이Sunday도 따지고 보면 태양신의 날에서 유래한 것이라고 하 지 않는가?

형제가 스물여섯

선교사는 어떤 사람인가? 하고 물을 때 떠오르는 말씀이 있다. 꼰솔라따 선교수도회 설립자, 복자 요셉 알라마노 신부님께서는 "먼저 성인이 되고, 그다음 선교사가 되라."고 말씀하셨다. 마더 데레사 성녀께서도 "예수를 선포하지 말고, 예수가 되라."고 말씀하셨다.

그렇다면, 선교사로 산다는 것은 예수님처럼 산다는 것인데 평범한 우리가 과연 가능할까? 솔직히 짧은 시간 그럴 듯하게 흉내(?) 내는 것은 가능할지 몰라도 마음 깊은 속까지 그렇게 살기는 불가능한 게 아닐까? 거룩하게 살기 위해 어떻게 해야 하나 고민해 보지만, 결국은 '내 힘으로는 불가능한 일이구나.'라는 것을 깨닫게 된다. 그러니 어쩌겠는가? 우리를 부르신 분께서 모든 일을 하시도록 나를 내어드리는 것만이 우리가 할 수 있는 일인걸. '그래! 걱정도 불안도 모두 그분께 맡기고 그냥 살아보자.'라고 맘을 먹고 하루하루를 살아가는데도, 우리 앞을 가로막는 것 중의 하나는 문화적인 다름에서 오는 어려움이다. 가끔은 큰 문제도 있지만, 아주 사소한 일상의 문제가 우리를 미끄러뜨렸다.

사실, 여행이나 공부 등 지적인 호기심으로 만나는 여러 민족의 문화적 다양성은 재미도 있고 풍요롭게 느껴진다. 우리는 이곳에 파견 받기 전에 선교지 순례를 다녀본 경험이 있었고, 그때마다 다른 문화를 보고 듣고 체험하기도 했다. 물론 문화의 다름이나 경제 발전 정도의 차이에서 오는 이질적인 면을 보게 된 적도 있었지만, 그것이 우리 문제로 느껴지지는 않았다. 그냥 선교사들에게 그런 어려움이 있겠다고 짐작하는 정도였고, 우리에게는 그저 어떤 불편함이나 색다른 경험 정도로 다가왔다. 그러나 그것이 직접 겪는 날마다의 일상이 되는 것은 또 다른 일이었다.

누구나 아는 것이지만 문화라는 것은 그 속에서 나고 자란 사람에게는 너무나 자연스럽고 당연한 일이라 설명 없이도 '저절로 이해되는' 반면 문화와 언어가 다른 지역에 가서 살다보면 그 기본적인 '저절로 되는 이해'가 부족해서 말과 행동을 왜 그렇게 하는지 이해되지 않거나 이상하게 느껴지지만, 일일이 물어보기도 어렵다. 우리가 자연스럽게 생각하고 하는 말과 행동도 때로는 이해받지 못하고 겉도는 느낌이 들 때가 많았다.

우리 학교 사감 교사가 아버지 장례로 4일 휴가를 갔는데, 아무런 연락 없이 연이어 11일을 더 결근하고 돌아왔다. 또 며칠 후, 묘지에 십자가를 세우는 행사를 치르러 간다기에, 더 이상 공식 휴가가 없으니 가지 말라고 했으나 무단으로 3일을 또 결근했다. 노동법에도 그렇고 근로계약서에도 부모 초상 때 휴가는 4일뿐이었다.

그런데 이런 상황이 우리만 불편했지, 보름 가까이 결근하고 3일을 더 결근한 그 교사는 물론, 다른 교사나 직원들도 별로 문제라고 생각하지 않는 것으로 보였을 때 '아직 우리가 이곳에 적응하지 못했구나!' 하고 낙담했다. 어쨌든 사감 교사의 아버지 장례식에 로사가 운전하여 교장 선생님과 교사 셋을 태우고 문상을 갔다. 대중교통으로 가자면 거의 네다섯 시간은 걸리기 때문이다.

이링가 지역은 헤헤족이 사는데, 헤헤족 여자들은 문상을 갈 때 전통 의상인 캉가를 위아래 입고 머릿수건을 한다고 해서 로사도 가지고 있던 캉가를 두르고 갔다. 길가에 차를 세우고 알록달록한 원색의 캉가를 둘러 입은 여자들이 많은 집으로 들어갔다. 동네에 초상이 나면 친인척은 물론이고 직장을 다니는 이웃사람도 아침부터 함께 한다더니 정말로 많은 사람으로 북적이고 있었다.

큰 스피커에서 쿵작거리며 음악이 흘러나오고 있었고, 집 뒤쪽 한쪽에 보니 큰 돌이 서너 개씩 줄지어 있었다. 그 돌들 위에 들통 같이 생긴 큰 솥을 올려놓고 나무로 불을 때어 음식을 만들려고 준비해 둔 것이다. 물어보니 고인에게는 부인이 4명 있고, 자녀가 27명, 손자녀까지 가족이 105명이라고 했다. 그러니 우리 사감 교사의 형제가 26명이고 조카가 100명 가까이 되는 대가족이라는 것을 알고 보니 그녀가 다시 보였다.

탄자니아는 대가족 제도이고, 요즘은 일부일처로 사는 사람이 많아졌지만 아직 일부다처인 경우가 많다. 국회의원 선거 때에도 부인이 많은 사람은 능력 있는 사람으로 여겨져서 당선 가능성이 높

헤헤족 여성들의 장례식 복장.

다고 한다. 어떻게 자녀를 다 키우느냐고 했더니 각 부인에게 밭과 집을 따로따로 나눠주고 각 부인의 자녀는 그 부인이 책임진다고 한다. 학비가 문제 되면 아버지가 밭을 팔아서 지원한다고 한다. 그러니 형제자매나 부모만 따져도 장례나 혼인 등 집안 행사도 많다. 그건 좋은데, 평일에 학교 근무를 제쳐두고 그 많은 행사에 우선 참석하는 것에 대해 우리는 어떻게 적응해야 할까?

초상집에 문상을 가는 풍습에는 어떤 두려움의 측면도 있다. 우리 수도회가 운영하는 중등학교를 방문하여 며칠 묵은 적이 있었다. 탄자니아의 학교 중에는 식량 자급과 재정을 위해 농사짓고 가축을 키우는 곳이 많고, 그런 경우 직원들도 여럿 두게 된다. 그 학교도 그런 직원이 10명 가까이 되었다. 어느 날 아침 학교를 둘러보는데, 양손에 사료를 직접 들고 가시는 교장 신부님과 마주쳤다. "신부님, 직원들은 어디 가고 신부님이 직접 먹이 주러 가세요?", "오늘은 직원들이 모두 안 왔어요. 그들 모두 한마을 사람들인데,

가정 방문 기념사진. 아이들이 많다.

마을에 초상이 나서 모두들 거기에 가야 하니까 오늘은 출근할 수 없다고 아침 일찍 전화가 왔어요. 다른 일은 미루면 되지만 가축을 굶길 수는 없으니까 내가 먹이 주러 가고 있어요."라며 웃으셨다.

그 말을 듣고 우리는 '그 마을 공동체 정신이 아주 강해서 이웃의 어려움에 모두가 나서서 도와주는 아름다운 풍습이 있구나.' 하고 좋게 생각했다. 그렇지만 직장 다니는 사람들이 가족도 아닌 마을의 장례 때문에 결근하는 것이 이해하기는 어려웠다.

그런데 선교센터에서 일하면서 우리 직원들의 경우에도 비슷한 일들을 겪었다. 마을에 초상이 났는데, 우리 기술학교 선생님들이 수업을 안 하고 아침부터 초상집에 가겠다는 것이었다. 우리는 "아니, 선생님이 수업을 안 하고 문상가면 학생들은 어째요? 수업하고 나서 빈 시간에 문상가면 되지 않겠어요?" 하고 설득하였는데 전혀 납득되지 않는 표정을 지었다. 더구나 일반 직원들은 대개 이 마을에 오래 살던 사람들이었지만, 교사들은 대부분 외지에서 온 사람들이라 초상난 집과 별 관계도, 안면도 없는데, 수업을 안 하면서까지 아침부터 가겠다고 하는 것을 이해하기 어려웠다. 그래서 몇몇 선생들과 이 문제로 논쟁 아닌 논쟁을 했다.

탄자니아에서 20여 년 있었던 호세 신부님께서 "이웃의 장례에 가는 것은 단순히 이웃에 대한 공동체 정신과 상부상조의 마음만은 아니에요. 그 속에는 두려움이 밑바닥에 깔려 있어요. 문상을 가지 않으면, 죽은 이의 영혼이 자기에게 해코지할지 모른다고 믿고, 그걸 두려워해요."라고 하셨다. 그 말을 듣고 보니, 그들의 마음 깊은 곳에 두려움이 있음을 여기저기서 찾아볼 수 있었다.

저주받은 염소

스와힐리어 두 달 교육 과정을 마친 후, 관구장님께서 "열심히 공부했으니 잠시 쉬세요."라며 다레살람의 영성센터로 휴가를 보내주셨다. 9월 초의 다레살람은 기온이 30도를 넘지 않고 바람도 살랑살랑 불어서 정말이지 휴양지에 온 듯 쾌적한 날씨였다.

휴가 중 어느 날, 피터 신부님과 차를 타고 프로큐라로 시내 나들이에 나섰다. 2차선 도로에 차들이 밀려서 기어가고 있었다. 주변 풍경을 바라보는데, 도로변에 염소 서너 마리가 돌아다니는 것이 보였다. 도로에 소나 염소, 양들이 다니는 거야 탄자니아에서는 흔히 볼 수 있는 풍경이지만, 그래도 여기는 대도시이고, 대개는 규모가 더 크고 보통 주변에 목동이 따라 다니는 데, 무리도 작은 데다

찻길을 가로막는 가축들을 종종 만날 수 있다.

목동이 안 보여서 좀 이상해 보였다. 내가 의아해서 "신부님, 저 염소들은 목동이 없이, 지들끼리 돌아다니네요. 왜 그렇죠?" 하고 물었다. 그랬더니 신부님께서 빙그레 웃으며 답하셨다. "저 염소들은 주인 없이 벌써 몇 달째 저러고 돌아다녀요.", "아니, 주인이 없으면 누가 안 잡아가요? 우리가 잡아 갈까요?" 하고 다시 물었다.

신부님께서는 그 염소들이 '자유 염소'가 된 사연을 이야기해 주셨다. "저 염소들은 이 근처 사람들이 다 아는 염소인데, '저주받은 염소'라서 무섭다고 아무도 건드리지 않아요."

몇 달 전에 근처 마을의 어느 집에서 이 염소들을 잃어버렸다. 주인은 몇 시간을 찾다가 못 찾자 같은 마을에 사는 자기와 사이가 좋지 않았던 이웃이 훔쳐갔을 거라고 의심했다. 그러나 그 집에 가서 기웃기웃 살펴보아도 염소들은 보이지 않았고, 그 이웃도 자기는 훔치지 않았다고 반박했다. 그러나 염소를 잃어버린 사람은 의심을 거두지 못하고 무당을 찾아가 돈을 주고 그 염소들에게 저주를 걸어 달라고 부탁했다. 무당은 염소들을 가져간 사람에게 재앙이 떨어지도록 흑마술을 걸었다.

그런데 다음 날, 염소들이 주인에게 돌아 왔다. 아마도 누가 훔쳐간 것이 아니라 그냥 제멋대로 여기저기 돌아다니다가 집에 돌아온 것이리라. 염소란 놈들은 대개 성질이 제멋대로이니 말이다. 주인은 잃어버렸던 염소들이 돌아왔으나 전혀 기쁘지 않았다. 오히려 자기가 받아들이면 자신에게 저주가 돌아올까 무서워 오히려 당황해서 쫓아냈다. 이 과정에서 동네 사람들 모두가 그 염소들에게 저주가 걸린 사실을 알게 되었다. 그 소문은 순식간에 퍼져 나가 아무도 그 염소들을 가져가거나 건드리지 않게 되었고, 염소들은 이렇게 제멋대로 돌아다니는 자유 염소가 된 것이다.

신부님은 이 이야기를 하시면서 "탄자니아에서는 아직도 많은 사람들이 미신을 굳게 믿고 있고, 특히 흑마술을 무서워하고 있어요."라고 하셨다. 나는 이 이야기를 재미있게 들으면서도, '미신이 정말 심각한 문제구나!'라며 혀를 찼다.

오랫동안 이 이야기를 잊고 있었는데, 2년 뒤 학교에 필요한 물건들을 사러 다레살람에 갔다가, 예전에 염소를 보았던 바로 그 도로 부근에서 열댓 마리의 염소 떼를 보았다. 저 염소들은 또 뭐냐고 피터 신부님께 물었더니, 2년 전의 그 염소들이 새끼를 낳고 하여 그 수가 이렇게 늘어났다고 했다. 여전히 사람들은 저주가 무서워서 그 염소들과 새끼들을 건드리지 않고 있었다.

처음 저주받은 염소 이야기를 들었을 때에도 미신에 대한 두려움이 얼마나 강하면 저런가 하고 기가 막혔는데, 2년 뒤에도 여전히 그 염소들이 수가 늘어서 돌아다니는 걸 보며, 미신과 흑마술에 대한 두려움이 얼마나 크게 자리를 잡고 있는지 알 수 있었다. 더구나 시골 오지가 아니라 탄자니아에서 가장 크고 발전한 대도시에서도 이러니 시골은 오죽 더 심할까 싶었다.

그런데, 탄자니아에 사는 동안 의아했던 것은 정부나 학교, 방송 등 어떤 공공기관도 이런 미신을 퇴치하기 위한 교육이나 캠페인을 하지 않는다는 점이었다. 심지어 우리가 만났던 몇 분의 외국인 선교사 신부님을 제외하고는 성직자들조차 미신을 비판하고 퇴치하자는 말을 신자들에게 공개적으로 하지 않고 있다고 한다. 신자들조차 대부분 미신을 믿고 있기 때문이기도 하지만, 공개적으로 비판할 경우 보복을 당할까 두려워 그러지 못한다고 한다. 그만큼 미신에 대한 믿음과 두려움이 뿌리 깊이 박혀있는 것 같다. 탄자니아 사람의 90퍼센트 정도가 미신을 믿고 있다는 것이 많은 학자와 주변 사람의 공통된 의견이었고, 원칙적으로 미신을 믿지 않는 이슬람 신자나 그리스도교 신자들 사이에서도 별 차이가 없다고 한다.

미신에 대한 두려움이 얼마나 강한지에 대하여 탄자니아에 50년이 넘게 사신 이탈리아 출신 선교사 소르델라 신부님께 들은 이야기가 있다.

그분이 20여 년 전에 이링가에서 두 시간정도 걸리는 파와가라는 시골 성당에서 사목하실 때의 일이었다. 근처 어느 마을에 손바닥 두 개 크기의 돌이 있었는데, 크기에 비해 몹시 무거워서 사람들이 이상하게 여겼다. 그 돌은 저주가 걸린 게 분명하다고 사람들이 무서워한다는 소문을 들으시고 신부님께서는 무슨 돌일까 궁금해서 가 보셨다. 가서 보니 운석임이 틀림없어 보였다. 운석은 보통 밀도가 높기에 크기에 비해 아주 무거웠던 것이다.

신부님은 마을 사람들에게 이 돌을 가져가도 되겠냐고 했더니, 어서 가져가라고 하더란다. 그래서 그 운석을 가지고 차를 타고 돌아오는데, 시골에서는 흔한 일이지만, 조금 가다 보니 어떤 수녀님 한 분을 포함해서 마을 사람들 몇 명이 차를 태워 달라고 부탁하더란다. 그들을 태워서 운전하고 가시면서 신부님께서는 그 운석 이야기를 하며 귀한 돌을 얻어서 내가 기쁘게 가져가는 중이라고 사람들에게 이야기했다. 그랬더니 사람들이 모두들 화들짝 놀라 얼굴빛이 변해 어서 차를 세워달라고 소리치더니 모두 내리더란다. 그 수녀님을 포함해서 모두. 그러시면서 우리에게 지금도 신부님의 사제관 거실에 장식으로 놓여있는 그 운석을 보여주셨다.

소르델라 신부님은 화라자하우스라는 보육원을 세워서 어린이들을 돌보고 계시는데, 꾸준히 미신 퇴치 교육을 하고 계셨다. 화라자하우스에서는 큰 축일이나 행사 때, 어린이들이 노래와 춤, 촌극 등 재롱잔치를 한다. 그때그때 등장인물과 이야기는 조금씩 바뀌지만, 미신을 두려워하는 사람들을 풍자하며 미신을 퇴치하자는 촌극은 거의 빠지지 않는다.

또 다른 경우는 어느 신부님께 본당의 성가대 지휘자가 누군가 자기에게 흑마술을 걸었다며 다급하게 도와달라고 왔단다. 무슨 일이냐고 했더니, 직장의 자기 서랍에 누군가가 머리카락을 넣어 두었는데, 저주를 위한 것임이 분명하다며, 두려워 떨며 도와달라고 하더란다. 신부님이 그와 함께 그의 직장에 가서 서랍을 열어 보았더니 들은 대로 머리카락이 있었다. 주변에 있던 사람들 모두 무서워서 그 머리카락을 집어 치워 버릴 엄두를 내지 못하고 있었다. 신부님이 그 머리카락을 꺼내서 가져다 버릴 때까지 벌벌 떨며 손도 못 대고 있더란다. 이렇게 미신이 문화로서 사람들의 삶에 깔려 있고, 신앙인이나 많이 배운 사람들조차 그 두려움을 벗어 던지지 못하고 있다.

화라자하우스 어린이들은 틈틈이 미신을 퇴치하자는 촌극을 한다.

교리교사를 하고 있는 남편을 둔 부인에 관해 같은 신부님에게서 들은 이야기이다. 그 부인은 아들과 20년이 넘도록 말을 못하고 지낸다고 했다. 그 아들이 20여 년 전에 몸이 아팠을 때 무당에게 가서 자기가 왜 아픈지 물었더니, 무당이 네 엄마가 귀신이 들렸으니 네가 죽지 않으려면 엄마와 말하지 말라고 했단다. 그 이후로 아들은 무당의 말대로 엄마와 말을 하지 않았고, 20년이 넘도록 아들과 교류하지 못하고 지냈다. 아들은 자기 엄마를 믿지 못하게 되었으니, 어떻게 하느님의 사랑을 믿을 수 있겠는가? 그 결과 그 부인도 제대로 신앙생활을 하지 못하고 고통스럽게 지내고 있다는 안타까운 이야기였다.

우리가 주변에서 직접 듣거나 본 미신 이야기도 있다. 우리 선교센터는 아주 큰 밭을 가지고 있다. 그래서 마을 사람들이 1에이커 혹은 2에이커씩 약간의 임대료를 내고 빌려서 옥수수나 해바라기 농사를 짓는다. 우리 학교도 식량 자급을 위해서 옥수수농사를 짓는다.

마을 사람들은 대개 그냥 먹고 있는 옥수수를 조금 남겨서 종자로 뿌리고, 자신이 할 수 있는 만큼만 잡초를 좀 뽑고, 비료도 아주 조금 주거나 못 주고, 농약은 언감생심이었다. 아무래도 가난한데다가 농사 기술 개념도 없어 해오던 대로 농사를 짓는다. 그러나 호세 신부님은 종자도 좋은 것을 골라서 사고, 비료도 사서 두어 차례 주고, 농약도 한두 차례 주었다. 게다가 마을 사람들 중에서 일꾼을 사서 잡초 뽑기도 몇 차례나 하셨다.

추수 때가 되어 보니, 우리 밭의 면적당 옥수수 수확량이 동네 주민들의 두세 배가 되었다. 그러자 마을 사람들은 신부님이 서양 무당이라서 신의 도움을 받아서 추수가 많아졌다고 수군대는 것이었다.

이렇게만 생각했다면 이해할 수도 있다. 그런데 더 나아가, 신부님의 수확이 많은 것은 자기들의 밭에 저주를 걸어서 자기들의 산출물을 뺏어간 결과라고 생각하는 사람들도 여럿 있었다는 점이다. 신부님이 농사를 짓는 데 더 많은 노력과 기술과 돈과 품을 들인 것을 보았을 텐데도 수확량 차이를 저주나 흑마술의 결과라고 생각하는 것이 참 황당하였다.

한국에서도 미신을 믿는 사람들은 자기에게 불행한 일이 생기면 점쟁이나 무당에게 가서 자기에게 닥친 불행이나 불운이 왜 일어났는지 묻는다. 묻는 것까지는 비슷하지만, 탄자니아의 미신은 한국의 기복신앙, 사주팔자 보기나 앞날이 궁금해서 점을 치는 것과 다른 요소가 있다. 이곳 무당은 그 불행이 누구 탓이거나 누구의 저주 때문이라고 지적하는 데, 대개 묻는 사람의 친척이거나 이웃 중 한 사람이다.

무당은 때로 네가 회복되려면 누군가를 해코지해야 한다는 처방을 내리기도 한단다. 그에 따라 대상을 저주하거나 부적을 쓰거나 독약을 처방한다. 사람을 죽이라고 직접 지시하는지는 모르겠으나 미신이나 흑마술과 관련된 살인 사건들도 있다.

우리가 살던 선교센터가 있는 마을에서, 어느 날 마을 안길인 비포장 도로에서 오토바이가 다섯 살 어린아이를 치는 교통사고가 났고, 사고를 낸 청년은 오토바이를 버리고 달아났다. 소식을 듣자마자 우리 신부님이 달려가 다친 아이를 차에 태워 시내의 병원으로 서둘러 갔다. 그러나 상처가 심해 피를 많이 흘려 아이는 결국 죽었고, 신고를 받고 온 경찰은 사고 상황을 조사하고, 현장에 있던 오토바이를 자기 집으로 가져간 가해 청년의 아버지를 체포하여 경찰서로 데려갔다.

처음에는 그냥 교통사고인가 했는데 생각해 보니 이상했다. 마을 입구에는 오토바이로 택시 영업을 하는 청년들 몇 명이 항상 손님을 기다리고 있는데, 이들이 마을 안에서 오토바이를 몰고 다니는 경우는 아주 드물었다. 더구나 마을 안길은 흙길로 상태가 안 좋고, 아이들과 주민들이 항상 다니는 길인데, 오토바이가 빨리 달려서 아이가 죽을 정도로 큰 사고를 냈다는 게 좀 이상했다. 사고 다음 날, 여러 가지 소문이 돌기 시작했다. 사고를 낸 청년의 집안과 사고를 당한 아이의 집안은 평소에 사이가 안 좋았다. 그래서 마을 사람들은 쉬쉬하면서 이 사고가 우연한 교통사고가 아니라 흑마술과 무당의 저주에 따라 일어난 고의적인 살인 사건이라고 했다.

이런 미신에 따른 살인 사건이 일어나도 경찰이 이를 미신과 연결 지어 조사하는 경우는 아주 드물다고 한다. 그냥 단순 사고나 살인 사건으로 처리하고, 미신에 의한 해코지나 보복 가능성은 잘 인정하지 않는다. 그러나 내가 물어 보니 사람들은 실제로 미신에 의한 저주 등으로 일어나는 살인이 더 많다고 말하곤 하는데, 분명한 것은 미신과 저주, 흑마술에 대한 두려움이 사람들 사이에 널리 퍼져 있다는 점이다.

이 마을의 인구가 500여 명 밖에 안 되는데 미신 관련 사례가 외국인인 내 귀에까지 들어올 정도면 미신과 흑마술의 심각성이나 빈도가 얼마나 심한지 짐작할 수 있지 않은가?

우차위

    탄자니아에는 마을 사람들이나 친척들끼리 혼례나 장례 때 기꺼이 서로 도와주는 아름다운 전통이 있다. 그런데 일상적이지 않은 무슨 문제나 어려움이 생기면 왜 무고한 자기 이웃이나 친척들 중에서 적을 찾는 것일까? 왜 이런 사고방식이 생겨났을까?

    배경을 추론해 보자. 아마도 탄자니아가 독일 식민지가 된 1885년 이전 시대에는 부족 단위로 마을 공동체 안에서 자급하며 살았을 것이다. 낮은 생산성에도 빈부격차 없이 모두가 비슷하게 살아가는 것이 마을 사람 모두가 생명을 유지하며 살아남는 길이었다. 그런 여건에서는 누군가 월등하게 잘 되거나 매우 안 좋은 일이 생기면 어떻게 해석을 했을까? 아마도 공동체가 골고루 나누어야 할 산출물을 누군가 주술로 뺏어가서 그렇다고 생각했을 것이다.

    그렇게 부를 독점하거나 이웃에게 해를 끼치는 사람으로 지목받은 사람은 공동체에도 해가 되는 사람이니 그에게 해코지를 하거나 흑마술을 걸어 보복하는 것을 자연스럽게 받아들이게 되었으리라. 그런 배경으로 흑마술적 미신이 모든 삶에 스며든 것으로 보인다. 미신과 저주, 흑마술에 대한 두려움은 정치, 경제 및 사회에 많은 영향을 끼칠 것이다.

    우리 선교센터가 있는 마을에서도 이러한 일이 일어난 적이 있다. 선교센터 안에는 목공소가 있는데, 이 목공소에서 일하는 목수

직원이 있었다. 이 목수는 나이가 30대 초반에 아주 성실하고 기술도 좋았다. 게다가 많지 않은 월급을 아끼고 저축해서 열심히 처자식을 거두어서 보통의 탄자니아 남편 같지 않았다. 보통 젊은 사람들은 어렵게 돈을 벌어서는 맥주 마시는 데 다 써 버리는 경우가 많고, 결혼하고도 처자식에 대한 책임감이 아주 약한 경우를 많이 보았는데 이와 달랐다.

이 친구가 열심히 돈을 모아서 드디어는 건축 재료들을 사서 주말마다 자기 손으로 집을 짓더니 멋지게 완성하였다. 그런데 어느 날 이 집의 개가 독을 먹고 죽어 있었다. 시기한 이웃들이 독살한 것이라 했다. 그나마 사람에게 해코지를 하지 않고 개만 죽이고 끝났으니 다행이었다.

내가 다레살람에서 만난 어떤 청년에게 들은 이야기도 흥미롭다. 그 청년은 다레살람에서 아주 먼 시골에 살던 청년인데, 장사 수완이 좋아서 살던 마을에 가까운 작은 도시에서 사업을 하여 제법 큰 돈을 벌었다. 그러자 마을 사람들의 시기가 느껴졌다. 돈을 모아 더 큰 사업을 하고 싶었는데, 그 마을에 계속 살려면 번 돈의 상당 부분을 나누어야 한다는 압력을 느꼈고, 그렇게 하지 않다가는 어떤 해코지를 당할지 모른다는 두려움이 생겼단다.

결국 그의 선택은 탈출이었다. 그간 번 돈을 최대한 거두어서 대도시인 다레살람으로 도망 와서 살고 있다고 했다. 여기에는 자기를 아는 친척이나 마을 사람들이 없으니 자기에게 번 돈을 나누라는 압력도 없고, 자기가 하고 싶은 사업을 할 수 있기 때문이다. 이와 같이 마을 안에서 어떤 사람이 잘 되면, 속담처럼 그저 "사촌이 땅을 사면 배가 아프다."는 식으로 부러워하는 정도가 아니라는 데 심각성이 있다.

이런 이유로 이웃이 된다면 위험도 감수해야 한다. 외국인인 우리는 해코지를 당할 두려움은 별로 느끼지 않았다. 우리가 마을 공동체 안에 들어 있는 가까운 관계가 아니기에 자신들의 어려운 문제를 우리 탓으로 여길 가능성이 거의 없기 때문이다.

뒤집어 보면, 우리가 그곳에 삼 년을 살았지만, 그들 공동체에 속하는 이웃되기는 불가능했다는 말이다. 우리는 물론이고 수십 년을 사신 선교사 신부님들도 그러한 해코지의 범위에 들어있지 않은 걸 보면 그들의 이웃 범위 안에 들어가기가 쉽지 않다. 이웃이 되기 위해 그곳에 간 선교사들인데, 이런 상황을 좋아해야 하나 싫어해야 하나.

이 사례들은 자본 축적을 통해 사업을 확대해 나가는 것이 경제 발전의 기본 요소인 자본주의 사회에서 미신이 사회 문제일 뿐만 아니라 경제 발전에도 장애가 될 수 있음을 보여준다. 어느 보고서에 따르면 독립 국가가 되고 자본주의와 산업사회를 살아가면서 그런 주술적인 사고가 오히려 더 많아졌다고 한다. 빈부격차가 더 많이 생겨났기 때문일 것이다. 눈에 보이는 격차는 한마을 안에서도 점점 더 눈에 뜨인다.

사회 경제적인 관점에서 보면, 서민의 삶을 힘들게 하는 사람들이나 체계는 정치사회 지도자들일 수도 있고, 식민지 경험과 식민주의 유산 때문일 수도 있고, 몇몇 대기업 재벌 때문일 수도 있다. 꼭 이런 것들 때문이 아니라고 할지라도, 사실 가난한 이들이 겪는 어려움을 실질적으로 해결할 책임은 능력과 자원을 많이 가진 사람들에게 있지 않은가? 그들에게 자기 문제를 해결해 달라고 요구하기 위해 단결해야 할 사람들끼리 미신으로 서로 원수로 여겨서 저주하거나 주술의 힘을 빌려서 복수하려고 한다는 이야기를 들으면 참으로 안타까운 마음이 들었다.

탄자니아 사람 대부분이 미신을 배척하는 그리스도교나 이슬람교를 믿는데, 이 종교들은 미신에 대해 무엇을 하고 있는가?

탄자니아에 외래 종교가 들어온 경로는 이슬람교가 먼저 아랍과의 교역을 통해 해안지역에서 교역로를 따라서 전파되었고, 후에 1868년 첫 가톨릭 선교사들이 바가모요에 상륙하면서 그리스도교가 전파되기 시작했다. 이때 많은 탄자니아 사람들이 기존의 조상신 신앙 내지 애니미즘을 버리고, 겉으로는 대부분 고등 종교를 받아들였다. 대체로 인구의 90퍼센트 이상이 그리스도교나 이슬람 신자라고 추측하고 전통 종교는 5퍼센트 미만이라고 한다. 그렇지만 동시에 인구의 90퍼센트는 여전히 전통 신앙을 사실상 버리지 못하고 있는 것으로 추정된다. 어떻게 그렇게 동시에 두 가지 신앙을 가질 수 있는지 궁금해서 여러 자료를 찾아 보았다.

그들의 조상신은 그리스도교와 이슬람교의 하느님뭉구, Mungu으로 대체되었으나, 그 하느님뭉구은 전지전능하되 내세 문제만을 다루는 신으로 잘못 받아들여진 것 같다. 가난하고 고단한 현세의 삶은 즉각적인 답을 해주는 음강가무당, Mganga와 우차위주술, Uchawi에 계속 의존하고 있는 것이다.

1961년 독립 후에 오히려 우차위에 대한 의존이 더 증가했다고 하니, 그리스도교나 이슬람 같은 고등 종교의 확산과 함께 증가했다는 것이 아이러니이다.

음강가는 원래 전통적으로 약초를 이용해 치료하던 의사를 부르는 호칭이고, 오늘날 현대 의학 교육을 받은 의사는 닥타리daktari라고 많이 부르나 음강가라고도 부른다. 그런데, 독립과 함께 토속 의료가 인정되면서 의사음강가 무당 역할을 하는 경우가 많아져 전통 의료와 주술이 섞였다. 약초를 이용하는 전통 의사를 음강가라고 칭하지만, 약초와 각종 주술을 이용하여 사람들의 고민을 처리해 주는 무당들도 음강가라고 부른다. 육체의 병과 마음의 병은 함께 간다고 여겼나 보다.

그런데 이들의 두려움의 문화, 미신에 대하여 거듭 생각하다가, 우리를 돌아보게 된다. 사실 사람은 어떤 믿음이든 믿음 없이는 살아갈 수 없다. 한국에는 종교가 없는 사람이 50퍼센트가 넘는다고 말해 주면 탄자니아 사람들은 깜짝 놀랐다. 어떻게 신앙 없이 살 수 있느냐고 반문한다. 그만큼 그들은 신앙 없이 살 수 없는 사람들이다. 다만 그 믿음의 대상은 고등 종교에서 말하는 신일 수도 있고, 동시에 미신이기도 하다.

많은 탄자니아 사람들은 현세의 어려움을 미신이나 흑마술에 의지하며 산다. 한국인은? 과거에 믿던 전통 신앙을, 미신을 던져 버리고 좋은 신앙과 종교를 가지고 살거나 지극히 이성적으로 산다고 자신 있게 말할 수 있을까? 한국에서 종교가 없다고 말하는 사람들도 뭔가 마음 안에 믿는 것이 있을 것이다. 재물이나 누군가를 믿고 살아 갈 것이다. 어떤 이념이나 사상을 믿기도 할 것이다.

탄자니아인들이 그리스도교를 믿으면서도 동시에 흑마술이나 우차위에 의존해 살고 있듯이, 우리 역시 그리스도를 믿는다고 하면서 돈을 우리의 현세 문제를 해결해 주는 신으로 모시고 살아가는 것은 아닐까? 그들이 미신이나 흑마술을 믿으며 현세를 살아가는 자리에 돈을 넣으면 사실상 별 차이가 없는 것 아닌가? 우리도 내세는 하느님께 맡기고 현세는 돈에 의탁해서 살아가는 것이라면, 그들의 미신과 다를 바 없다. 그들이 때로 해코지를 한다고 비난할 수 있겠지만, 사실 우리도 돈 때문에, 돈의 힘으로 남을 해코지하는 사회에 살고 있지 않은가? 미신의 형태가 자본주의 세상에 맞게 돈으로 바뀐 것뿐이 아닌가 하는 생각이 든다.

이러고 보면, 우리나 탄자니아 사람들이나 대상만 다를 뿐 미신에 빠져 있다는 점에서 다르지 않다. 인간은 믿음이 없이 살 수 없다는 말은 맞는 말 같다. 제대로 된 신앙을 갖지 못한다면, 미신이든 돈이든 그런 것에 의지하여 살 수밖에 없는 것이 인간일 것이다.

여기나 저기나 미신을 배제하고 하느님만을 믿게 하는 선교사의 사명은 갈 길이 멀어 보인다.

가족 내 배제의 두려움

　　선교센터 내 기술학교의 용접 교사이던 펠라 선생이 갑자기 24시간 내로 퇴직하겠다고 사직서를 냈다. 평소에 사감도 겸하면서 성실히 학생들을 돌봤기에 깜짝 놀랐다. 게다가 24시간 내에 떠나겠다니? 사유는 가족 문제라고 했다.

　　그는 아버지가 어릴 때 돌아가시고 어머니는 계시지만 시골에 있고, 작은아버지가 공부를 시켜 주어서 기술학교 3년을 마치고 기술교사 자격증을 따서 10여 년을 이런저런 일을 하다가 2년 전부터 우리 학교에서 교사로 일하고 있었다. 그런데, 그 숙부가 사정이 생겼으니 네가 돌아와서 집안의 여러 가지 일을 챙겨야 한다고 즉시 오라고 했단다. 그래서 자기 직장도 팽개치고 가야만 한단다.

　　도저히 믿을 수가 없었다. 자기 고향 동네에 급여를 더 준다는 일자리가 갑자기 생겨서 가족 핑계를 대는가 싶었다. 교장과 단스탄 신부님과도 면담하였는데, 모두들 지금 학기말이니 한 2주만 더 머물러 있으면서 기말고사라도 마무리하고 가면 좋겠다고 권했으나 소용이 없었다. 퇴직을 통지한 지 이틀 뒤 아침에 열쇠를 사무직원에게 넘기고 인사도 없이 사라져 버렸다.

　　퇴직 사유를 믿을 수가 없어서 펠라 선생과 친하게 지내던 이브라힘 선생에게 물었다. 사유가 무어냐고. 그런데 진짜로 작은 아버지가 불러서 가는 거란다. 본인도 가기 싫고 교사 일을 계속하고 싶고, 자기 전공 학생들과 작별 인사를 하면서 학생들도 울고 펠라 선생도 울고 했단다. 그러나 어릴 적에 자기를 돌봐준 집안 어른인 숙부의 명을 도저히 어길 수 없어서 떠난다고 했다.

학교 교사로서의 공적인 일, 학생들에 대한 공적인 책임보다 집안 어른의 부름이 더 중요한 것인가. 가지 말라는 것도 아니고, 교사로서 2주 남은 기말고사까지만 마무리하라는 데도 막무가내인 것이 납득이 되질 않았다.

에드슨이란 과학 교사가 있었는데, 그도 비슷했다. 그는 퇴직은 아니고 집안일로 수시로 학교를 비웠다. 한 달 전에도 금요일에 가서 수요일에 돌아와 수업을 4일이나 빼먹었다. 그러고도 또 어머니를 돌보러 가야 한다고 휴가를 쓰겠다고 말했다. 집안 형제들이 돌아가며 돌보는 데, 자기가 돌봐야 할 날이란다. 그러면서 꼭 '휴가'라고 말한다.

우리 학교 교사들은 휴가를 방학 중에만 쓰기로 계약이 되어 있다. 학기 중에는 법에 따른 가족 장례나 병가가 아니면 휴가가 안된다. 그런데도 굳이 휴가라고 말하는 이유는 결석에 따른 급여 삭감 없이 결근하겠다는 말이다.

그때는 다음 주에 기말고사가 있고 그다음 주에는 국가졸업자격시험이 있어서 매우 중요한 시기였다. 그도 그걸 잘 알고 지난주에 시험 준비 회의를 하면서 시험 직전 기말고사를 모의고사로 하고, 학생들 준비도 잘 시키기로 이야기가 되어 있었다. 그래서 "기말고사와 국가시험이 임박한 중요한 시점이니 일주일 후에 가면 안 되겠어요?"라고 제안했으나 요지부동이었다. 겨우 양보해서 "기말시험 출제는 하고 갈게요."라고 했다. 결국 학생들은 중요한 국가시험 직전에 일주일간 수업 없이 자습으로 시험을 준비하였다.

이렇게 공적인 책임보다 가족이 부르면 갑자기 가야 하는 게 참 이해하기 어렵다. 게다가 이 선교센터의 책임자인 탄자니아인인 원장 신부님도 가족이 부르면 어쩔 수 없다며 승인한다. 실제로 대가족 내에서 가부장의 지시를 어길 때 어떤 문제가 발생하는지는 확인하지 못했으나, 사람들의 말과 행동에서 가족으로부터 배제를 당할까봐 두려워하는 모습을 많이 보았다.

　　한국 사회에서도 자주 사회적 배제가 일어난다. 예를 들면, 학교나 직장에서의 왕따, 이주노동자 차별, 장애인이나 성소수자 차별 등에서 보이는 사회적 배제이다. 탄자니아라고 해서 이런 사회적 배제가 없을 것이라고 생각하지는 않지만, 아직 산업화가 진전되지 않은 탄자니아에서는 사회적 배제보다 가족 내 배제가 더 큰 두려움으로 작동하고 있는 것은 아닌가 하는 생각이 들었다.

　　결혼과 관련한 예도 있다. 우리 학교에 축산 전공 위니 선생과 자동차정비 전공 이브라힘 선생은 채용 당시 미혼이었다. 어느 날 각자 결혼을 했다며, 아기도 낳고 남편 혹은 아내를 데리고 학교 안

학교 강당에 준비된 국가시험장 모습.

사택에 머물기도 하였다. 왜 아무 소식도 없이 결혼을 하나 싶었는데, 그냥 동거이고 정식으로 교회나 정부가 인정하는 절차로 결혼식을 하지는 않았다. 그러니까 법적으로는 결혼이 아니다.

교사가 학교 안에서 동거하며 사는 것이 학생들에게 좋은 모범이 아닌 것 같아 신경 쓰이는데, 이곳 사람들은 전혀 개의치 않는다는 것을 알았다. 이런 경우가 너무나 많기 때문이다. 이곳의 결혼식들이 분수에 넘치게 호화롭게 하는지라 돈이 많이 들어서 못했나 싶어 이해하고 있었다.

위니 선생의 아기 세례식 후 잔치에 초대받아 갔다. 단스탄 신부님이 부부에게 우리 성당에서 지인들을 불러 혼인성사를 조촐하게 하면 좋겠다고 제안했다. 결혼식은 나중에 하더라도 비용이 안 드는 것이니까 신자로서 그러면 좋겠다고 조언하였다. 잔치 후에 다시 한번 남편에게 또 따로 설명, 조언하였다.

이브라힘 선생에게도 마찬가지였다. 그러나 아무도 그 조언을 받아들이지 않았다. 그 이유가 궁금해서 물었더니, 부모님이 허락하지 않는단다. 결혼식을 제대로 성대하게 하지 못할 바에는 아무것도 못하게 한다는 것이다. 아니, 어차피 부모랑 한집에 사는 것도 아니고 사는 지역도 먼데, 당사자들이 성당에서 사제와 증인들 앞에서 혼인성사만하면 되는 거 아니냐고 했더니, 그러면 집안에서 쫓겨난단다. 그게 무서워서 그렇게 하지 못한단다. 나는 이 말을 믿어야 하나 말아야 하나 헷갈렸다.

이렇게 공적인 일에 대한 약속, 책임에 대한 생각이나 개념보다 대가족이나 마을이 요구하는 것을 무엇보다 우선하고, 공적인 일을 팽개치고라도 해야 한다는 관습들이 너무 강하다. 공적인 일보다 우선하는 것을 넘어서 사회적 잘못을 해도 가족에 대한 책임 혹은 가족이나 형제의 필요 때문에 한 경우, 가족에 대한 의무를 잘 실천한 것이니까 잘못이 아니라는 통념은 탄자니아의 발전에 심각한 장애가 될 것 같다. 이런 배경으로 말미암아 실로 많은 사회적 부정행위, 범죄 행위를 합리화하고 죄책감 없이 뇌물을 주고받지 않을까 싶다.

어느 나라에서나 부정 행위나 뇌물이 있는 것은 정도 문제이고 한국도 예외가 아니지만, 그것을 대가족에 대한 의무의 관점에서 합리화하는 점이 다르다. 대가족에 대한 의무감이 사회 안전망이 부족한 탄자니아에서 일정 부분 긍정적 역할도 하지만, 공과 사에 대한 구분이 없는 업무처리 관행은 탄자니아 발전에 지장을 초래할 가능성이 높아 보인다.

이러한 가족 내 배제와 선진국에서 이슈가 되는 사회적 배제는 어떻게 비교해 볼 수 있을까? 탄자니아처럼 부족이 많은 사회에서는 실질적으로 가장 정체성이 분명한 사회집단은 대가족이므로 그 안에서 배제와 수용이 일어나고, 구성원들은 거기서 배제당하지 않기 위해서 그렇게 공적인 일과 의무들이 우선순위에서 밀려난 것이 아닐까 싶다.

축구로 하나 된 나라

우리 선교센터가 있는 마을에는 100여 가구가 사는데, 텔레비전은 오직 우리 선교센터의 강당에만 있다. 처음에 우리가 도착했을 때는 뒤가 불룩한 29인치 브라운관 TV가 있었다. 큰 강당에서 족히 30년이 된 흐린 화면을 수십 명이 모여 보았다. 휴가 때 이런 이야기를 했더니, 작은아버지께서 TV를 사라고 후원금을 주셨다. 그래서 돌아가는 길에 다레살람 시내 전자제품 가게에서 제일 큰 사이즈인 42인치 HD TV를 사서 설치했더니, 학생들과 교사들이 화면이 선명한 새 TV를 너무나 신기해하며 환호했다.

학생들은 규칙상 평일 저녁 8시부터 30분간 뉴스 시청에 한하여 TV를 볼 수 있다. 그러나 축구 중계방송이 있는 날은 예외였다. 우리 학교의 학생들과 교사들뿐만 아니라 동네 꼬마 아이들부터 청년들까지 몰려들어 옹기종기 모여 앉아 축구 중계를 본다. 여학생 기숙사도 있는 학교라서 야간에 학교를 열어두는 게 마뜩잖아 외부인을 통제하려고 했으나, 곧 학생들과 교사들의 맹렬한 반대에 부딪혔다. 축구 중계를 못 보게 하는 건 너무하다는 것이었다. 결국 평소 야간에 외부인은 학교에 들이지 않지만 축구 중계가 있는 날만은 예외가 되었다.

탄자니아 사람들이 얼마나 축구를 좋아하는지 시내에서 텔레비전이 있는 가게에 가 보면 생방송이든 녹화이든 축구 중계를 틀어

놓고 있는 경우가 대부분이었다. 또, 학교마다 마을마다 축구팀이 많이 있고, 이런 팀들 간의 경기가 단조로운 일상에 큰 행사이자 커다란 즐거움이다. 우리 학교 학생들도 예외가 아니었다. 어느 세컨더리학교 교장 선생님이 하는 얘기가 "많은 학생, 특히 남학생들이 공부를 싫어하면서도 학교에 다니는 이유는 학교에서는 축구를 할 수 있기 때문이에요."라고 했다.

축구 중계가 있는 밤에 학생들과 마을 사람들이 중계방송을 보며 "와와~!" 함성을 지르는 소리는 강당에서 100여 미터 떨어진 우리 방에서도 들렸다. 잠깐 상황을 보러 강당에 들어가면 몇몇은 어김없이 "선생님은 어디 편이에요? 심바에요? 양가에요?"라고 물어온다. 그러고 보니 학생들이나 직원들이나 교사들에게 혹은 시내에서 만난 사람들에게 어느 팀 팬이냐고 물어보면 예외 없이 '양가' 아니면 '심바'이다. 나는 두 팀이 아닌 다른 팀을 응원하는 탄자니아 사람을 한번도 본 적이 없다. 게다가 우리가 살던 이링가를 홈으로 둔 프로팀이 엄연히 있는데도 이링가에서조차 그 팀의 팬이라고

학생들의 축구 경기. 선수답게 풀밭을 누비며 날아다닌다.

하는 사람을 본 적이 없다. 심바와 양가는 둘 다 홈을 다레살람으로 둔 프로축구팀이다.

어느 날 우리와 같이 사는 단스탄 신부님이 그날 있었던 아프리카 챔피언십 축구 중계를 보고 와서는 심바팀이 탄자니아를 대표해 경기를 했는데 졌다고 아쉬워했다. 단스탄 신부님은 보통의 탄자니아 사람들이 그렇듯이 축구 경기 보는 걸 좋아하는 심바팬이다. 신부님이 "오늘 국제 경기에서 심바가 외국 팀에 져서 양가팬들이 아주 좋아할 겁니다."라고 말했다. 나는 의아했다. "양가팬이 양가를 좋아하는 것은 이해가 되고 심바와의 경기에서 양가가 이기는 걸 바라는 것은 당연하지만 탄자니아를 대표해 나간 국제대회에서 외국 팀과 경기해서 심바가 진 것을 양가팬이 왜 좋아해요?" 했더니 사실이 그렇단다. 나는 이 말을 믿을 수가 없었다.

우리 학교 학생들의 상당수는 양가팬이다. 밤에 자율학습을 하는 학생들을 살피러 나간 김에 단스탄 신부님 말이 사실인지 학생 몇 명에게 오늘 탄자니아 대표로 나간 심바가 외국 팀에 패한 것에 대한 소감을 물어 보았다. 그랬더니 정말로 양가팬 학생들이 심바가 패했다고 활짝 웃으며 신이 나서 좋아했다. 나로선 도저히 이해가 안 되었다. 그만큼 양가와 심바가 라이벌로서 그 팬들까지 완전히 둘로 갈려서 상대 팀이 국가대표로 외국 팀과 경기할 때조차 지는 걸 더 기뻐하다니, 이건 무슨 마음이지? 국가나 국민에 대한 것보다 라이벌 팀에 질투를 느끼는 감정이 더 강한가?

이 현상이 이해가 되지 않아 우리 기술학교의 교장이시고, 두루두루 박식하신 실라 선생에게 왜 이런 거냐고 물어 보았다. 실라 선생은 두 팀이 아주 오래 되어서 각자 고정 충성팬이 많기 때문이라고 이야기해 주었다.

사실 탄자니아의 축구 실력은 국제적으로 높은 수준은 아니다. 월드컵에 한번도 나간 적이 없으니 말이다. 그런데도 탄자니아 사람들의 축구 사랑은 엄청나다. 탄자니아에는 50개가 넘는 프로축구팀이 있다고 하는데, 그중 16개 팀이 '탄자니아 프로축구리그'영어로는 Tanzania Premier League, 스와힐리어로는 대륙 빅리그를 뜻하는 Ligi Kuu Bara 에 소속되어 경기를 치른다. 1961년 독립 후 얼마 안 된 1965년부터 프로축구리그가 시작된 걸 보면 탄자니아 사람들이 축구에 얼마나 진심이었는지 알 수 있다. 이는 한국 프로축구가 1983년에 시작된 것과 비교하면 엄청나게 빠른 것이다. 더구나 당시는 초대 니예레레 대통령이 아프리카 사회주의를 주창하던 시절인데도 프로축구가 행해진 걸 보면 특별해 보인다.

탄자니아에서 가장 오래된 축구 클럽은 양가Yanga, 별명 Young Boys 로, 정식 명칭은 젊은 아프리카인 스포츠클럽Young Africans Sports Club 이다. 1935년에 정식 설립되었지만, 그 시작은 1910년대까지 거슬러 올라간다. 당시에는 리그에 모두 비아프리카인들이 소유한 클럽들만 있었는데, 다레살람 주민들이 회원이 되어 이 클럽을 설립하였다. 독립운동가로서, 독립 후에 초대 대통령이 되었으며, 지금도 탄자니아의 국부로 존경 받는 므왈리무Mwalimu, 선생님이란 뜻 니예레레 대통령이 양가 클럽의 첫 회원이었다고 말하기도 한다.니예레레 대통령은 탄자니아에서 가장 많이 사용되는 1,000실링 지폐의 인물이다. 다른 지폐들에는 모두 동물이 그려져 있다.

정치 활동이 금지된 식민지 시대에 양가의 클럽 하우스는 반식민운동가들이 모이는 장소로 반식민지운동의 상징이었다. 양가 스포츠클럽의 상징색인 노랑색과 녹색은 1954년 조직되어 독립 후에는 집권당이 된 TANUTanganyika African National Union, 현재 집권당인 혁명

^{당의 전신}의 상징색이 되었고, 탄자니아의 국기도 이 두 색을 포함하고 있다.

그러나 이런 끈끈한 인연 때문에 독립 후에는 스포츠클럽에 정치권이 계속 관여하는 문제가 생겼다. 클럽의 운영 면에서 심바와 양가 두 클럽 모두 초대 대통령의 우자마^{공동체 혹은 한가족} 정책에 긴밀히 관련되었는데, 이 때문에 두 클럽 모두 우자마 정책에 부응하여 집합적 소유 형태인 회원제 소유 클럽이 되었다고 볼 수도 있다.

양가는 지금도 약 17만 회원이 주인인 회원제로 운영되는 클럽으로서 탄자니아에서 가장 많은 팬^{믿거나 말거나지만 인구 6천만인 나라에서 3천 5백만이 양가팬이라고 하는 기사를 읽었는데, 어쨌든 가장 많은 건 분명하다.}을 가지고 있으며, 전국에 클럽 지부가 80여 개나 된다고 한다. 국내외 대회에서 우승 기록도 양가와 심바 두 팀이 막상막하이지만 양가가 조금 더 많다.

라이벌인 심바_{Simba} 클럽은 양가팀이 설립된 초기에 실적이나 운영에 불만이 있던 회원들이 갈라져 나와 1936년에 설립한 팀이다. 퀸즈_{Queens}로 창단되어 이글즈, 선더랜드 등으로 이름이 바뀌었다가 1971년에 심바 스포츠 클럽이 되었고, 상징색은 빨강색과 흰색이다.

심바도 100퍼센트 회원제 클럽으로 오랫동안 유지되다가 2016년에 탄자니아의 최대 재벌 모하메드 데우지가 870만 달러의 자본을 투자하여 지분 49퍼센트를 인수하였고, 51퍼센트는 여전히 회원들이 소유하고 있다. 양가도 투자자를 유치하여 49퍼센트를 양도하는 계획을 추진 중이라는 이야기가 있다. 이렇게 심바가 일부 민영화되었지만 아직도 정치권의 관여에서 많이 벗어나지는 못한 것 같다고 한다. 탄자니아의 축구에 대한 국민적 관심과 열기에도 불구하고 그 순위가 아프리카 상위에도 오르지 못하는 이유가 정치권의 관여 때문이라고 보는 사람들은 민영화가 축구 발전에 좀 더 기여하리라 기대하고 있다.

두 클럽은 독립운동의 상징이었으며, 라이벌로서 오랜 세월 경쟁하며 함께 커왔고, 그에 따라 팬덤도 커왔다. 이런 역사를 알고 보니 리그에 팀이 16개나 됨에도 불구하고, 탄자니아인들이 왜 오직 이 두 팀의 경기에만 더 열광하는지 이해할 수 있었다.

두 팀의 경기가 있는 날이면 다레살람을 비롯해 주요 도시에는 두 팀의 유니폼을 입은 팬들이 거리를 활보하고, 두 팀의 경기에는 언제나 운동장 정원은 6만이라는데 8만여 관중이 운집한다. 축구 중계가 있는 날이면 각 동네마다 작은 강당에 TV를 설치하고 입장료 6백 실링을 받고 축구 팬들을 모으는 영업을 하는 사람들도 있다.

실로 두 팀의 팬덤은 엄청나서 각각 적어도 2천만 명씩은 될 것으로 짐작된다. 즉, 인구 6천만인 나라에서 두 클럽을 합해 팬덤이 4천만 명 이상이라는 게 믿기지 않는 숫자인데, 실제로 만나는 사람마다 물어보면 남녀 불문하고 두 팀의 팬이 아닌 사람이 없었다. 실로 축구로 하나가 된 나라가 아닌가? 6천만 인구 중 움직일 수 있는 사람들은 모두 두 팀 중 하나의 팬으로 나뉘어져 있다는 말이다. 그러니까 그 무엇보다도 이 두 클럽의 축구를 통해서 탄자니아 국민이 단결하고, 이기면 기뻐하고 지면 슬퍼하며 일상의 희로애락을 누리고, 때때로 상대 팀을 씹는 재미로 살아간다.

탄자니아 축구 열기가 얼마나 대단한지 보여주는 에피소드가 있다. 다레살람에서 약 1,500킬로미터 떨어진 키고마라는 도시에서 두 팀의 경기가 열린 적이 있는데, 그때 응원 열기가 어찌나 뜨거웠던지, 다레살람에서 키고마까지 가는 팬들을 위한 특별 열차가 편성되었다. 이렇게 탄자니아의 프로축구 시장은 날이 갈수록 엄청나게 성장하고 있다.

2022년에는 탄자니아의 위성방송사인 아잠TV는 탄자니아 리그 10년 중계권을 한화 약 1,200억 원에 계약했다니 연 120억 원 규모다. 2021년 K리그의 중계권료가 약 112억 원으로 알려져 있는데, 탄자니아의 인당 GDP가 약 1천 달러로 대략 한국의 1/30 수준인 걸 감안하면 이 중계권료는 실로 어마어마하지 않은가? 중계권 시장 규모로 본다면 아프리카 최대라고 할 정도이다.

그런 이유를 두 가지로 들 수 있다. 첫째, 두 팀의 긴 역사, 개막 일주일 전부터 전국에서 열리는 팬클럽 행사와 클럽 내 커뮤니티들, 소셜미디어 클럽과 자선행사 등 강력한 클럽 활동들이 팬덤을 유지, 강화해 가고 있다.

둘째, 최근에 탄자니아 축구 시장 규모가 급성장한 이유일 텐데, 탄자니아의 위성방송사인 아잠TV의 막강한 투자 때문이다. 아잠TV는 모든 경기를 전국 중계하고 해외에도 송출하며, 심지어 모든 경기장에 야간 조명 시설도 설치했다. 아잠TV는 자신들의 프로축구팀도 있지만, 양가와 심바 두 팀의 경기가 있을 때면, 2주 전부터 엄청나게 홍보방송을 해댄다. 오죽하면 선수들이 묵고 있는 호텔 경비원과도 인터뷰한다고 할까?

부족 간 갈등을 겪고 있는 아프리카 국가들이 많다. 탄자니아에도 120여개 부족이 있지만 어느 부족이냐고 묻지 않는데 자기가 먼저 말하는 경우는 보지 못했다. 이렇게 많은 부족이 축구 앞에서는 두 팀이 되고 하나가 된다. 정치인들조차 두 팀의 경기 때면 정당이 아니라 응원팀에 따라 뭉쳐서 응원한다.

19세기 말에 식민지가 됨으로써 탄자니아 사람들은 자신들의 역사와 이야기를 잃어 버렸다. 이제 그 잃어버린 이야기를 축구를 통해서, 축구 이야기를 통해서 대체하려는 것은 아닐까? 온 국민이 축구 이야기를 함으로써 그들의 정체성을 살아있게 하고, 공동체 단결과 소속감을 강화해 갈 수 있는 것이 아닐까? 이혼은 할망정 응원팀은 절대 안 바꾼다고 웃으면서 말하는 충성심과 응집력과 자발성이 새로운 변화와 협력으로 나아갈 동력이 될 수 있을 것이다.

두 프로 축구클럽이 회원제 클럽으로 설립되고 오랜 세월 운영되어 오늘날에 이르렀다는 것이 탄자니아 사회의 사회적 잠재력을 보여준다. 매년 열리는 클럽의 총회에는 전국에서 약 2천 명의 대의원들이 모이고, 클럽 운영도 이사회, 집행위원회, 경영진으로 나뉘어서 전문적으로 이루어지고 있다. 정치권과의 연결을 민주적으로 줄여 가는 모습을 보여준다면, 이런 경험이 탄자니아의 정치 수준과 축구 수준을 함께 높이는 사례가 되지 않을까 하고 기대해 본다.

선교사가 축구를 잘하는 사람이면 큰 점수를 따고 들어간다. 우리처럼 축구를 잘하지 못한다면 심바와 양가 두 팀과 선수들에 대해서라도 미리 알고 아는 척한다면, 탄자니아 사람들과 하나가 되는 데 도움이 될 것이다.

마을 공동체 은행, 비코바

대다수 서민들, 빈곤층이라도 병원비나 학자금, 농사자금 등 급히 돈이 필요할 때가 있을 텐데 어떻게 그 위기를 헤쳐 나갈까?

이링가 시내에 처음 나갔을 때 은행 간판 하나를 보았다. NMB Iringa Branch국립 마이크로파이낸스 은행 이링가 지점. 나토마스는 마이크로파이낸스Micro Finance, 미소금융를 보고 방글라데시에서 1983년에 설립된 그라민 은행이 했던 빈곤층에게 대출해 주는 미소금융을 떠올리며, '빈곤층을 위한 전문 은행인가 보다. 그런데 그걸 정부에서 국립은행으로 하네. 미소금융 은행의 지점이 중심가에 있고, 이렇게나 크고 멋지다니!' 하고 감탄했다.

그런데 나중에 알고 보니, 이 은행은 일반 상업 은행으로서 탄자니아의 2대 상업 은행의 하나이며, 2021년 기준 시가총액으로는 은행 중 1위, 상장기업 전체에서는 5위 이내에 드는 금융기관으로, 실제로는 기업금융과 소매금융에 주력하는 탄자니아의 큰 은행이었다. 원래 1997년 국립으로 시작해서 2005년 49퍼센트의 지분이 민영화될 때, 네덜란드 협동조합 은행인 RABO 은행이 주도하는 콘소시엄이 대주주가 되어 오늘에 이르고 있다. 그 이름에는 마이크로파이낸스가 들어 있지만, 빈곤층을 위한 미소금융하고는 거리가 멀었다. 성당이나 거리에서 신용협동조합 간판을 보기도 했지만, 사람들에게 물어 보니 이용이 활발하지는 않은 것 같았다.

그러면 서민 소액 대출이나 위기 시 안전판 역할은 누가 하는 것일까? 보육원을 맡고 있어서 시청의 사회복지부서 공무원들을 가끔씩 만나는 소르델라 신부님께 여쭈어 보아도 가난한 서민을 위한 사회복지 정책은 별 것 없다고 하셨다. 사실 정부 예산 규모가 한국의 2퍼센트 정도인데, 인구는 더 많고 국토는 9배나 크니 쉽지 않을 것이다.

그러던 어느 날 부엌에 들어갔다가 'Kefa Group, Access to Finance'케파 그룹, 금융에의 통로라고 등에 쓰인 티셔츠를 입고 일하는 아이린을 보았다. 아이린은 사제관에서 주방을 담당하는, 자녀가 셋 있는 30대 초반의 여직원이다. 초등학교를 마친 후에 꼰솔라따 수녀원에서 운영하는 2년제 요리기술학교를 마쳤고 이탈리아식, 탄자니아식 요리 모두 잘 할뿐만 아니라, 행동거지도 반듯하고 아주 똑똑한 직원이었다. 아이린으로 주방 담당이 바뀐 후로 우리는 같은 식재료와 예산으로 훨씬 나은 식사를 할 수 있게 되어 생활이 훨씬 즐거워졌다.

'케파 그룹, 금융에의 통로' 이게 뭘까? 진짜로 마이크로파이낸스를 해주는 기관 이름인가? 속으로 궁금해 하다가 아이린에게 물어 보았다. "아이린, 케파 그룹이 뭐에요?"

"동네 부녀들 모임 이름인데, 케파 그룹은 다레살람에 있는 그룹이고, 나는 지금 아마니Amani, 평화 그룹에 소속되어 있어요."

"그런 그룹들이 뭐하는 그룹이에요? 무슨 마이크로파이낸스 해주는 그룹이에요?"

아이린은 미소를 지으면서 "이 그룹들은 동네 부녀들이 자발적으로 구성하는 20~30명 규모의 그룹인데, 저축과 상호 대출을 목적으로 한 모임이에요. 영어로 비코바vicoba라고도 하고, 스와힐리어로 히싸hisa 그룹이라고도 불러요."라고 대답했다. 나는 이게 평소에 궁금하게 여기던 빈민들의 안전판인 것 같은 느낌이 확 와서 자세하게 설명해 달라고 부탁했다. 알고 보니 비코바는 영어로 마을 공동체 은행village community bank의 준말이고, 히싸는 스와힐리어로 출자를 의미하니, '히싸 그룹'은 '출자 그룹'이란 말이었다.

"집이 있고, 서로 잘 알고 믿을 수 있는 같은 지역의 부녀들로 구성되는데, 보통 최대 30명으로 구성해요. 집 소유자로 한정하는 것은 뜨내기를 예방하고 오래 지속되며, 믿을 수 있는 사람들만으로 구성하려는 목적이에요. 왜냐하면 지속성 문제도 있지만, 대출도 해주기 때문이에요. 구성원들은 각자의 종교에 따라 신앙생활을 같이 하기도 하고, 같은 동네에서 이웃으로 살기 때문에 서로 생활 태도나 어려움을 낱낱이 알게 돼요. 또 회원수가 30명으로 한정되어 있으니까 서로 자세히 알 수 있어요. 제가 사는 동네는 75퍼센트 이상의 주부가 비코바 그룹에 가입되어 있어요."라고 이야기해 주었다.

이 조직은 자발적인 조직이지만, 카타Kata, 읍면동 정도의 행정 단위의 장에게 그룹을 등록하게 되어 있고, 은행 예금도 그룹의 이름으로 한다고 했다. 그룹 임원은 보통 5명인데, 회장mwenyekiti, 므웨녜키티, 부회장, 총무mkatibu, 음카티부, 그룹에서 일어난 회의나 일들을 기록하는 사람, 회계mtunzaji hela, 음툰자지헬라, 매달 불입금을 모으고 보관하는 사람, 그 외 기강nidhamu, 니다무 담당 등이 있다고 했다.

아이린이 소속한 아마니 그룹은 매월 한 번씩매주 모이는 그룹도 있다. 일요일 오후 4시에 모여서 한 시간쯤 회의를 한다고 했다. 회원들이 만든 회칙이 있는데, 이 모임의 목적은 푼돈을 모아 목돈을 만드는 데 있다. 가정에서의 푼돈은 그냥 없어지는 것인데 이를 모아서 한 달에 한 번씩 모아서 은행에 예금하였다가 연말에 찾아가는 것이 기본이란다. 그룹을 운영하는 방법에 대하여 아이린에게 자세히 물어 보았다.

첫째, 보통 매년 초에 시작할 때, 출자금으로 10만 실링을 먼저 낸다. 그래서 출자 그룹이라는 명칭이 생겨난 것 같다. 아이린이 아는 바로는 매월 적게는 2천 실링, 많게는 5만 실링까지 그룹마다 매월 모으는 돈이 다르다. 아이린이 속한 그룹의 경우 모든 회원이 똑같이 1만 실링을 가져오고, 회계가 돈을 모아서 은행에 예금한다. 예금하러 갈 때는 회장, 총무, 회계가 같이 가서 예금한다. 그리고 1년간 모으면 찾아서 회원들에게 나누어 준다. 은행에서 받는 이자는 없다. 그러나 수시 입출금이 가능한 예금이고, 안전 때문에 은행에 예금한다.

둘째, 가족의 병, 농사자금, 아이들 학자금 등 경제적으로 어려운 일이 생겼을 때 어디에 도움을 받기가 어려우나, 비코바 회원들끼리는 편안하게 자기 사정을 말할 수 있고, 소액 대출을 받아 급한 불을 끌 수 있다. 대출 기간은 3개월이 일반적이며 3개월간 이자는 10퍼센트이고, 대출금은 연말 이전에 상환하는 게 원칙이다. 대출이 필요한 사람은 다른 두세 회원에게 미리 상의하고 동의를 받아 정기 모임 때 대출을 받는다.

셋째, 연말에 자신이 대출 이자로 낸 금액을 포함해 모든 출자금을 도로 받아 가는데, 이자 수입으로 증가한 부분은 각 그룹의 규칙에 따라 이자를 낸 사람이 도로 받아가는 경우도 있고 출자금에 따라 배분하기도 한다. 대출로 증가한 이자 수입을 대출 이용 회원이 도로 받아가는 규칙은 마치 협동조합의 이용고배당과 비슷해서, 적극적으로 그룹의 출자금을 활용하도록 권장하는 의미가 있는 것 같다. 회원들이 1년에 한 번 목돈을 받으면, 장사용 밑천, 농사자금비료나 씨앗, 일꾼 일당 등, 가정 비품이나 요긴한 식자재오래 두고 쓰는 식용유, 설탕 등 구매나 아이들 학자금으로 쓰는 것이 일반적이라고 한다.

넷째, 보통 모임은 한 달에 한 번 한 시간쯤 간단히 하지만 1년에 한 번, 12월 23일 연말 모임을 할 때는 과자나 음료수 등을 준비해 파티 겸 총회를 한다. 우선 1년간 모으고 불린 돈을 나누어 가지고, 내년에도 이 그룹을 계속할지 여부를 결정한다. 내년에 각자 어떤 계획이나 자금 대출을 필요로 하는 계획이 있는지도 발표한다. 예를 들면, 농사자금, 학자금 문제, 장사자금 등 각자의 당면 과제를 이야기하여 내년에 그룹에게 어떤 도움을 원하는지를 서로 이야기해 계획을 세운다.

단순히 돈을 모아 대출을 해주는 것 외에 서로 돕는 방법이 있는지 자세히 물어 보았다. 아이린이 내게 해 준 이야기를 요약하면 다음과 같았다.

첫째, 그룹원 중 한 명이 장사를 하려고장사라야 대개 노점상 수준이다. 돈을 빌리고자 할 경우 그룹원이 합의해 빌려 준다. 이 대출이 은행이나 신용협동조합보다 좋은 점은 대출받은 사람이 병이나 사업 실패 등으로 문제가 생겨 대출을 상환이 힘들 경우에 신협이나 은행과 달리 무조건 강제 집행하지 않는다는 점이다. 회원들은 그 사람의 상황을 자세히 알기 때문에 대출 기일을 연장해 주고, 그 사람이 다시 일어나 장사를 해서 상환할 때까지 기다려 준다. 또 아팠다가 나은 경우에 다시 장사를 시작할 돈이 말랐으면 다시 대출해 주어서 그가 재기할 수 있도록 도와준다.

둘째, 대개의 그룹은 돈을 모을 때에 출자 저축 외에 추가로 약 1천 실링을 사회복지기금으로 모은다. 연말에 매월 모은 사회기금으로 주위의 어려운 이웃, 예를 들어 보육원을 돕거나 고아나 아주 가난한 이웃을 돌보는 데 쓰곤 한다.

셋째, 경우에 따라 회원이 어떤 문제가 생겼을 때 스스로 어쩌지 못하고 그룹 자체적으로도 돈이 부족할 경우에 다른 회원들이 아이디어를 모아서 도움을 줄 수 있는 수도회나 정부기관, 회사 등에 가서 그룹의 이름으로 도움을 요청하기도 한다. 그렇게 받은 후원금을 그룹의 자본금처럼 쌓아두고, 어려운 회원을 돕는 데 쓰기도 하고, 그 돈으로 농사를 짓거나 장사를 해서 이익을 내어 출자금을 불리기도 한다.

넷째, 회원들 중에 누군가가 병원에 입원하거나 하면, 다른 회원들이 순서를 정해 식사를 준비해서 가져다주는 등 상부상조한다.탄자니아 병원은 대개 병원 급식이 없고 환자 식사를 스스로 해결한다.

다섯째, 회원이 아프거나 집안에 큰일이 생겨서, 예를 들어 부모가 위중하거나 장사가 망해서 어려움이 있으면 회원들이 상의해서 모아둔 사회복지기금의 일부 혹은 전부를 그 회원을 돕기 위해 쓴다.

자세히 듣고 보니, 이 조직은 미소금융과 복지제도가 취약한 탄자니아에서 사람들이 의지할 수 있는 든든한 사회복지제도의 역할을 하고 있었다. 게다가 대개 부녀들이 하는 것이 일반적인지라, 여성의 지위가 낮은 탄자니아에서 여성들의 가정 내 발언권을 높이는 데 상당한 기여를 하고 있다고 아이린이 강조했다.

그러나 이런 그룹이 모두 잘 되기만 했던 것은 아니라며, 아이린은 실패했던 경험도 이야기해 주었다. 아이린이 결혼 전에 소속되었던 투마이니Tumaini, 희망 그룹은 잘 운영되던 조직이었는데 갑자기 망했다고 한다.

그 이유는 회장과 부회장, 회계, 총무 4명이 서로 짜고 은행에 가서 예금을 몽땅 인출해 나누어 가지고 집을 짓는 등 사적 용도에 썼던 것이다. 연말에 돈을 나눌 때가 되어서야 돈이 하나도 없다는 것을 알게 되었고, 은행에 알아보니 4명이 횡령했다는 것을 알게 되었다. 그래서 카타의 장에게 신고하였고, 법원에 고소해서 법원이 즉시 상환하지 않으면 감옥에 가둔다는 명령을 하자 그제야 돌려주었다고 한다. 그러나 이런 사정에도 불구하고 그룹은 도둑 4명을 제외하고 다시 결성되었으며, 새로 지도부를 선출하여 법적 분쟁을 추진했고, 나날이 발전하고 있다고 하였다.

나는 아이린에게 부탁해서 그룹 모임을 할 때 참관할 수 있도록 해달라고 부탁하였다. 한 달쯤 지나서야 그룹원들이 동의했다며, 다음 모임 때 같이 가자고 하였다. 내가 왜 이렇게 오래 걸렸느냐고 물었더니, 그룹의 모든 결정은 전체 회의에서 회원들이 함께 결정하는 것이지, 회장이 결정하는 것이 아니라고 했다. 즉, 나를 초대하는 안건을 회장에게 보고해서 회장이 정하는 게 아니라 모두의 동

동네 부인들. 우리 동네에는 비코바가 3개 있는데, 이들도 그 중 하나에 속해 있다.

의를 구하려다 보니, 모임 때가 되어서야 의견을 말하고 동의를 구할 수 있었다고 했다. 회장이 하는 일은 회의를 진행하고 대표하는 일뿐이고, 모든 회원은 나이나 재력에 따른 차별이 없는 한 표를 가진 평등한 구성원이며 대개 번갈아 회장으로 선출된다고 했다.

나는 그들이 회의하는 모습을 참관하였다. 궁금한 것을 질문하라고 하기에 "간부들 중에 기강 담당자가 있는데, 보통 어떤 기강을 어기는 문제가 발생하나요?" 하고 물었다. 기강 담당자라는 분이 대답하셨다. "뭐, 자주 발생하지는 않지만, 기강 문제는 보통 다른 회원에 대하여 험담을 하거나 비밀을 준수하지 않는 문제입니다. 험담이나 비밀을 준수하지 않은 잘못은 회의에서 공개적으로 지적하고 잘못을 밝히는 식으로 처리합니다. 잘못한 사람이 인정하고 사과하면 끝납니다."

아이린이 사는 마을에서는 대략 75퍼센트가 비코바에 소속되어 있다는데, 우리 선교센터가 있는 마을은 어떤지 궁금했다. 사실 우리 마을은 아이린이 사는 마을보다 더 가난한 마을이다. 마침 우리 선교센터 내 보육원인 화라자하우스의 선생으로 일하시는 아그네시 선생은 이 마을의 비코바 회원이었다. 그분 말씀으로는 마을 인구가 500여 명, 대략 100가구이고 이 마을에만 비코바가 세 그룹이 있다고 했다. 거의 모든 가구가 하나의 비코바에 가입하고 있다는 의미이다. 즉, 가난한 사람들일수록 비코바 그룹이 더욱 더 필요한 것임을 짐작할 수 있다.

이렇게 비코바가 거의 모든 마을에 있을 수 있는 이유가 무엇일까? 아그네시 선생과 아이린의 공통된 의견은 서로 참아가며 지내기 때문이란다. 예를 들어 누구는 연초에 즉시 10만 실링을 납부하였는데, 누군가는 몇 달에 걸쳐 지연 납부하는 등의 일들을 잘 참아 주며 지낸다는 것이다. 가족이라면 좀 못마땅한 게 있어도 참아야 하는 것처럼 말이다. 이처럼 비코바는 공동체 정신jamaa moja, 자마모자으로 서로 참아가며, 모두가 참여하는 회의를 통해 규칙을 만들고 각 그룹 사정에 맞게 조금씩 고쳐가면서 유지되는 조직이다. 만일 못 참을 정도의 큰 잘못을 한 사람은 떠나도록 요구하고, 스스로 떠나지 않으면 그룹을 해체하고 그를 제외하고 새로 구성한다고 한다.

탄자니아 사회도 빠르게 변화하고 있다. 아직도 대가족 공동체 관습이 강하기는 하지만, 점차 도시화되면서 옛날 같지는 않다. 이런 상황에서 대부분의 민중, 빈민들은 자구책을 강구하지 않을 수 없을 것이다. 비코바는 2002년에 어떤 NGO에 의해 잔지바르에서 처음 도입된 후, 급속하게 탄자니아 전역으로 자발적으로 퍼져 나갔다. 가난한 사람들이 변화하는 사회 안에서 살아남을 방법을 찾던 중에 그들의 필요에 딱 맞아 떨어진 것이리라.

비코바 간에는 경쟁할 필요도 없다. 각 비코바는 회원 수 30명으로 제한하고 있으니, 규모를 키울 수도 없고 서로 경쟁할 이유도 없다. 규모를 제한함으로써 경쟁할 필요가 없는 시스템이 참신하다. 비코바를 통해서 탄자니아 민중들은 그들의 마을 공동체 전통을 시대 변화에 맞게 변용하고 적응해 가고 있었다.

어려운 민중들이 상부상조할 비코바가 있어서 힘이 되어주고 있다면, 선교사들은 어떤 방식으로 그들의 삶과 신앙에서 이웃사랑으로 나아가는 힘을 보태줄 수 있을까?

원조의 역설

선교사의 주된 목적은 경제적으로 선교지 사람들을 돕는 것이 아니지만 아무래도 가난한 나라의 선교지인 만큼 안타까운 마음이 드는 상황도 있고, 인간 개발을 위한 경제적 후원의 통로가 되는 경우가 있다.

지난 수십 년간 많은 원조가 아프리카에 들어왔고, 지금도 들어오고 있다. 어떤 학자의 추정에 따르면 1990년 이후 30년간 공적개발원조가 약 1.2조 달러라고 한다. 이 원조가 유럽이 아프리카 국가에 끼친 식민주의의 해악에 대한 정당한 보상인지 여부는 논외로 하더라도, 적어도 그 대가성이 있다. 이 점에서 제국주의의 식민주의와 국제개발원조는 동전의 앞뒷면이다.

이런 원조가 아프리카의 경제 사회 발전에 기여하고 있냐는 의문이 자주 제기되는데, 대답은 대부분 부정적이다. 오히려 해가 될지도 모른다는 '원조의 역설'도 있다. 왜 그럴까?

가장 대표적인 견해로 두 가지가 있다. 하나는 빈곤의 악순환을 주장하는 빈곤의 함정설이고, 하나는 나쁜 정치구조 이론, 또는 부패한 지도자설이다. 얼핏 보면 맞는 말 같다.

우리 역시 후원금을 사용하다 보니 원조의 역설에 대해 고민하게 되었고, 위에 언급한 대표적 견해 외에 다음과 같은 생각도 들었다.

첫째, 부패가 없다 하더라도 수익성이나 효율성을 고려하지 않고 원조금을 사용하는 경우가 많다. 원조금으로 투자하는 경우, 원가가 0이라고 여기는 것이다. 원가가 0이니, 투자 수익이 아무리 적어도 수혜자 입장에서는 이익이 난다고 생각한다.

탄자니아의 유명 농과대학을 견학하면서 원조 프로젝트들이 어떻게 운영되었는지 본 적이 있었다. 캠퍼스 내 여기저기 현재 가동되지 않는 공장이나 실험실들이 많았다. 원조를 받아 수익성 없는 설비 투자를 하여 가동하다가 원조금이 끊어지면 그 설비는 중단되고 만다. 당장 눈에 안 보이는 설비 운영비용은 충분히 고려하지 못한 것이다. 부패 문제는 별도로 하고 이런 문제를 해결하지 못한다면 원조가 오히려 수혜 국가를 망치는 데 기여하는 꼴이 될 것이다.

둘째, 원조나 후원을 하는 사람들의 바람이 현지의 실제적 필요를 잘 이해하지 못하는 경우가 많다. 선교지 후원금을 보면 현지에 실제로 필요한 프로젝트보다는 후원하는 사람들이 좋아하고 이해하기 쉬운 프로젝트가 많았다. 이런 현실 때문에 후원제안서를 쓰는 사람들은 후원자들이 좋아할 만한 프로젝트 위주로 쓰게 된다.

물론 다 그런 것도 아니고, 그것이 후원자 잘못이란 뜻도 아니다. 그저 인간은 자기가 아는 범위 내에서 이해하고 결정하기 마련이기 때문이다. 국제 원조에서도 마찬가지이다. 현지 상황에서 필요한 프로젝트를 자유롭게 기획하기보다 원조를 받기 쉬운 프로젝트, 그러니까 현지의 실제 필요성에서 후순위라도 후원자가 좋아할 만한 프로젝트를 기획하게 된다는 의미이다. 유럽에서 바이오 농업 혁신 등 거창한 이름으로 들어 온 원조 프로젝트들이 원조 기간이 끝난 후 수익성도 없고 운영금도 없어서 가동이 멈춘 채 있는 모습들을 보았다. 요컨대 원조금은 많이 썼지만 탄자니아 경제에는 별 도움이 되지 못한 것이다.

시간이 갈수록 '탄자니아의 경제 문제는 다른 이유 없이 모두 탄자니아 사람들 스스로의 잘못 때문일까? 그게 아니라면, 이런 현상적인 원인 외에 더 근본적인 원인이 있지 않을까?' 하는 의문이 들었다. 몇 가지 계기를 통해 더 근본적인 원인으로 식민주의가 아직 뿌리 깊게 존재하고 있기 때문이라고 생각하게 되었다.

처음 이런 생각을 하게 된 계기는 차tea 플랜테이션 농장을 보았을 때였다. 은좀베에 갔을 때 엄청나게 넓어 보이는 차밭이 길 옆으로 끝없이 펼쳐져 있었는데, 교과서에서만 들었지 실제로 보기는 처음이었다. 차로 20분 이상 달렸는데도 하나의 농장이 계속되어 신기했다. 그런데 이 농장의 소유주가 영국 여왕이란다. 탄자니아 재벌도 아니고 영국에서 독립한 지가 언제인데 이렇게 큰 플랜테이션 농장을 영국 여왕이 소유하고 있다니! 황당했다.

전에 다른 신부님과 함께 이링가 지역에 있는 유니레버가 소유한 차 플랜테이션 농장 안으로 들어가서 구경한 적이 있다. 호수 근처에 차밭이 한없이 넓게 펼쳐졌다. 우리나라의 차밭과는 비교가 안 되게 컸고 중간에 거대한 관개시설이 있었다. 플랜테이션이라는 게 이렇게 어마어마한 거구나 싶었다. 그 안에는 차 가공 공장도 있었고, 상근 노동자 숙소로 보이는 건물들이 마을 같아 보였고, 근처에 차 연구소도 있었다. 무지하게 넓은 차밭인데, 영국 회사가 정부로부터 99년간 사용 조건으로 임대하여 사용하는 것이라고 한다. 찻잎을 딸 때는 근방의 가난한 사람들을 고용하는데 찻잎 1킬로그램을 딸 때 100실링, 한화 약 50원을 준다고 한다.

선진국의 다국적 기업들의 횡포를 직접 들으니 속상하고 화가 났다. 영국 여왕의 차 플랜테이션은 더 크니 아마도 더 많은 시설들이 그 안에 있겠구나 하고 짐작하였다. 영국 여왕의 차 농장은 독립

하면서 국유화되었는데, 후에 임대료를 받고 다시 영국 여왕의 것이 되었다. 이 사실을 납득할 수가 없었다. 과거의 식민 제국에 어마어마하게 큰 농장의 운영권을 다시 돌려주다니, 그것도 여왕에게 반영구적으로. 정치적으로 독립은 되었지만, 이렇게 경제적 식민주의는 계속되고 있었다.

식민주의를 생각하게 된 두 번째 계기는 탄자니아의 상층부 즉 고위 공무원이나 선출직 공무원, 교수 같은 계층이 탄자니아의 평균 국민소득에 비해 납득하기 어려울 만큼 많은 급여와 의전을 제공받는다는 것을 알게 되었을 때였다.

탄자니아에서는 장관, 국회의원이나 도지사들이 차로 이동할 때는 수행원들까지 여러 대가 움직이고, 경찰들이 일반 차량들을 길가에 세워두곤 하였다. 나도 여행하다가 고위 공무원의 통행 때문에 차를 세우고 2, 30분씩 기다린 경험이 여러 번 있다. 단순히 민주화가 덜 되어서 그렇다고 볼 수도 있지만, 나는 식민주의의 모습이라고 생각했다. 식민지 권력구조가 독립 이후에도 구성원만 바뀌어서 남은 것이 아닌가 싶었다. 이런 권력 구조를 만든 것은 식민지 정부였음은 분명하다. 총독과 식민 정부가 식민지 통치를 위해 일부 식민지인들을 선발해 교육 등 혜택을 주고 길들였을 것이다. 현재 지도층이 꼭 그런 혜택의 수혜자가 아닐지라도 구성원들이 바뀌었을 뿐 식민주의를 통해 생겨난 권력 구조와 관습이 여전히 남아 있다고 해석하니 이해가 되었다.

세 번째 계기는 탄자니아도 식민주의를 극복하기 위해 상당히 노력했다는 것을 알게 되면서이다. 대부분의 탄자니아인이 국부로 존경하는 니예레레 초대 대통령은 청렴했다. 식민주의가 탄자니아

가난의 원인이라고 보고, 자립적이고 자주적인 탄자니아를 세우려고 애썼으나 실패했고 스스로 대통령직에서 물러났다.

탄자니아 등 아프리카 여러 나라에서 경제 발전이 더디거나 부족 간 내전이 일어나는 것은 식민주의를 온전히 청산하지 못했기 때문이다. 제국주의자나 식민주의자는 식민지 경험을 통해 식민지가 경제 발전이나 근대화를 이루었다는 황당한 주장도 한다. 그러나 식민 제국이 자기 이익을 위해 경제적으로 착취하는 것이 식민주의의 본질이며, 정복과 함께 식민지의 이전 역사를 없애고, 식민지 사람들의 정신에 끼친 영향은 표면적으로 보이지 않지만 더 크고 장기적인 폐해이다.

그렇다면 어째서 아프리카 국가들은 식민주의를 성찰하고 극복하지 못하고 있는 것일까? 이는 식민지 경험이 아프리카 식민지 이전의 역사를 단절시켜 지워버렸기 때문이라고 생각한다.

사하라 이남 아프리카 부족들은 대개 문자, 기록문화가 아니라 구전문화의 전통을 가지고 있었다. 탄자니아가 위치한 아프리카 동부 내륙의 여러 부족들도 부족 국가를 이루어 산 역사가 적어도 몇백 년은 되었을 텐데도, 약간의 고고학적 증거 외에 문자 기록으로 남아 있는 역사가 거의 없다. 식민지 이전 부족 국가 시절, 각 부족들은 자기들 역사에 관심이 없었을까? 100여 년 전에 동아프리카에 왔던 선교사들에 따르면, 부족장 주변에 부족의 역사를 기억하고 구전으로 전하는 이야기꾼 신하가 있었다고 한다. 그러나 식민지가 되면서 부족 국가들은 순식간에 무너졌고 구전을 담당하던 이야기꾼들의 일도 없어졌다. 부족들의 역사는 구전되지도, 기록되지도 못한 채 대부분 사라지고 말았다.

이러한 문제는 아프리카 국가들이 오늘날 자기들의 역사와 문화를 바탕으로 정체성을 형성하고 식민주의를 극복하는 데 중대한 장애가 되고 있다. 식민지 이전부터 흑인들을 노예로 잡아갔던 잔악한 행동, 식민 지배 동안의 강제 탄광노동, 플랜테이션이나 상업용 작물 농장으로의 동원, 식민이주자들의 이민으로 인한 폐해 등이 아프리카에 미친 손실은 계산이 불가능할 정도로 막대하다. 그러나 의식했든 안했든 그 역사와 문화를 지워버리고 식민성을 심어놓은 식민지의 폐해는 식민주의로 남아 훨씬 더 심대하게 악영향을 미치고 있고, 그것이 아프리카의 경제적 식민 상태를 초래하고 있다.

탄자니아에 와서 살아보기 전에는 한국의 해방 이후 발전에 대하여, 지난 70년간 각계각층의 사람들이 엄청난 희생과 노력을 하였기 때문이라고 생각했다. 식민 시대가 끝나고 전쟁의 폐허 위에서 온 국민이 피땀 흘려 단기간에 선진국이 되었다고 생각했다. 그러나 탄자니아에 살면서 식민주의의 저발전을 본 지금은 생각이 달라졌다. 지난 70년의 노력만으로 한국이 선진국이 되었다고는 생각하지 않게 되었다. 물론 70년간 대단한 노력을 한 것은 사실이지만, 필요조건이었지 충분조건은 아니었다.

충분조건은 길게 보면 반만년 역사, 짧게 보아도 대략 2천년에 걸친 선조들의 삶의 기록, 역사, 이야기, 학문, 종교, 그에 기초한 정체성과 문화이다. 이 모든 것들 위에 우리가 살아 왔고, 비록 한때 약해져서 식민지를 겪었지만 식민지 시기에도 역사와 기록과 문화를 보전하기 위한 지난한 노력들이 있었기에 그 문화적 기초가 완전히 무너지거나 사라지지 않고 보전된 것이다. 그런 기초 위에서 지난 70년간의 노력과 누군가의 희생들이 더해져서 경제 발전과 민주화가 가능했다고 생각하게 되었다.

탄자니아에 선교하기 시작한 때가 19세기 말이니 제국주의가 식민지를 침탈해오던 시기와 거의 일치하기 때문에 식민주의 문제에 대하여 가톨릭교회도 책임감을 가져야만 한다. 식민주의에 적극적으로 협력하지 않았다 해도 그렇다. 선교사로서 탄자니아 사람들이 식민주의와 식민성을 인식하고 극복할 수 있도록 어떻게 도울 수 있을까?

우리 수도회에서는 정의평화활동을 선교 지침의 하나로 제시하고 있는데, 이 활동이 식민주의를 완화하는 데 기여하지 않을까? 원조와 관련해서는 어때야 할까? 의도의 선량함에도 불구하고, 현지의 수혜자들의 참여나 주도성 없이, 더 안 좋게는 후원자 관점의 프로젝트가 이루어질 때 인간 개발에 별 도움을 주지 못할 가능성이 커짐을 보았다. 선교사들과 현지 주민들 간에 충분한 협의를 통하여 기획되는 프로젝트에 보내주는 후원금은 실로 사랑의 표현이 될 것이고, 원조의 역설을 떨쳐버림으로써 식민주의를 극복할 희망을 열어 줄 것이라 믿는다.

우리가 이상한가

우리 선교센터의 철공소에서 10년 이상 일하던 직원이 어느 날 사직하겠다고 말했다. 이유를 물었더니 이렇게 대답했다.

"제 큰딸이 곧 세컨더리학교에 진학하는데, 딸을 사립학교에 보내려면 여기서 받는 급여로는 불가능해요. 힘들어도 내 철공소를 차려서 돈을 좀 벌어 보려고요."

왜 근처 공립학교를 두고 비싼 등록금을 내가며 멀리 사립 기숙학교를 보내는지 이해하지 못했던 나는 물었다.

"이 동네에 가까운 은둘리 세컨더리학교에 보내면 기숙사비도 안 들고 등록금도 무료고 괜찮지 않아요?"

"은둘리 세컨더리학교까지는 한 시간이나 걸리고, 사람이 별로 안 다니는 황량한 길이라 아주 위험해요. 그리고 공립학교에 보내면 공부도 제대로 못 배우고, 까딱하면 임신해서 인생을 망치게 될까 걱정스러워요."

나토마스도 은둘리 세컨더리학교 등하굣길에 가끔 사고가 난다고 들었고, 주변에서 어린 나이에 임신해서 미혼모로 사는 경우를 흔히 보았기 때문에 더 이상 그를 잡을 수가 없었다.

교육이 중요하다는 생각은 우리나 탄자니아인이나 이견이 없다. 그러나 조금 구체적으로 들어가 보면 견해가 많이 달랐다. 이럴 때면 물었다. '그럼, 우리가 이상한가?' 답은? 어떤 때는 '예.', 어떤 때

는 '아니오.'

어떤 분으로부터 "학교를 운영하면 돈을 벌 수 있다."고 아무렇지도 않게 하는 이야기를 처음 들었을 때 우리는 깜짝 놀랐다. 정부가 사립학교에도 예산을 지원하고 감독도 하는 한국에서도 학교를 통해 개인적인 이익을 취하려고 하는 사람이 없는 것은 아니지만, 그런 게 드러나면 비난받고 경우에 따라서 법적 처벌도 받는다. 적어도 공개적으로, 돈 벌려고 학교를 운영한다고 말하지는 못한다. 돈이 목적인 사람들은 학교가 아니라 학원이나 입시 관련 사업을 한다. 사실 학교는 수입에 비해 지출이 훨씬 클 수밖에 없는 사업이다.

그런데 학교를 통해 돈을 벌겠다는 태도에 대해 사회적 비난이 없는 것이 더욱 놀라웠다. 학부모도 뭐라 안 하고, 교사들도 당연하게 받아들였다. 우리가 놀라는 걸 보고 그들은 오히려 "뭐가 문제냐?"는 반응이었다. 그러고 보니 사립학교 등록금이 어마어마하게 비싼 곳들이 있었다. 정부가 사립학교를 전혀 지원하지 않다보니,

농사일에 동원되는 학생들. 탄자니아에서는 흔한 일이다.

등록금을 얼마로 할지는 학교 자율이었다. 따라서 지원자가 넘치는 명문 사립학교는 보통 사립학교의 등록금연 100만여 실링보다 많게는 여섯 배나 비쌌다. 학교가 아주 유명하면 등록금을 많이 받아서 이익을 낼 수 있었다.

이제는 개발도상국일지라도 정부가 보통 교육을 책임지는 시대이다. 탄자니아 정부도 그간 많은 노력을 하여 공립학교의 수를 늘렸고, 학교 부족 현상은 크게 완화되었다. 1961년 독립 당시 1천만 명 남짓의 인구가 이제는 6천만을 넘어섰으니 엄청난 인구 증가로 인해 가난한 나라에서 학교를 공급하는 것만도 대단한 일이다. 이에 더해 국립 과학세컨더리학교가 세워지기 시작했는데 기숙사도 있고 실습시설도 좋다. 공부를 아주 잘하는 학생들만 입학하지만 국공립은 수업료가 없어, 가난한 학생들도 학업 성적에 따라 입학이 가능하니 그나마 사립학교보다는 다행스럽다.

다만 일반학교 환경과 교육의 질이 문제인데, 공립학교의 상당수는 아직 학교 환경이나 학급당 인원수 면에서 열악한 경우가 많았다. 이에 비해 등록금이 비싼 사립학교는 수업료가 비싼 대신에 수업의 질도 좋고 학교 규율이 좋다. 수도회에서 운영하는 기숙학교들이 대체로 인기가 좋다. 수도회들의 초기 선교 시절은 식민지 시절이었고, 학교 없는 나라에 좋은 교육을 한다는 취지로 학교를 세웠다. 그때에는 유럽에서 후원금이 많이 들어오니 무료나 저가로 가난한 이를 위한 교육을 하였다. 현대에 와서 학교는 많아졌으니 교육의 환경과 질이 문제인데, 고급 사립학교가 부유한 가정의 자녀들에게 비싼 수업료를 받고 좋은 교육을 해주는 셈이 되었다.

이런 변화를 어떻게 보아야 할까? 대략 전체의 10퍼센트인 사립 초등학교 출신들이 사립세컨더리학교를 거쳐 대학으로 가는 다수를 차지하고 있어서 고급 사립학교 운영은 부에 따른 교육 불평등의 사다리가 되었다. 가난한 학생들을 위한 장학금도 있다고는 하지만 선교사가 부유한 학생을 위한 교육을 하는 것이 바람직한 것인가? 이는 그런 학교를 운영하는 선교사들에게 커다란 도전 과제이다. 선교사가 인간 개발 사명으로 선교지에 학교를 짓고 운영하는 일은 시대에 맞추어 재고해야 하지 않을까? 누가 "우리도 아프리카에 학교를 설립하고 운영할까요?"라고 묻는다면, 우리의 답은 "아니오."이다. 우리가 이상한가?

둘째, 대부분의 학생이 교과서가 없어서 무척 놀랐다. 우리 수도회가 운영하는 소신학교*는 한 학급당 40명 정도로 비교적 우수한 학생들에게 연 100만 실링의 수업료로 양질의 교육을 하는 평판이 좋은 학교이다. 이곳에서 교사들이 교과서를 10여 권씩 들고 다니는 것을 처음 보았다. 수업시간에 두세 명 당 한 권씩 교과서를 나눠 주고, 대다수 학생이 공책에 선생님이 판서해 주는 내용을 받아 적었고, 혼자 공부할 때는 그걸로 공부했다. 물론 참고서도 없다.

세컨더리학교부터는 영어가 교육 언어인데 교과서의 상당수가 주로 영국에서 수입해 온 교과서였다. 따라서 가격이 제법 있었기에 대다수 학생에게는 큰 부담이 될 수밖에 없다. 우리 선교센터 근처의 공립인 은둘리 세컨더리학교는 한 학급당 학생들이 80여 명이나 된다. 교무실에서 만난 선생님이 "우리는 교과서를 스무 권이나 확보하고 있어요."라고 우리에게 자랑스레 말했다. 정부에서도 교과서를 싼값에 공급하려는 시도를 하였으나 결국 실패했는데, 탄자니아의 출판 인프라가 부족하여 도서 출판 비용이 아주 비쌌기

---

* 대신학교는 대학 과정의 신학교를 말하고, 소신학교는 사제 후보자를 양성할 목적의 중고등학교 과정의 신학교를 가리킨다.

때문이었다.

그나마 일반 세컨더리학교에는 교과서는 있지만, 그것을 살 경제적 여유가 없었던 반면, 기술학교에는 아예 교과서 자체가 없었다. 교사가 가진 노트를 바탕으로 알려주는 것에만 의존하니, 학생들의 학습량 자체가 너무 적어 안타까웠다. 기술학교를 감독하는 당국의 교육 과정 지침서가 있고, 거기에는 참고도서 목록이 길게 있었다. 우리는 그 책들을 구하려고 다레살람의 큰 서점들을 모두 다 찾아보았으나, 두세 권밖에 구할 수 없어서 실망했다. 우리는 하는 수 없이 일반 대학교재 중에 쉬운 걸 골라 사서, 그걸 교사들에게 주고 필요한 부분들을 복사하거나 발췌해서 쓰도록 했다. 이웃나라 케냐에 아는 분을 통해 케냐의 기술학교 교재를 몇 권 기증받기도 했다.

우리가 이상한가? 교과서 없는 학교가 이상했던 것은 우리가 교과서나 참고서 없이 학교를 다녀본 경험이 없기 때문이었다. 그래도 우리가 이상하게 생각한 덕분에 우리 교사와 아이들이 책을 보며 공부하는 기회가 생겼다. 이상해도 현실에서 할 수 있는 일을 하면 된다는 교훈을 얻었다.

어느 날 교사 회의 말미에 교장 선생님이 "기강 없이는 학교가 좋아질 수 없다. 학생들에게는 공부할 권리와 규칙을 지킬 의무가 있는데, 의무를 다하지 않은 학생은 권리를 누릴 자격이 없다. 그런 학생은 수업 시간에 벌을 받아야 한다."는 요지의 말을 하였다. 학생들에게 벌을 주어서 기강을 세우겠다는 것에는 이의가 없지만, 벌을 준다고 수업 시간에 일을 시키는 것은 동의할 수 없었다. 우리는 "벌을 주는 것은 좋은데, 수업이 끝난 3시 이후에 벌을 주자."고 했더니, "3시 이후는 교사 근무가 끝난 시간이라 3시 이후에 벌을 주게 되면 교사 권리가 침해되어서 안 된다."고 하였다.

반면 교사들은 자기 사정이 있으면 수업 빼먹는 걸 쉽게 생각했다. 문상 간다고 빼먹는다든지 심지어는 연수를 간다고 학기 중에 일주일씩 빠졌다. 연수는 교육당국이 시행하는 것이고 연수 장소도 출퇴근이 불가능한 먼 도시인데, 왜 방학 동안에 하지 않고 학기 중에 하는지, 교육 당국조차 학생 수업권에 대한 이해가 없는 것이 도저히 납득되질 않았다. 또한, 관내에 살지 않고 출퇴근을 하는 교사는 지각을 너무 자주 했다. 버스가 늦게 와서라는 말을 처음엔 믿었지만, 며칠을 계속 지각하는 것을 보고는 핑계임을 알았다.

이런 견해 차이를 마주할 때마다 이걸 문화 차이로 보고 '여기는 한국이 아니고 탄자니아니까 여기 방식으로 해야 한다.'고 받아들여야 하는지 늘 고민이었다. 교육에 대한 기대나 목표치가 너무나 다르니 참 어려웠다. 우리가 교육을 개선하기 위해 애쓰는 것은 우리의 관습과 에고ego 때문이기도 하겠지만, 그렇다고 현지 문화나 교육을 개선하려는 어떤 노력도 하지 말아야 할까?

그래도 학생들의 행동을 이해하고 받아들이는 것은 좀 나았다. 우리 사랑스런 학생들은 조회 때나 수업 때 늘 줄이 삐뚤빼뚤했다. 그 모습이 줄을 서면 앞의 앞사람 머리가 보이지 않아야 한다고 귀가 따갑게 들으며 자라온 우리 눈에는 불편했다. 다른 사람도 그런가 보면, 어느 교사도 줄 맞추는 데 신경 쓰는 사람은 없었다. 조회에 줄설 때 옆 사람을 보며 옆으로 둥글게 활처럼 선 모습이 그나마 최선이었다. 교사들에게 앞뒷줄을 맞추게 하라고 할까 하다가 참았다. 우리의 불편함이 우리의 선입견 때문일지도 모른다는 생각을 하며 주위를 둘러보니 자연에는 직선이 없다. '직선은 인위적인 산물인데 나는 왜 집착했나? 자연 안에서 자연을 닮은 그들의 인생이고 삶의 방식을 받아들여야지.' 하고 생각하니 편해졌다.

그 밖에도 우리에게는 지극히 당연한 일, '개학 날짜 하루 전 기숙사에 도착하기'를 그렇게 강조했어도, 기숙사를 이용하는 70여 명 중에 개학일 전날 도착한 학생은 10여 명밖에 없었다. 전원 등교할 때까지는 보통 일주일 이상 걸렸다. 왜 그럴까? 경제가 안 좋아서 수업료 준비 때문에 그런가? 오다가 친구를 만나서 놀다 오는 것일까? 어느 학기는 학생회장을 하는 모범생조차도 일주일이 지나서 왔다. 집안에 일이 생겨 등록금이 마련되지 않았기 때문이라고 했다. "등록금 없어도 학교는 제때 와야지."라고 말할 수 있으면 얼마나 좋을까? 졸업 때까지 등록금을 내지 않는 경우가 많으니, 이런 말도 쉽게 하지 못해 속상했다.

하느님 덕분에

10여 년 전에 처음 케냐에서 미사에 참례할 때도 그랬고, 그 후 모잠비크에서 미사에 참례할 때도 아주 강한 타악기 리듬에 실린 빠른 박자의 성가 때문인지 미사가 아주 활기찼었던 기억이 있다. 게다가 초등학생들의 전례 율동이 함께하는 미사 풍경은 귀엽고 사랑스러웠다. 그러면 이곳 신자들의 신앙생활은 어떨까?

우리에게 스와힐리어를 가르쳐 주었던 엠마누엘 선생은 수업 후 헤어지면서 "내일 만나요."라는 우리 인사에 늘 "하느님께서 원하시면."이라고 답했다. '하느님께서 원하시면 내일 만나자.'라는 뜻인데, '우리가 원해서 다시 만나는 것이 아니고, 하느님께서 원하셔야 만날 수 있다.'라는 믿음이 대단하게 보였다.

일상적인 만남에서도 "잘 지내세요?"라는 인사에, 많은 사람들이 "하느님이 좋으신 분이라 잘 지내요." 또는 "하느님 덕분에 잘 지내요."라고 대답한다. 좋은 일이 생기면, "하느님께 감사합시다."라는 말이 자연스럽게 나온다. 이런 인사는 평소 신앙생활을 열심히 하는 것과 상관없이 일상 대화에서 툭하면 사용되는 어법이다. 사람들이 종교에 관계없이 하느님께서 일상생활에 함께 계심을 그대로 받아들인다는 것을 실감할 수 있다.

탄자니아의 국가도 '하느님, 아프리카를 축복하소서'로 시작한다. 하느님, '뭉구'는 이처럼 일상 언어에서도 아주 자주 쓰인다. 뭉구는 스와힐리어에서 조물주를 의미한다. 그리스도교는 아프리카의 뭉구를 그리스도교의 하느님으로 인정하고 선교했고, 아프리카인들도 그렇게 받아들여서 비교적 쉽게 그리스도교가 퍼진 것 같다. 이는 이슬람교도 마찬가지로 '알라'라는 호칭 대신 뭉구를 쓴다.

각 종파의 신자 수에 관한 정부 공식 통계는 없지만, 그리스도교 신자비율이 대체로 60퍼센트 정도이고 이슬람이 약 35퍼센트, 약간의 전통 종교가 있는 것으로 추산하고 있다. 지역마다 차이가 커서 해안지역은 이슬람이 역사적으로 강하고 지금도 그런 편이다. 그리스도교는 가톨릭과 개신교가 비슷할 것으로 추정하는데, 개신교는 루터교와 성공회를 비롯해 많은 교파들이 들어와 있고, 최근에는 종교 혼합적인 토착 개신교파도 많이 등장하고 있다.

그리스도교 종파의 적극적인 선교에 자극받아, 근래에는 이슬람교도 아랍 국가들의 경제 지원과 함께 적극적인 선교 활동을 하고 있다. 사람들에게 물어 보면 전통 종교를 믿는다는 사람은 아주 적지만, 전통 종교의 문화적, 관습적 영향력은 아직도 커 보인다.

여러 종교 갈등을 겪는 나라들과 달리 탄자니아는 그리스도교와 이슬람 양대 종교가 비교적 큰 갈등 없이 원만하게 지내는 편이다. 이는 독립 후 초대 니에레레 대통령 이래 많은 지도자들이 노력해 온 덕분이고, 한 언어를 전국적으로 공용어로 쓰는 것, 부족이 120여 개나 되는데 어느 한 부족이 압도적인 세력을 갖고 있지 않은 점, 독립 직후의 부족 혼합 정책과 집단농장 정책 등이 긍정적으로 작용하여 타 종교나 타 부족과 우호적으로 섞여 사는 것에 익숙하기 때문일 것이다. 초대 대통령은 가톨릭 신자였지만, 2대 대통령은 무슬림이었다. 그 후 묘하게도 대통령은 가톨릭과 이슬람 출신이 번갈아 선출되어 왔고, 2023년 현재의 대통령은 이슬람 신자이다.

선교사로서 탄자니아의 종교 상황을 보면서 이곳에서의 선교는 무엇을 의미하는지, 어떤 활동을 해야 하는지 숙고하게 되었다.

우선, 탄자니아 사람들은 대부분 종교를 가지고 있다. 종교 자체의 보급율이 거의 100퍼센트가 되는 상황에서 신자가 아닌 사람을 찾아서 입교시키는 의미는 아주 적다. 서로 경쟁적으로 선교하기보다 신자들이 신앙의 삶을 잘 살도록 이끄는 것이 더 중요해졌다. 양보다 질에 신경을 써야 할 때가 된 것이다. 특히 그리스도교 신자라고 하면서 사실은 전통 종교의 행위나 흑마술에 빠진 경우들이 많은데 이런 문제를 어떻게 복음적으로 대응할 것인가가 중요해 보인다.

또 다른 하나는 토착화의 문제이다. 신앙이 다른 문화로 전파될 때, 전파하는 사람의 '신' 개념이나 교리를 똑같이 받아들이기는 어려울 것이다. 시간을 두고 그것이 연구되고 소화되면서 현지의 언어와 문화로 이해되고 받아들여지는 것이 토착화일 것이다. 유럽에서 파견된 선교사에 의해 전해진 신앙이 어떻게 하면 현지인들에 의해 현지의 언어로 충분히 성찰될 수 있을까?

이런 고민을 하면서, 한국 교회사의 놀라운 점에 대한 새로운 관점이 생겼다. 전에는 한국 가톨릭교회가 평신도들에 의해 스스로 전래되고 세워졌다고 할 때, 다른 나라처럼 외국 선교사가 아니라 평신도들이 스스로 성취했다는 점에서 놀랍다는 의미로만 여겼다.

그러나 토착화를 생각하다 보니 그들이 대개 학자들이었다는 점이 새롭게 보였다. 그들은 유학자로서 유교에서 구도의 길을 찾다가 천주교 문헌들을 접하고 이를 공부하다가 새로운 구도의 길로서 천주교를 발견하고 신앙으로 받아들인 것이다. 그 과정에서 비록 전래된 교회 문헌들이 한문으로 써진 것들이라 해도, 우리의 말과 정서, 학문에 기초하여 공부하고 성찰하고 토론했을 것이다.

이것이야말로 신앙과 신학의 토착화의 첫걸음일 텐데, 한국 가톨릭교회는 처음부터 이런 토착화로 시작된 것이 더 특별한 것으로 여겨졌다. 만일 외국 선교사들에 의해 선교가 시작되었다면, 외국인이 아무리 한국어를 잘 배워 사용한다고 해도 한국인들의 심성과 신앙을 제대로 전달하기는 힘들지 않았을까 생각한다.

다레살람의 성바오로서점에 가면 신앙서적들이 제법 많다. 그러나 대부분은 영어로 된 책들이고, 스와힐리어 신앙서적으로는 성경과 얇은 기본 교리문답, 일부 교회 문헌 번역서 그리고 약간의 신심서적이 전부이다. 사실 스와힐리어도 모어는 아니고, 모어는 부족어이다. 우리 학생들을 보면 이제는 스와힐리어가 사실상 제1언어가 되어가고 있기는 하다. 거의 모든 분야에서 스와힐리어 책들이 아주 드문 형편이고, 민중의 언어로 연구되고 저술된 신앙서적이 아주 드물다는 것은 문제가 아닐 수 없다. 미사와 강론은 스와힐리어로 되는 경우가 대부분이고, 각 부족이 우세한 곳에서 부족어로 진행되는 미사도 있다지만, 깊은 성찰이나 연구는 거의 외국어로 되는 것이 신앙과 신학의 심화에 커다란 장애가 될까 우려된다.

신학과 신앙이 스와힐리어로 더 많이 연구되고 더 많이 출판되도록 격려하고 지원하는 것도 선교사의 중요한 과제가 아닐까 생각한다.

6장

세상 어느 귀퉁이

아이를 보시는 소르델라 신부님의 미소.

노선교사의 미소

음고웅고 선교센터에 있는 여러 시설 중에 제일 먼저 시작된 것은 화라자하우스라는 보육원이다. 우리가 살던 수도원 현관에는 A3 크기 판넬이 걸려 있는데, 큰 나무 밑에 신부님과 아이들이 모여 있는 사진과 그 밑에 마태오복음 18장 5절이 스와힐리어로 쓰여 있다.

"누구든지 이런 어린이 하나를 내 이름으로 받아들이면 나를 받아들이는 것이다."

이 화라자하우스를 책임지는 선교사는 프랑코 소르델라 신부님으로 이탈리아 분이고 1938년생이시다. 신부님 동생 역시 꼰솔라따 수도회 선교 사제로 에티오피아에서 오래도록 선교하다가 몇 년 전에 돌아가셨다.

우리가 살던 집도 전에 소르델라 신부님이 사셨던 집인데, 곳곳에 그분의 흔적들이 남아 있다. 신부님 어머님께서 생전에 자주 오셨는데, 그때 아이들과 찍은 사진이 지금도 거실에 걸려 있다.

사제가 된 후 탄자니아에 파견되어 본당 개척 등 여러 활동을 하다가 이십여 년 전에 화라자하우스에서 고아나 가난한 아이들을 데리고 살기 시작하셨다. 그 사이에 커 가는 아이들의 직업을 위해 기술학교도 시작했고 목공소, 철공소, 구둣방, 보건소 등을 추가로 만들었는데, 지금은 화라자하우스에만 전념하고 있다.

우리 선교센터의 트랙터 2대와 버스도 모두 소르델라 신부님께서 이탈리아 은인들의 도움으로 마련한 것들인데, 버스는 더 필요한 선교지에 넘겼고 트랙터는 지금도 유용하게 사용하고 있다.

화라자하우스는 같은 선교센터 안이지만 우리 집에서 걸어서 30분 거리에 있다. 서너 살 유아부터 중고등학생과 청년까지 있고 돌봄 선생님들과 요리사 등 직원이 몇 명 있다. 우리는 매주 주일과 수요일, 토요일 미사를 아이들과 함께했다. 가끔씩 특별한 날에 초대를 받아 아이들과 같이 저녁을 먹고, 그들의 노래와 율동, 촌극 등을 보며 점점 친해졌다. 아이들의 표정이 대개 밝고, 행동에 기강이 있어서 신부님이 양육을 잘 하고 있음을 짐작할 수 있었다.

아이들과 이야기하고 아이들을 바라보는 신부님의 모습은 사랑스런 손주들을 바라보는 할아버지의 행복한 모습 그것이었다.

주일미사 때 화라자하우스 아이들을 보면 신부님과 선생님들의 정성을 느낄 수 있다. 아이들은 모두 깨끗하게 입고 오고, 특히 성가대로 봉사할 때는 모두 같은 옷을 입고 오는데, 깨끗할 뿐만 아니라 깔끔하게 다림질이 된 셔츠였고, 여자 아이들은 예쁜 원피스를 입

화라자하우스의 막내 이브라힘.

고 왔다. 이 동네에는 물이 귀하고 주위에 흙먼지가 많아서 더러워진 옷을 입고 다니는 아이들이 많고, 전기가 들어오지 않는 집이 대부분이라 다림질한 옷을 입는 사람이 거의 없음에도 말이다.

화라자하우스 아이들이 성가를 맡은 어느 주일미사에 기숙학교에서 공부하던 세컨더리학생들도 방학을 맞아 돌아왔고, 어른이 된 화라자하우스 출신 청년들도 몇 명 왔다. 화라자하우스가 시작된 지 이십여 년이 되었으니 초창기 아이들은 이제 30대가 되었다. 그 선배들 중 두 명이 성가대 지휘와 반주를 했는데, 아이들은 선배의 지휘에 맞춰 더욱 씩씩하게 성가를 불렀다. 아이들의 신나는 성가 소리에 우리 마음이 뭉클해졌다. 하느님께서 흐뭇해하실 것만 같았다.

그날은 화라자하우스 처음으로 탄자니아 사법시험을 통과하고 법관이 된 청년이 감사 인사를 하러 온 날이었다. 신부님 표정도 특별히 더 흐뭇해 보였다. 같이 온 청년 중 한 명은 의대 졸업반이고, 한 명은 사회복지 공무원, 또 몇몇은 개인 사업을 하고 있었다. 모두

왼쪽이 화라자하우스 출신 법관, 가운데는 엄마 선생님, 오른쪽이 소르델라 신부님.

이곳 출신이었다. 이들 외에도 공무원이나 교사가 된 젊은이도 많다고 자랑하셨다. 마치 할아버지가 손주 자랑하듯이.

우리도 몇 달 전에는 의사가 된 젊은이가 휴가를 맞아 신부님께 인사하러 온 것도 보았고, 꼰솔라따 수도회 신부님이 된 분도 만난 적이 있었다. 신부님께서는 아이들을 공립학교 중에서도 가능한 좋은 세컨더리학교에 보내려 애쓰셨고, 대학교 학비가 너무 비싸서 큰일이라고 하면서도 대학생이 몇 명 있다며 흐뭇해하셨다. 이렇게 자기 길을 성취해 가는 젊은이들을 바라보는 것이 우리도 이렇게 흐뭇한데 신부님께서는 얼마나 보람있고 행복하실까!

신부님께서는 평소에 기회가 될 때마다 아이들에게 늘 "우리 주위에는 지금 나보다 더 어려운 이웃이 있으며, 우리의 사랑을 나누어야 한다."고 강조하셨다. 이렇게 아이들이 먹고 입고 공부하는 것 외에도 정신적, 영적으로 따뜻한 보살핌을 받고 있기에 안정되고 반듯하게 커 가고, 공부도 잘하고 세상의 기준으로도 좋은 직장을 구하는 경우가 많았다.

화라자하우스 아이들을 전체로 보면 조금 특이한 게 보였다. 여자 아이가 20퍼센트쯤 되었고 나머지는 남자 아이였다. 왜 대략 반반이 아닌지 궁금해서 신부님께 여쭤 보았다. 그 이유는 처음에 남자 아이들만으로 시작했고, 나중에 여자 아이도 받기 시작했지만 오는 아이가 많지 않았기 때문이라고 하셨다. 여자 아이는 부모가 없어도 친척들이 데려다 키우는 경우가 많은데, 조금 키우면 집안일도 시킬 수 있고, 커서 결혼할 때 남자로부터 결혼지참금도 받을 수 있기 때문이었다. 문화라고 하기에는 안타까운 이유였다.

한때는 이곳에서 돌보는 아이들이 80명이 넘었다. 지금은 초등 이하 35여 명, 세컨더리 학생 25명, 대학생 10명, 합해서 70명 정도로 줄었다. 안타깝게도 그 이유는 부모 없는 아이들이 줄어들었기 때문이 아니라 탄자니아 정부의 복지 정책 때문이었다. 아이들은 가정 속에서 키워야 한다는 정책인데, 부모가 없는 아이들은 가까운 친척이 돌보게끔 하였다. 취지야 나쁘다고 할 수 없지만, 현실적으로 아이들을 잘 돌볼 수 있는지, 아이들이 더 좋아하는 환경이 어디인지는 고려하지 않은 정책이었다.

부모가 없더라도 삼촌이나 이모, 고모가 있으면 그들이 돌보아야 한다며 화라자하우스에 있던 아이를 억지로 데려간 경우가 있었다. 신부님께서는 "아이는 떠나고 싶어 하지 않는데도 사회복지 공무원이 그렇게 했고, 이에 따르지 않으면 기관을 규제하니 어쩔 수가 없었어요. 가끔 여기 있던 아이 중에 친척 집으로 보내졌다가 도망 나오는 경우도 있고, 있던 아이가 어떻게 지내나 찾아가면 '친척들이 신부님 면전에서는 반가운 척 잘 하다가, 돌아가고 나면 매질을 한다.'는 얘기도 들었어요."라며 안타까워 하셨다.

2016년에 화라자하우스 일부에서 불이 났다. 다행스럽게 아이들은 다치지 않았지만 큰 역경이었다. 내친김에 신부님은 유럽의 자선기금과 이탈리아 은인들의 도움을 받아서 새 집을 지었다. 탄자니아에 와서 보니, 새 건물을 지을 때는 오히려 원조금이나 기부금을 받기 쉬운 편이었다. 사람들은 대개 자기 기부금으로 기념이 될 건물을 짓는 것을 좋아하는 것 같다. 여기저기서 기부한 사람의 사진이나 명패가 붙은 건물들을 많이 보았다. 그러나 사랑을 실천하기 위한 기관 운영비를 기부받기는 훨씬 어렵다. 생색이 나지 않기 때문인가 짐작해 보지만 참 아이러니가 아닐 수 없다.

소르델라 신부님은 매년 아이들이 먹고 입고 배우고, 직원 급여를 주는 등 화라자하우스 운영비를 거의 기부금으로 해결하고 있으니 새삼 그 노고의 무거움에 고개가 숙여지고, 운영비를 기부하는 은인들에게도 머리가 숙여졌다. 모두들 돈이 많아서가 아니라 자기 생활을 규모 있게 하여 생색도 덜 나는 운영비에 기부한 분들일 것이기 때문이다. 꼰솔라따 수도회라는 조직이 주는 신뢰도 있겠지만 개인적으로 실천해온 수십 년에 걸친 사랑의 실천과 신뢰가 없이는 불가능한 일일 것이다. 화라자하우스는 탄자니아에서 꽤 알려져서 2019년에는 탄자니아의 인기 여배우 루루가 응원차 방문하기도 했다.

이런 신부님을 같은 공동체의 일원으로 모시고 사는 것은 우리에게 커다란 기쁨이고 큰 배움이다. 소르델라 신부님은 매일 아침미사와 저녁 기도 시간마다 특별한 일이 없는 한, 우리 집 경당에오셔서 함께 미사를 봉헌하고 기도하셨다. 우리가 마음고생을 할 때에도 신부님을 만나 하소연을 할 수 있는 게 얼마나 큰 위로가 되었는지 모른다. 신부님도 우리를 환영하고 좋아하셨다.

신부님이 기도를 마치고 집으로 돌아갈 때마다 우리는 문밖으로 나가서 공손하게 배웅했다. 이것이 오랜 세월을 선교사로 살아오신 노신부님께 우리가 할 수 있는 마음의 선물이었다. 한국식으로 공손하게 고개 숙여 배웅하면 신부님의 얼굴에 미소가 번졌다. 그걸 보는 우리 기분도 덩달아 좋았다. 소르델라 신부님께서 이곳에서 건강하게 오래도록 어린이들과 머물며 행복하시기를 주님께 간절히 기도드렸다.

선교지에서 70년

이링가의 관구 본부는 강기롱가마을에 있는데, 이 지명은 마을 뒷산에 강기롱가라는 큰 바위가 있어 붙은 이름이다. 이 바위는 이 링가 지역에 살던 헤헤족의 술탄 음콰와가 주변 작은 부족들을 통합하고, 1880년대에 독일이 식민 지배를 시작할 때 반식민 전쟁을 벌였던 격전지였다. 꼰솔라따 수녀회의 탄자니아 본원도 관구와 같은 동네로 불과 300미터 떨어져 있어서 우리도 종종 왕래하곤 하였다.

2019년 12월 3일 오후, 꼰솔라따 수녀회 체사리따 수녀님이 돌아가셨다는 소식이 전해졌다. 수녀님은 이탈리아 출신으로 향년 95세였다. 우리가 탄자니아에 도착한 초기, 언어 공부를 하면서 관구 본부에 살 때 가끔 수녀원 미사에 가곤 했다. 그때마다 수녀님을 만났지만, 수녀님과는 그저 스와힐리어로 "하바리 자 지오니."좋은 저녁이에요. 또는 이탈리아어로 "부오나 세라."좋은 저녁입니다.라고 일상적인 인사만 나누는 정도였다. 수녀님은 연세에도 불구하고 건강해 보였고, 작은 키에 차분하고 선해 보이는 인상이었다.

탄자니아에 와서 우리가 알게 된 분들 중에 처음 돌아가신 분이라 우리는 상당히 긴장되었다. 그날 오후 4시 수녀님을 위한 미사가 봉헌된다고 해서 갔다. 수녀원 내 작은 성당의 제대 앞에 수녀님이 모셔져 있었다. 미사를 드리기 위해 자리에 앉아 있는데, 나토마스도 모르게 눈물이 났다. 수녀님과 개인적인 인연이 없었는데도 마치 어머니가 돌아가셨을 때 같은 슬픔이 느껴졌다. 나는 조용히 눈물을 훔치면서 주님께 봉헌된 수녀님의 삶을 떠올리며 기도하였다. '수녀님, 저희를 위해 기도해 주세요.' 하고.

관구장님의 강론과 원장 수녀님의 인사를 통해서, 수녀님께서 돌아가시기 이틀 전까지도 손님 신부님께 차를 권할 정도로 스스로를 돌보았음을 알았다. 원장 수녀님에게 "우리 공동체에 이미 환자가 둘 있는데, 나까지 부담 주고 싶지 않아요. 이제 하늘로 가야 하는데, 아침에 눈을 뜨는 게 무서워요."라고 할 만큼 분명한 분이었음을 알게 되었다. 당신의 원의대로 아프고 나서 불과 이틀도 안 돼서 하느님 품으로 가셨다.

수녀님은 탄자니아에 와서 70여 년을 선교사로 사셨다. 20대에 와서 선교사들이 하는 모든 일, 즉 학교 교사, 환자 돌보기, 본당 선교, 노인 돌보기, 수련자 양성 등을 두루 했다. 수녀님은 내가 느낀 인상대로 차분하고 사람을 차별하지 않고 누구나 선하게 대한 분이라는 증언들을 들었다. 미사 후, 수녀님의 유해는 꼰솔라따 수녀회가 선교 활동을 시작한 첫 본당인 토사마강가 성당으로 옮겨졌다. 수요일 아침 10시 토사마강가 성당에서 장례미사가 있었다.

우리는 탄자니아에서 참석한 첫 장례라 한국식으로 검은 옷을 입고 갔다. 주변에 검은 옷을 입은 사람은 우리밖에 없었다. 미사는 많은 사제와 수도자 그리고 신자들이 참석한 가운데 주교님의 주례로 엄숙하고 장중하게 봉헌되었다. 우리도 아름답게 소천하신 수녀님을 기억하며, 우리를 위하여 그리고 우리 어머니를 기억하며 장례미사를 드렸다.

미사는 한국에서의 장례미사와 비슷했다. 다만, 근처에 있는 교구 내 남녀 수도회의 젊은 청원자 수십 명이 성가대를 구성해 정성껏, 힘차게 성가를 불렀고 수녀님의 생애 보고, 수녀원장의 고별사가 있었다.

미사 후에는 묵주기도를 하며 성당에서 500미터 떨어진 묘지로 행진해 갔고, 모든 행렬이 성당을 빠져 나갈 때까지 성당 종이 뗑그렁뗑그렁 계속 울렸다. 도착하니 이미 무덤을 파 놓았고, 일찍 도착한 성가대가 계속 성가를 부르고 있었다. 관을 내리고, 매장 전 전례를 한 후, 수녀님을 알던 이들이 흙을 한두 줌씩 관 위에 던지는 예절이 있었고, 그 후에 일꾼들이 매장을 했다.

특이한 점은 철근을 가로세로로 넣고 시멘트까지 섞은 다음 흙을 덮는 것이었다. 아마 나중에 콘크리트나 석재로 외형을 조성할 것이다. 잔디를 덮는 한국식과는 다르다. 특히 무덤 속을 철근 콘크리트로 덮는 것이 궁금하여, 옆에 있던 탄자니아 분에게 물었다. 예전에는 무덤 안에 나뭇가지나 잎사귀로 조그만 집 모형을 만들어서 넣었다고 한다. 아마도 죽은 후의 집을 상징하는 것이었으리라. 요즘에는 좋은 집들은 철근 콘크리트로 지으니까, 그래서 그런 것 아니겠느냐고 말했다.

유럽에서 오신 할아버지 신부님이 이 말을 듣고는 "내가 죽거든 철근 콘크리트로 덮지 말고 나무하고 흙으로만 덮어 주세요. 콘크리트로 덮어 놓으면 어떻게 부활해서 나올 수 있겠어요?"라고 웃으며 말했다.

흙무덤이 만들어지자 그 위에 보자기를 깔고 헌금을 받았다. 조금 후, 사회자가 헌금 액수를 발표했다. 이 돈으로 장례비용을 충당하는 것 같았다. 매장이 끝난 후에는 십자가를 흙무덤 위에 꽂았다. 그리고는 각 단체에서 나와 꽃다발을 봉헌하여 흙무덤을 꽃다발로 덮었다.

주교님도 매장이 끝날 때까지 쭉 자리를 지켰다. 수녀님께서 선교사 초기에 이곳 토사마강가 성당과 초등학교에서 일하셨으니, 이곳에서 초등학교를 졸업하신 주교님도 체사리따 수녀님에게 배웠을 것이다. 수녀님은 처음 선교사 생활을 시작했던 곳에서 마지막 장례미사를 드리고, 이곳에 묻히셨다. 진정 선교사다운 삶이라는 생각이 들었다.

마지막으로 원장 수녀님께서 간단히 수녀님을 추모하고 감사 인사를 드린 후 마감하였다. 매장이 끝날 때까지 그 누구도 눈물을 흘리지 않았다. 하느님께서 받아주시는 수도자의 삶인 데다가, 이곳에 혈육이 있는 것도 아니고, 연세도 많고, 또 누구나 부러워할 만하게 삶을 아름답고 편안하게 마감하셨기 때문일까? 그럼에도 수녀님의 삶을 옆에서 끝까지 지키셨던 원장 수녀님이 마지막에 눈물을 훔치는 것을 우리는 볼 수 있었다.

체사리따 수녀님 장례식.

근처의 강당에 테레지나 수녀회이링가 교구 직할 수녀회의 수녀님들이
점심을 준비했다. 수녀님들답게 그릇도 깨끗하고 음식도 정갈하게
준비해서 참석한 모든 이들이 점심을 함께 먹고 헤어졌다.

탄자니아에서 선교사로 70년을 봉헌한 수녀님의 장례식, 혈육의
가족이라고는 아무도 참석하지 않았다. 그러나 많은 영적 가족들과
신자들, 선교사로서의 수녀님의 삶을 기억하는 이들이 함께 하였
다. 선교사로 70년을 살다가 선교지에서 돌아가신 분의 마음을 우
리가 짐작할 수는 없다. '일 년을 지낸 것도 광야에서 산 느낌이었
는데, 수십 년을 머나먼 선교지에서 사신 수녀님의 마음이 어땠을
까? 기나긴 세월을 광야에서 예수님과 사셨겠지. 어떤 느낌일까?'
선교지에 사는 보람 중 하나가 바로 이런 분을 만나고 보내 드리
면서 내 삶을 돌아볼 수 있다는 점이다. 선교지에 살지 않았다면 결
코 할 수 없는 체험을 하는 복이었다.

'버럭' 수사님의 부활

 2020년 2월 5일 탄자니아 관구의 최연장자인 조르다 신부님의 93번째 생신 축하 파티가 열렸다. 신부님은 토사마강가에 사셨지만, 매주 한 번씩 관구 본부에 와서 점심을 먹고 행정 업무를 보시기 때문에, 우리도 가끔 신부님을 만날 수 있었다. 조르다 신부님은 키가 작고 마른 체구이지만, 지팡이를 짚고 꼬장꼬장하게 걸어 다녔다. 운전은 못하지만, 직접 식사를 챙겨 드시고, 와인을 좋아해서 맥주잔에 가득 한 잔 따라 들곤 하셨다.

 신부님은 관구에서 20킬로미터 정도 떨어진, 꼰솔라따 선교수도회의 첫 탄자니아 선교지인 토사마강가 성당에 살면서, 그 연세에도 보좌신부로서 미사와 성사 집행을 착실히 하셨다. 그분 사무실에 가 보면, 탄자니아에 온 지 60년이 넘은 분답게 온갖 책과 자료들이 많았고, 젊은 시절부터 쓰던 286컴퓨터와 도트 프린터도 있었다. 무엇보다 신부님은 기억력이 비상했다. 다른 선교사 신부님들이 옛날 일을 물어보면, 바로 기억 속에서 끄집어내어 이야기해 주시는데, 일어난 주요 사건들과 날짜, 관련된 사람들이 누구인지까지 모두 잘 기억하셨다. 이런 선교 역사 이야기를 할 때 신부님 스스로도 보람을 느끼는 것 같았고, 듣는 우리는 그 상세함에 감탄을 금할 수가 없었다. 그즈음에는 그 기억을 자신의 낡은 컴퓨터에 입력하고 있었다.

조르다 신부님의 생신 파티를 위해 우리 음고웅고 선교센터에서는 염소 한 마리를 준비했다. 전날 잡은 고기를 호세 신부님과 로사가 정리하고 양념을 만들어 쟀다. 호세 신부님은 9시 반쯤 고기를 구우러 먼저 떠나셨고, 우리는 시장을 들렀다가 12시 좀 지나 도착해 고기를 굽고 있는 신부님을 도왔다. 이링가 지역의 선교사 열다섯 분이 참석한 가운데 파티는 잘 진행되었다.

모두 기분 좋게 점심을 먹고 나서 샴페인을 터뜨리고 케이크를 자르며 파티의 피날레를 하려는 때였다. 나토마스와 로사는 먹은 식기를 정돈했다. 내가 식기를 부엌으로 나르는데 부엌에서 파울리노 수사님이 "포크와 칼은 치우지 마."라고 내게 큰소리쳤다. 파울리노 수사님은 80대 중반의 이탈리아 분으로 관구 본부의 살림살이를 맡고 계셨다. 고함을 듣는 순간 불쾌했지만 뭐 워낙 그런 양반이니까 하고 내 자리로 돌아갔다. 로사는 식사용 접시를 치운 자리에 작은 접시들을 가져다가 케이크를 먹을 수 있도록 나누어주고 있었다. 그런데 파울리노 수사님이 이번에는 로사에게 "왜 새 접시를 나누어 주느냐?"고 고함치며 버럭 화를 냈다. 로사는 자기 자리에 가

조르다 신부님의 93번째 생신 축하 파티.

서 앉았고, 조르다 신부님의 인사말이 시작되고 샴페인을 터뜨리는 참인데, 옆을 보니 로사가 눈물이 그렁그렁했다.

사실 로사는 오늘 몹시 피곤하고 몸이 안 좋아 집에 가서 쉬고 싶었지만 노신부님의 생신 파티라 참석한 것이었다. 마침 한국에서 왔던 친구 부부가 전날 떠나 서운하고, 갱년기 증상인지 몸도 힘들었는데, 파울리노 수사님이 울고 싶은데 뺨 때린 격이었다. 앞에 앉았던 다윗 신부님이 "원래 누구에게나 그런 분이니 이해하세요."라고 위로했다. 물론 로사도 그런 줄은 안다. 그렇지만 오늘따라 평소 무뚝뚝하고 불친절했던 것보다 더 심했고, 로사 상태도 안 좋아 서러운 눈물을 참기 힘들었나 보다.

파울리노 수사님을 보면서 선교사로 잘 늙어 간다는 게 얼마나 어려운 일인지 실감했다. 파울리노 수사님은 청년 시절에 탄자니아에 선교사로 오셔서, 평생을 이곳에서 살았다. 건축기술자로서 선교지의 많은 성당과 건물 중에 그분 손을 거쳐 간 것들이 셀 수 없이 많다. 지금은 건축 일은 하지 않는다. 그런데 관구를 방문하는 선교사들과 손님들에게 잔소리를 심하게 하는 통에 모두 그분을 불편하게 여겼다. 우리도 그분을 대할 때마다 긴장하고 조심스러웠는데, 드디어 그날 일이 터지고 말았다.

이런 상황을 겪을 때 선교사의 삶이란 게 뭘까 생각하게 된다. 우리야 삼 년이니까 그렇다 치지만, '오랜 선교사의 삶 후에, 노년을 행복하지 않은 상태로 산다면 무슨 의미가 있나?' 생각하지 않을 수 없다. 물론 우리가 판단할 일은 아니고, 하느님의 눈에는 다를 것이다. 하지만 우리는 인간이다. 우리조차 이런 분과 함께 살아가는 건 힘들고 피하고 싶다. 공동체를 이루어 살아야 하는 수도회 소속의 선교사 생활이 행복해야 하는데, 항상 하느님과 머물 수 없고, 대부분의 시간을 인간과 사는데, 정신적, 심리적으로 문제가 있어 보이는 분들과 지내려면 여간 불편하고 힘든 게 아니다. 우리도 짧은 경험으로 깨달았지만, 광야 같은 선교지에서 오래 살다 보면 어지간히 기도하고 하느님과 함께 하지 않는 한 초기의 좋은 성품을 유지하는 것이 쉽지 않다. '수사님은 왜 무뚝뚝하고 버럭하는 성품이 되셨을까?' 오랜 세월 선교사로 살았어도, 저절로 마음이 너그러워지고 사람들에게 위로와 사랑을 주는 모습이 되지는 못하나 보다. 아니면, 말라리아에 걸려 뇌를 다친 후유증으로 성격이 좀 이상해졌다는 사람과 유사한 문제가 있었는지도 모르겠다.

그 파울리노 수사님을 코로나19 때문에 한국에 갔다가 다시 돌아온 2021년 부활절에 관구에서 다시 만났다. 수사님은 전에도 하반신이 자꾸 부어 다레살람에 가서 치료를 받곤 했는데, 2020년 3월초에 코로나에 걸려 다레살람 병원에 가서 치료받았고, 고생 끝에 다행히 나았다고 했다.

이번에도 수사님은 열다섯 명의 식사 및 필요한 것들을 챙기느라 바빴다. 다음 주면 만 84세가 되는 데 아직도 시중드는 일을 하는 게 우리 눈에 어색해 보였다. 그분보다 젊은 선교사들은 다 자리에 앉아 수다 떨고 있는데, 혼자 왔다 갔다 하며 식전주와 간식을 챙기고, 식사 중에도 틈틈이 부엌을 오가며 챙기고, 식후에 디저트도 챙겼다. 건강이 회복해서 그럴 수 있는 게 고마운 마음이 들었다. 옆에 앉아 있던 이탈리아인 죠반니 씨에게 이런 모습이 자연스럽냐고 물으니, 이 일을 하는 게 그의 소임이니 괜찮다고 한다.

그런데 그 사이에 일어난 놀라운 변화가 있었다. 예전에는 수사님이 우리에게 친절하게 말하는 경우가 없었다. 누구에게나 그렇기는 하지만, 무뚝뚝하고 인사도 잘 안 받고 퉁명스럽게 말하곤 했다. 그렇기에 우리도 가능하면 수사님과 마주치지 않으려 애썼다. 그런데 그날은 완전히 다르게 우리를 대하셨다. 음료수도 권하고, 음식도 많이 먹으라고 권하고, 디저트도 더 먹으라며 아주 친절하게 대하셨다. 나는 속으로 몹시 놀랐는데, 로사도 놀랐는지 "수사님께서 코로나 걸리고 나서 이번 부활절에 부활하셨나봐."라고 농담을 했다.

우리가 삼 년 소임을 마치고 한국으로 돌아갈 때 관구 본부로 인사하러 갔을 때 수사님은 미소 띤 얼굴로 수고 많았다며 따뜻한 인사를 해주었다. 예전의 모습과는 전혀 다른 모습이었다. 따뜻한 모습으로 기억에 남게 되어 고맙고 좋았다.

우리가 한국에 돌아온 후 일 년쯤 지나 수사님의 부고 메일을 받았다. 만 86세에 그렇게 원했던 대로 탄자니아 선교지에서 돌아가셨다. 그렇게나 선교지에서 죽기를 원하셨는데 주님께서 그 소원을 들어주셨나 보다. 우리는 수사님을 기억하며 주모경을 바쳤다.

파울리노 수사님만 선교지에서 죽고 싶어 하는 것이 아니다. 우

토사마강가 선교사 묘지 풍경.

리가 탄자니아에서 만난 노선교사들 모두 선교지에서 살다 죽어 토사마강가의 선교사 묘지에 묻히고 싶어 하셨다. 여든이 넘으셨어도 소소한 일을 하며 사시는데, 아파서 치료하게 되는 때마다 치료차 본국으로 가라는 것이 제일 큰 걱정이었다. 가서 다시 못 오게 될까 봐서다. 혼자서 움직일 수만 있으면 원하는 대로 선교지로 돌려보내지만, 회복이 잘 안 되거나 금방 다시 악화될 것 같으면 본국에 남게 하기 때문이었다.

그러나 가난한 탄자니아 관구 입장에서는 노신부님을 병치레하는 것이 여간 경제적인 부담이 되는 것이 아니다. 그러니 건강보험이나 의료 수준이 더 낮고, 수도회 양로원도 있는 이탈리아나 유럽 본국에 머물렀으면 하는 탄자니아 관구의 입장도 이해가 된다.

관구 행정 담당인 젊은 다윗 신부님이 파울리노 수사님을 놀리던 일이 생각난다. "수사님, 이번에 휴가 가시는데, 비행기 표는 편도만 구매했어요. 그냥 이탈리아에 편안하게 계세요."라고 했다. 그러자 수사님은 펄쩍 뛰며 "무슨 소리야? 왕복으로 끊어야지."라고 하셨고 다윗 신부님은 재미있어 하였다.

이와 관련된 일화를 들은 적이 있다. 브라질에서 일하던 어느 노신부님이 휴가차 이탈리아에 왔다가 건강이 나빠져 치료를 받았다. 경과가 좋기는 했는데, 의사가 두어 달 더 지켜보자고 했다. 그런데 어느 날 이분이 병원에서 사라졌다. 깜짝 놀라 어디로 갔는지 여기저기 수소문했는데, 브라질에 잘 도착했다고 연락이 왔다. 그냥 보내 달라고 하면 안 보내 줄 것 같으니까, 몰래 브라질 선교지로 가서 도착 후 연락을 했던 것이다. 선교지가 그렇게 좋을까? 하기는 로사도 "탄자니아 향수병에 걸린 것 같다."고 하니까.

산골 병원의 고민

이콘다라는 오지에 꼰솔라따 수도회가 운영하는 아주 큰 병원이 있다. 다른 선교지에는 선교사들이 보건소를 운영하는 것이 보통인데 이 병원은 아주 컸다. 1961년 이 지역에 살던 우킹가 부족의 족장이 그들의 어린이 및 유아 사망률이 매우 높다며 꼰솔라따 선교사들에게 병원을 지어 도와달라고 부탁하였다. 이에 선교사들은 정부와 협의한 후 1963년에 수도원을 중심으로 병원 공사를 하였다.

1968년 2월 이탈리아에서 온 자원봉사 의사가 도착해 처음으로 진료를 시작하였고, 1968년 10월 7일 니예레레 대통령이 참석해 공식적으로 병원을 개관하였다. 지금도 이탈리아 등 유럽의 전문의

이콘다 병원 본관 전경.

15명 정도가 번갈아 가며 휴가를 이용해 자원봉사를 오기 때문에 이콘다 병원은 전문의가 아주 부족한 탄자니아에서 높은 진료 수준을 자랑하고 있다.

말로만 들었던 이콘다에 갔던 날, 이링가 관구 본부에서 새벽 5시 10분에 출발해서 중간에 마캄바코 본당에 들러 간단히 아침을 먹었고, 마캄바코를 지나면서 날씨가 흐리더니 간간히 비도 내렸다.

길가 나뭇가지가 흙눈에 덮여 늘어진 구불구불한 산길을 지나 11시에 도착했다. 이콘다는 해발 2,000미터나 되고 사방이 온통 산으로 둘러싸인 산골이었다. 차에서 내리니 탄자니아에 오신지 거의 50년 된 수비아 신부님이 꽃을 돌보고 있다가 우리를 맞아 주셨다. 신부님은 환자들을 돌보는 원목이었다.

원장인 산드로 신부님이 손수 우리를 숙소로 안내해 주셨다. 숙소는 독채 빌라였다. 침실 두 개, 화장실 두 개, 거실도 있었고, 내부 구조가 전형적인 이탈리아 중산층 집 수준으로 예쁘고 깨끗했다. 자원봉사 오는 의사 가족을 위한 집이었다. 관내 이런 집이 여러 채 있었다. 반면 선교사들이 사는 수도원은 낡고 작았다. 우리는 전혀 기대하지 않았던 좋은 숙소에 들떠서 구석구석 둘러보고 짐을 풀었다. 창밖으로는 젖소 여러 마리가 어슬렁거리며 풀을 뜯고 있었다.

점심 후, 테샤 신부님이 시설을 구경시켜 주셨다. 관내에 의족을 만드는 공방과 병원에서 쓸 의류나 침대보 등을 만드는 곳이 있어서 놀랐다. 그러나 아직 놀라기는 일렀다. 한쪽으로 가니 대형 세탁기 6대와 탈수기 등이 갖춰진 세탁 공장도 있었고, 꽤 커다란 발전기도 있었다. 이곳 전기는 근처 수력발전소에서 오는데, 우기에는 전기 공급이 원활하지만 건기에는 자주 끊기므로 자체 발전을 하지 않으면 병원 장비를 운영할 수 없기 때문이라 했다. 치료용 산소도 자체 시설에서 만들었다. 그 밖에 병원에 필요한 각종 철물을 만드는 공방도 있었고, 나무를 때는 커다란 보일러가 있어 환자들에게 더운 물을 공급했다. 큰 병원이 오지에 있다 보니 사회적 분업 시스템을 이용하지 못하고, 꼭 필요한 것을 직접 만들어 써야 했던 선교사들의 절실한 마음이 느껴졌다. 신기하고 놀랍고 고마웠다.

병원 안으로 들어가 접수, 수납하는 로비와 병동들을 둘러보았다. 입원실은 대개 삼인실이었고, 일인실도 있었다. 의사는 30명 정도 있는데, 이 중 전문의는 1명뿐이고, 6년제 의대를 나온 의사가 18명, 나머지는 3년제나 5년제 학교를 나온 의사였다.*

각종 실험실과 검사 장비, 초음파 진료기 등 시설들을 둘러보았다. CT 스캐너도 있었는데, 판독 전문가가 없어 독일, 스페인, 이탈리아의 자원봉사 의사들에게 보내 판독한다고 했다. 탄자니아에는 전문의가 귀한데, 전문의가 되려면 수업료를 내고 레지던트 3년 과정을 수료해야 하는데다 전문의 양성 병원이 적어서였다. 수술실이 여러 개 있었는데, 어려운 수술은 이탈리아 등에서 오는 자원봉사 전문의의 일정에 맞추어 실행한다고 했다.

이쿤다 병원은 병상 수 400여 개, 의사, 간호사를 합친 전체 직원 수 350여 명 되는 탄자니아에서 5위 규모의 병원이다. 근처에 제일 가까운 종합 병원은 은좀베 시립 병원인데 100킬로미터 떨어져 있다. 정부에서 의과대학을 세우라고 권했으나 수도회에서 거절했다. 의대를 운영하는 것이 힘에 부치기도 하지만, 그보다 의대까지 세우면 자선 병원이라는 본래의 설립 목적을 잃어버릴 우려가 크기 때문이라고 했다.

---

* 최근 탄자니아 의대는 모두 6년제로 바뀌었다.

꼰솔라따의 이콘다 병원은 좋은 장비를 쓰고 부패가 없는 곳으로 유명했다. 병원 여기저기에 '절대 부패가 없다.'는 안내문을 보고 무슨 말인가 했는데, 병원 부패란 환자에게 뇌물을 받거나, 자기 친인척을 직접 진료하면서 편의를 봐주는 행위라고 한다. 최고 수준은 아니라도 수준 높은 의료 서비스를 하려고 하는데, 좋은 의사를 구하는 일로 고민을 많이 하셔서 안타까웠다. 젊은 의사들이 경력을 쌓고 나서 큰 도시로 이직을 하는 경우가 많은데, 철저한 자선 병원에 대한 의지와 부패를 용납하지 않는 엄격함 때문이었다.

"일 년 이상 이곳에 와서 봉사할 수 있는 은퇴한 전문의, 특히 산부인과나 소아과 전문의가 가장 필요해요."라고 원장 신부님은 말했다. 듣는 우리 마음도 간절해졌다. 우리로 하여금 이콘다 병원을 방문토록 하고, 자원봉사 전문의를 위한 숙소에 머물도록 한 것은 한국에서 자원봉사 전문의들을 찾는 데 도움이 되기를 바라는 뜻인 것 같았다. 그러나 아직도 그런 천사를 찾지 못하고 있다.

병동들은 모두 단층 건물이어서 건물 수가 아주 많고 넓게 퍼져 있었고 소들이 병동 사이를 다니며 풀을 뜯고 있어 색다른 느낌을 주었다. 정문 밖으로 나가니 캠프장 수돗가처럼 생긴 곳에 50여 명 이상의 사람들이 저마다 식사를 준비하고 있었다. 난민촌 같아 보여 사진 찍기가 미안했다. 보호자들이 식사하려고 준비하나 했더니, 보호자들이 환자의 식사까지 직접 만든다고 했다. 병원 급식을 하면 비용도 올라가고, 환자 상태와 상관없이 우갈리와 채소를 주는 병원식보다 환자가 원하는 음식을 맞춰 줄 수 있어 그렇게 하고 있었다.

환자들이 대부분 멀리서 오기 때문에 보호자가 위한 합숙소도 있었는데, 입원 기간 내내 1천 실링만 내면 이용할 수 있었다. 반면 새로 지은 깨끗한 게스트하우스도 있는데, 화장실 딸린 방으로 1박당 1만 실링이었다. 주변에는 직원 숙소동도 여러 채 있었고, 직원과 손님용 식당과 매점도 있었다. 병원 안에 따로 직원용 식당은 없고, 자기 숙소에서 먹거나 휴게소를 이용했다.

  60여 년 전에 아무것도 없던 이콘다에 보건소를 세웠고, 상상을 초월할 정도로 가난한 오지 마을들을 다니는 진료 차량도 운영하였으나 지역 간호사들의 반대가 심해 이동 진료는 중단하였다. 이 병원은 자선 병원이라 이탈리아 후원 단체에서 모금하여 보내준 후원금으로 근근이 운영되고 있었다. 재정과 의사 구인도 큰 어려움이지만, 오지여서 물자를 조달하는 것도 쉽지 않았다고 했다. 큰 트럭으로 한 달에 10여 차례 800킬로미터나 떨어진 다레살람을 오가며 의료용품과 약품 등 물자를 구매해 조달하는데 교통사고가 날까 봐 늘 걱정이었다.
  병원 정문 앞길을 따라 아주 작은 가게 열댓 개가 늘어서 있었다.

이콘다 병원 보호자 숙소.

식료품, 과일, 숯, 작은 화로, 플라스틱 그릇, 손잡이 없는 양은냄비, 옷, 신발 등을 팔았다. 작은 숯 화로와 양은냄비는 환자 가족들이 음식을 만들기 위한 필수품이다. 환자와 보호자들, 직원들이 먹고 입고 살아야 하니 자연스럽게 가게들이 생겼을 터였다. 아무것도 없었던 이곳에 병원이 생기면서 마을이 형성되었다. 이제는 버스도 다니고, 이동전화도 가능해졌다. 버스 정류장에는 오토바이 운송업자 열 명쯤이 손님을 기다리고 있었고, 길을 따라 여기저기 건강 캠페인 표지판들이 있었다.

저녁 식사 하러 식당에 갔더니 신부님들과 자원봉사자들이 모두 모여 있었다. 모두 12명이었는데, 국적은 우리 부부와 탄자니아인 테샤 신부님, 스페인 출신 수비아 신부님을 빼고 전부 이탈리아 사람이었다. 이탈리아인이 아닌 두 신부님들도 이탈리아어를 할 수 있어서 이곳에서는 이탈리아어가 공용어였다. 신부님들께서 가끔 우리에게 영어와 스와힐리어로 얘기해 주셨지만, 나머지 이탈리아어 수다는 무슨 뜻인지 모르니 미소를 지으며 식사만 했다.

이곳 선교사 신부님 세 분과 약품 담당 엠마누엘라 박사가 상주인력이고, 나머지는 몇 개월 또는 일 년을 기한으로 온 자원봉사자들이다. 그중 한 분은 이탈리아에서 온 의사이자 프란치스코회 수사 신부님이고, 기술자로 온 젊은 자매가 둘, 노인이 두 분이었다. 임마누엘라 박사님는 40대 중반으로 보이는데 자원봉사자로 와서 벌써 11년째 약국을 담당하고 있었다. 여자 노인 한 분은 석 달씩 있다가 가는데, 주로 병실 시트와 환자복 빨래 봉사를 했다. 관광 비자 최대 기간이 석 달이라 그에 맞춰 온다고 했다.

이곳에서 봉사하는 사람들의 임무는 병원 약국을 총괄하거나 세탁물을 다리거나 붕대를 접거나 기계 정비나 병원 업무를 하는 것이지만, 2천 년 전 예수님께서 병든 이를 고쳐주신 그 일을 지금 하는 것으로 보였다. 이들을 통해 오늘도 예수님께서 병든 이들을 고치고 돌보시는 것이다.

인간적인 기준으로만 보면 오지에 큰 병원을 지어 여러 면에서 어려움을 겪는 것이 좀 어리석어 보였다. '그곳에는 작은 병원을 짓고, 큰 병원은 인구가 많은 도시에 지었더라면 더 쉬웠을 텐데.' 하는 생각에서였다. 그러나 이곳에서 다시 한번 '하느님께서 선교사들을 통해 오늘도 일하고 계시고, 인간의 기준이 아닌 방식으로 일하심'을 보았다.

쉽긴 뭐가 쉬워

선교사라면 현지 언어 익히기는 반드시 해야 하는 첫 번째 관문이다. 선교하려면 현지 사람들과 관계를 형성하는 것이 중요하다. 언어를 배워 직접 소통하는 것은 현지인과 그 문화를 존중한다는 표현이다. 현지 언어를 못하면서, 열심히 배우려는 노력도 부족한 채 선교하겠다고 하면 그 진정성을 의심받을 것이다. 왜냐하면 재난 상황에 있거나 해서 후원금으로 돕는 경우라면 언어가 좀 부족해도 할 수 있지만, 이런 일은 선교사가 아닌 NGO에서도 잘 할 수 있기 때문이다.

한국에 파견 오신 후 열심히 한국어를 공부를 하셨던 콩고 출신 선교사 신부님이 신기한 듯이 했던 말이 생각난다. "저는 모든 한국인이 나서부터 죽을 때까지 한 가지 언어만 사용한다는 사실에 매우 놀랐어요. 인구도 적지 않은 데 말이에요. 내 경우, 아기 때 엄마에게 배운 말은 부족어였고, 나가 놀기 시작하면서 그 지역에서 가장 큰 부족의 언어인 링갈라어를 자연스레 배웠고, 초등학교에 들어가면서 공용어인 프랑스어를 배워 쓰기 시작했고, 그 지역 방송들은 모두 링갈라어, 영어, 프랑스어 3개 언어로 방송해서 이를 통해 여러 언어를 익혔어요. 게다가 제가 살던 지역은 동아프리카에 가까워서 스와힐리어를 사용하는 사람들도 꽤 많았기 때문에 스와힐리어도 자연스레 배웠어요. 그래서 초등학교를 졸업할 즈음에는

4개 언어를 어느 정도 할 수 있었어요. 우리 동네에 나같이 고등학교 이상 다닌 사람들은 4~5개 언어를 하는 경우가 꽤 많아요."

게다가 신부님은 신학교에 가면서 영어로 신학 공부를 했고 수도회의 공용어인 이탈리아어도 배웠고, 선교 수련을 남미에서 받으면서 스페인어도 배웠으며, 마침내 한국에 선교사로 파견되어 한국어를 쓰고 있었다. 이처럼 7~8개 언어를 그때그때 사용하며 살아가는 신부님의 입장에서 보면 정말이지 한 언어로만 평생을 산다는 것이 얼마나 놀라운 일이겠는가!

그런 한국 사람인 우리에게 외국어 앞에만 서면 울렁증이 생기는 것은 자연스러운 일이다. 나토마스는 업무상 해외 출장이 잦은 편이었고, 영어를 할 수 있었지만 어디까지나 비즈니스 영어였지 현지에 살려고 외국어를 배운 적은 없었다.

그렇지만 현지에서 살아야 한다는 일념으로 스와힐리어 공부를

교사들과 수다를 떨며 생활 스와힐리어 공부를 했다.

가기 전부터 시작해서 도착한 후에도 두 달 간 열심히 공부했다. 신부님들이나 많은 탄자니아 사람에게 스와힐리어가 비교적 쉬운 말이라고 들었기에 쉽게 익혀질 것이라 기대했고, 빨리 배웠다고 칭찬을 듣기도 했다. 정말로 처음 배울 때는 재미있고 날마다 실력이 부쩍부쩍 느는 것 같았지만, 6개월이 지나면서는 정체 상태에 빠졌다. 텔레비전 뉴스가 안 들리는 것은 몇 달 전과 마찬가지였고, 특히 회의 때 하는 말은 잘 들리지 않았다. 수업 중에 우리 학생들이 부족어 억양이 섞인 스와힐리어로 갑자기 질문하면, 나는 무슨 말인지 도무지 알아들을 수 없었다. 시험 답안지는 맞춤법이 엉망인 경우가 많아서 여러 번 읽어 봐야 겨우 이해할 수 있었다.

말을 잘 할 수 없으니 단순한 이야기만 하게 된다. 언어 때문에 마을 사람들이나 학생들과 더 깊이 사귈 수 없다는 생각이 들 때면 속상하고 실망스러웠다. 공동체 안에서 신부님과 대화를 할 때에도 편안하게 이야기하기가 힘드니까 친교를 나누기가 그만큼 어려웠

기술학교 학생들과 토마스.

다. 한국어로 말하면 쉽게 할 말도 머릿속 번역기를 돌리느라 하지 못했고, 어려운 내용은 더 할 수 없었다. 미묘한 뉘앙스 전달이 어려우니 오해할까 두려웠기 때문이었다. 선교사의 삶에서 언어 문제는 그야말로 커다란 십자가가 아닐 수 없다. "스와힐리어가 쉽다더니 쉽긴 뭐가 쉬워." 하는 푸념이 저절로 나왔다.

스와힐리어 복음을 읽다가 외국어로 성경을 읽고 묵상하는 것이 얼마나 어려운지 깨달았다. 스와힐리어를 제법 하게 된 후에도 스와힐리어 성경을 읽다가 갑갑함을 느낄 때가 많았다. 읽으면 단어는 알고 해석도 되는데, 그 의미가 들어오지 않고 어려워서 머리가 빙빙 돌았다. 게다가 언어 표현법이 아주 다른 경우에는 정말 다른 내용처럼 느껴질 때도 있었다. 참다못해 한글 성경을 찾아보면 너무 쉽게 쏙 들어온다. '이렇게 쉬운 말이었네!' 그러니 스와힐리어로만 읽으면 수박 겉 핥기 같은 복음읽기가 되기 십상이었다. 그래도 이 스와힐리어 성경은 1967년 출판되었다. 탄자니아와 케냐 가톨릭 교회가 함께 사용하는데 스와힐리어 발전과 신자들의 신앙생활에 큰 기여를 하였다. 우리나라의 공동번역 성서가 1977년에 나온 것에 비하면 꽤 빨랐다.

영어를 할 줄 알면 탄자니아에서도 의사소통이 가능한 경우가 있다. 그러나 이들 대부분은 학력이 높은 사람들이다. 선교사라면 가난한 처지에 있는 사람들과 의사소통에 더 노력해야 하기 때문에 스와힐리어는 필수이다. 그래도 이방인 선교사 입장에서 탄자니아는 거의 모든 국민과 세대가 스와힐리어로 의사소통을 할 수 있으니, 영어를 잘 못해도 되고 부족어를 배우지 않아도 되니 얼마나 다행인지 모르겠다.

영어나 포르투갈어 등을 공용어로 쓰는 이웃나라에서는 농촌지역 노인이나 학력이 낮은 젊은이가 공용어를 모르는 경우가 많아 어려움을 겪고 있다고 한다. 만일 케냐에 파견된다면 영어도 잘 해야 하고, 스와힐리어와 부족어도 배워야 할 뿐만 아니라 심지어 셍도 배워야 할 지 모른다. 셍은 학력이 낮은 케냐 수도 나이로비의 젊은이들이 영어도 잘 못하고, 스와힐리어도 잘 못하니까, 그들끼리 여러 부족어와 스와힐리어, 영어를 뒤섞어 쓰는 말이다. 셍을 쓰다 보니, 그들은 사회적 의사소통에 문제가 있고, 일터에서도 어려움이 많아 직장을 구하기 어렵다고 한다. 게다가 이 언어는 아주 빠르게 변해서 2, 3년간 나이로비를 떠나 있다가 돌아오면 알아듣기 힘들 정도라고 한다.

혹, 도시 젊은이들은 영어와 스와힐리어를 하더라도 부족어를 못하고 노인 세대는 영어나 스와힐리어를 못해, 조손 세대 간 의사소통이 불가능한 경우가 많다. 모잠비크의 공용어는 포르투갈어이지만, 인구의 50퍼센트는 포르투갈어 의사소통이 불가능하다니 시골에서는 부족어로만 소통해야 하는 경우가 많다고 한다.

오늘날 선교사의 언어적 어려움은 스마트폰 등 디지털 통신기기로 인해서도 많은 도전을 받는다. 수십 년 전 선교사들은 일단 선교지에 오고 나면 본국과의 연락은 생각할 수도 없었다. 편지나 보고서를 써서 본국에 연락하지만, 오랜 시일이 걸리는 일이므로 일상 생활에서 본국과의 의사소통은 아주 드물었다. 30여 년 전에는 위성 안테나를 설치하여 전화하는 것이 가능했다는데, 이것은 긴급 용도였지, 친구나 가족과의 일상 대화를 위한 수단은 아니었다.

그러나 이제는 위성 안테나도 무용지물이 되었다. 가족 친구들과 수다 떨 수 있는 인터넷 전화가 가능해졌기 때문이다. 한편 인터넷이나 유튜브에 시간을 쓰면서 현지 사람들과 사는 데 몰입하는 시간이 줄어들고, 몸은 선교지에 있지만 소셜미디어에서 모국어를 사용하니 현지 언어를 배우는 속도가 늦어지는 부작용도 있다. 현대의 통신기술을 현지 언어나 문화에 대한 집중과 존중을 떨어뜨리고 선교에 대한 몰입을 방해하는 요소로 보아야 할까, 아니면 선교사들이 고립을 면하고 좀 더 좋은 여건에서 활동하도록 도와주는 문명의 이기로 보아야 할까.

현지식 다이어트

우리는 선교 생활 후반부에 60대 초반의 콜롬비아인 호세 신부님, 40대 초반의 탄자니아인 단스탄 신부님과 한집에서 살았다. 보육원 담당 소르델라 신부님도 있었지만, 그분은 어린이들과 함께 딴 집에 사시므로 자주 오가고 가끔 같이 식사하곤 했다.

어느 날 저녁 식사 후 호세 신부님이 유튜브로 콜롬비아 민속 무용을 보여 주셨다. 여러 지방의 민속 무용을 소개하고, 신부님도 잠깐씩 춤추는 모습을 흉내 내며 흥겨워 하셨다. 그러다가 자기 고향 도시 소개 영상을 찾아서 보여주며 설명해 주었다. 끝으로 콜롬비아 요리 동영상을 우리에게 보여주며 맛있다고 자랑하며 흐뭇해 했다. 우리도 그 모든 것들을 함께 보며 즐겼다.

우리는 이렇게 행복해하시는 신부님의 모습을 충분히 이해할 수 있었다. 자기에게 익숙한 문화와 음식, 언어와 동네를 떠나서 사는 것의 어려움 말이다. 호세 신부님은 아침저녁 기도와 미사 외에도 개인 묵상도 하고, 어렵고 가난한 이들을 돕는 데에 큰 관심을 가지고 사시는 훌륭한 선교사이다. 20년 이상 이곳에 사시면서, 이 나라와 사람들을 사랑하고 좋게 받아들이며 어느 정도 익숙해지기는 하였지만 그 삶의 스트레스는 어쩔 수 없었을 것이다. 평소 아무런 불평 없이 해주는 대로 음식을 잘 드시던 호세 신부님조차 고향의 문화와 음악과 춤과 음식에 대해 그리워하시는 모습을 보면서 애틋한 느낌이 들었다.

외국에 오래 살다보면 음식이 어려운 문제인 것은 당연한 일이지만 우리 수도회처럼, 여러 국적의 선교사들이 공동체를 이루어 한집에서 사는 경우에는 더 큰 어려움이다. 우리 부부만 따로 살면 먹고 싶을 때마다 한국 음식을 해서 먹을 수도 있었겠지만, 우리는 선교지에서 한국 음식을 먹을 기회가 거의 없었다. 나토마스는 직장에 다니면서 해외 출장을 수없이 다녔지만 음식 때문에 고생한 적은 없어 자신만만했는데, 선교지에서 살아보니 그게 아니었다. 비교적 익숙한 서구나 동남아 음식과는 너무 다른 탄자니아 음식을 날마다 먹고 사는 것은 아주 힘들었다.

처음에 올 때 "선교사이니 현지 음식을 먹으면 된다."며 한국 음식을 하나도 안 가지고 왔다. 그러나 생각보다 탄자니아 음식이 입맛에 안 맞으니 죽지 않을 만큼만 먹게 되어, 몸무게가 10킬로그램 이상 빠지는 자연식 다이어트가 되었다. 나중에는 친구에게 고추장이나 볶음김치 등 한국 음식을 우편으로 받기도 하고 휴가 갔다 오면서 가져와 가끔씩 먹기는 하였지만, 같은 식탁에서 먹는 다른 나라의 두 신부님들이 있으니 대부분 주방 자매가 해주는 대로 먹었다. 주방 자매가 있는 주방에서 우리가 음식하는 것도 불편했지만, 맡은 소임을 하다보면 바빠서 식사를 준비할 시간을 낼 수 없었다.

결국 우리는 한국 음식이 몹시 먹고 싶을 때, 볶음김치나 고추장을 먹는 걸로 아쉬움을 달랬다. 다레살람에는 한국 식당이 몇 개 있어서 출장 때 가끔 사 먹기도 했지만, 이링가에는 한국 식당이 없고, 중식당이나 일식당마저도 없었다. 다만 괜찮은 이탈리아 식당이 하나 있어서 특별한 날에는 그곳에 가서 바람을 쐬곤 했다. 다행히 우리 집에서 차로 한 시간쯤 거리에 사는 개신교 선교사 부부가 있어서 친하게 지냈는데 그분들 댁에 갈 때마다 훌륭한 한국 음식을 해 주서서 맛있게 먹곤 했다.

　어느 날 두 신부님이 모두 출장 가신 틈에 모처럼 한국 음식을 먹기로 했다. 주방 자매에게 밥만 해달라고 부탁하고, 로사가 된장찌개를 끓였다. 간단한 채소 고추장무침을 하고, 볶음김치를 하나 꺼내고, 맨 김도 꺼내고, 마당에서 딴 호박잎을 삶았다. 차려진 음식을 보고 얼굴이 저절로 환해졌다.

　"참 형이하학적이네." 하고 내가 웃으며 말하니 로사가 "어떤 성인이라도 기본적인 욕구가 충족되지 않으면 거기에 끌려 다닌다고 했어요."라고 말한다. 정말 그런가 보다. 주방 자매가 새로 온 다음부터 음식이 좋아져서 별 불만 없이 잘 먹기는 했지만, 한국 음식이 아닌 것은 마찬가지였다. 이렇게 모처럼 된장찌개, 김치, 김, 호박된장쌈을 앞에 놓고 먹으니 너무나 흐뭇하고 행복한 기분이 들었다. 기분 좋게 밥을 다 먹고, 남은 된장찌개는 나중에 먹으려고 냉장고에 넣었다. 가끔 두 분이 식사시간에 외출해 주면 좋겠다.

　어느 일요일, 불고기를 소개하는 영상을 보았다. 불고기 쌈 먹는 걸 보는 순간, 왜 그리도 먹고 싶고 마음이 뭉클하고 그리운 마음이 들었는지 눈물이 찔끔 날 지경이었다. '한국에 휴가 다녀온 지 두 달밖에 안 지났는데 벌써 향수병이 도진 것도 아니고, 나이 탓인가?' 여기서는 먹고 싶어도 가서 먹을 데가 없으니까 더 아쉽고 그리운가 보다.

　아쉬움을 달래려고 가져온 것 중에 오징어채 몇 가닥을 꺼냈다. 휴가에서 돌아온 직후 먹었을 때 맛이 별로였던 기억이 나서 봉투를 보니 '전자레인지에 데워 먹으면 맛이 좋다.'고 쓰여 있었다. 전자레인지에 데우려 하였으나 정전이었다. 그런데 이미 봉지를 뜯었기에 하는 수 없이 그냥 먹자고 하니 로사가 실망한 기색이었다. 나도 맛이 없을 거라 짐작했지만 이미 봉지를 뜯었으니 하는 수 없이 한 가닥 집어서 먹었다. 아~ 그런데 이게 웬걸. 맛이 그런대로 괜찮았다. 로사에게도 먹을 만하다며 한 가닥 집어주었다. 로사도 깜짝 놀라며 맛있단다. 아마도 그때는 한국에서 온 지 얼마 안 돼 맛없게 느껴졌고, 지금은 두 달 이상 지나서 한국 음식이 그리워지니까 이것도 맛있게 느껴지나 보다. 사람 입맛이 이렇게나 간사하다니. 사실 이 오징어는 동해산도 아니고 남미에서 수입해온 오징어로 만든 거였는데.

우리만 음식 향수를 느낀 건 아니었다. 이탈리아 출신 살레시오회의 수사님이 우리 선교센터에 일주일간 개인 피정을 하러 오신 적이 있었다. 그분이 온 다음 날 점심 때 몇 가지 특별한 음식이 나왔는데 아주 맛있었다. 그런데 수사님은 그걸 제쳐두고 어제 점심 때 먹다 남은 피자를 찾았다. 사실 말이 피자지, 치즈도 없이 밀가루 반죽에 토마토 소스만 얹은 거였다. 그런데도 아주 맛있게 한 쪽을 먹고 다른 음식을 조금 먹다가 피자 한 조각을 더 먹었다. 그걸 보니 맘이 짠했다. 고향 음식이 얼마나 그리우면 치즈도 없는 피자를 그렇게나 맛있게 먹을까? 저녁 식사 때도 마지막 남은 피자 한 조각을 마저 드셨다. 어릴 때 먹던 음식이 뭔지, 다른 음식들이 제법 괜찮았는데도 피자를 먼저 찾았다.

이 수사님은 40세에 탄자니아에 와서 22년이나 사셨다. 그분의 공동체는 우리 집에서 차로 30분 떨어진 곳에 있는데, 이분 말고 인도인 두 분 그리고 탄자니아인, 케냐인 이렇게 다섯 분의 선교사가 같이 산다. 그런데 다른 분들이 이탈리아 음식을 별로 안 좋아해서 평소에 먹지 못했다. 이 지역에는 이탈리아 식당도 있지만 소풍 삼아 가는 일은 2~3년에 한 번 있는 아주 드문 일이고, 정 먹고 싶으면 혼자 국수를 삶아 올리브유에 비벼 먹었다고 하셨다. 이처럼 선교사는 고향 음식을 그리워하는 고통도 주님께 봉헌하며 살아간다.

그러고 보니까, 탄자니아에서 받았던 평생 잊지 못할 선물이 기억난다. 우리가 탄자니아에 산 지 아홉 달쯤 되었을 때였다. 다레살람에 사는 한국인 청년 커플이 부활절 휴가를 맞아 우리 선교지도 보고 우리도 만날 겸 왔다. 그때 그 젊은이가 우리에게 가져다 준 선물이 뭐였을까? 다레살람 한국 식당에서 사온 김치였다. "이런 센스가 있나!" 저절로 함성이 터졌다. 조금씩 갈라서 아주 맛있게 냠냠냠, 그때 먹었던 김치는 우리 생애 최고의 김치이자 절대 잊을 수 없는 선물이었다.

합리성 승강이

　탄자니아에서는 토요일 4시간 포함 주 44시간 노동, 평일 하루 8시간 근무인데, 점심시간 없이 일하는 경우가 많고, 우리 선교센터의 직원들도 계약서에 7시 반에 출근해서 3시 반까지 일하기로 되어 있다. 근데 1시가 되면 점심 먹느라고 한 시간 이상 쉬고도 3시 반이 되면 퇴근한다. 아니, 보통 8시 가까이 되어 출근하고 점심 먹고 2시부터는 수다만 떨고 놀다 3시 좀 지나면 사라지는 경우가 많았다.

　이런 상황이 비일비재한데도 단 한 번도 급여를 차감 지급한 적이 없다. 장례 치른다고 가서 아무 연락 없이 열흘 이상 지나서 온 경우가 있어서 딱 한 번 열흘 치를 삭감하고 지급한 적이 있었다. 그 직원은 장례를 치르느라 그런 건데 억울하다며 울었다. 같이 사는 탄자니아인 신부님이 그냥 다 지급하면 좋겠다고 해서 결국 그 다음 날 다 주고 말았다.

　문화가 사회와 시대에 따라 다르다는 것은 익히 아는 바이고, 다른 문화를 존중해야 한다는 것도 알고 있다. 특히 선교사로 양성받으면서 현지 문화를 존중하도록 배웠다. 그런데 와서 살다 보면, '문화를 존중해야 하므로, 우리 관습은 바꿀 수 없다.'는 고집스런 태도를 보일 때에는 정말 난감하다. 생활양식으로서 자기 문화나 관습을 고수한다면, 그것은 충분히 존중할 수 있다. 그렇지만 옛 습관을 고수하겠다고만 주장하면 문화의 발전이나 개선은 어떻게 이루어질 수 있을까? 어느 문화라도 다른 문화와 접하면서 결국 변화해 가지 않는가! 게다가 도둑질이나 거짓말 등 도덕이나 양심과 연결되는 습관이나 관습을 볼 때면 생각이 복잡해진다.

주변의 선교사들을 보면 살림살이에 보탬을 주겠다고 농사일에 매우 열심이다. 그러나 내토마스가 보기에는 살림살이에 아무런 도움이 안 되고 손해나 안 나면 다행이고, 농사에 많은 시간을 쓰느라고 정작 사람들을 만나거나 기도 시간이 줄어드는 걸 생각하면 농사가 선교에 무슨 보탬이 되는지 의아했다. 동네 사람들은 보통 1, 2천 평 농사를 비료 좀 사고 나머지는 모두 자기들이 직접 지으니까 생활에 보탬이 된다. 그러나 우리는 거의 모든 걸 일꾼을 통해 하니까 비용이 많이 든다.

어느 해 우기를 앞두고 농사짓는 게 정말 살림살이에 보탬이 되는지 계산해 보자고 했더니, 호세 신부님이 동의했다. 나는 신부님께 어떤 비용을 쓸 건지, 추수 예상량과 옥수수 예상 가격 등을 묻고, 모든 변수를 그분의 낙관적인 예상대로 계산해서 결과를 보여 주었다. 신부님은 깜짝 놀랐다. 그분의 예상과 달리 적자였으니까.

이렇게 농사비용과 추수를 함께 계산해 보고 수지타산이 맞지 않는 걸 인정하시고, 농사비용이 적게 드는 해바라기만 심기로 했다. 그러나 그해 해바라기 농사도 실패였다, 추수가 예상보다 보잘 것없었으니까. 그런데도 그다음 해에는 옥수수를 1만 5천 평, 해바라기를 5천 평 심었다. 그 밖에도 집 주변의 밭 2, 3천 평에 고구마, 미호고카사바 등을 잔뜩 심었다. 이 많은 농사를 관리하느라고 직원 한 명을 추가로 채용했다. 인건비, 비료, 농약 등이 엄청 들어갔다.

농사에 돈을 많이 쓰는 문제로 짜증이 났던 날, 밤늦게 책상을 정돈하다가 톨스토이의 《살아갈 날들을 위한 공부》란 책이 보여서 펼쳤다. 사람이 태어난 가장 중요한 이유는 "나와 인연 맺은 모든 이들을 사랑하는 일이다.", "타인 또한 자기 자신임을 깨닫는 것, 그것이 바로 사랑이다."라는 말이 나왔다. 성경을 통해 수없이 들은 말이지만 새롭게 들렸다. 그 사람이 어떠하든 모든 사람을 사랑하는 것의 중요성, 그것이 사람이 살아갈 이유라는 것, 오늘 하루 농사의 합리성을 따지느라 치솟았던 짜증을 반성하였다. '합리성이나 경제성 가지고 따지지 말자. 하고 싶은 대로 하게 두자. 그저 가난한 동네 사람들에게 생활의 도움을 주느라 돈을 쓰는 것이다.'라고 생각하기로 했다. 동네에 워낙 가난한 과부들이 많으니까.

어느 날 저녁, 동네 6살짜리 아이가 광견병 걸린 개에 세 군데나 물렸다. 엄마만 있고 아버지는 누군지도 모르는 아주 가난한 집 아이였다. 급하니까 가까운 우리 보건소에 왔는데 광견병 치료제가 없어서 급하게 시내에 있는 시립 병원으로 보냈다. 그런데 병원 의

선교센터의 해바라기 추수로 일당을 버는 동네 아주머니들.

사가 하는 말이 "치료를 안 하면 죽을 수 있다. 치료비는 125,000실링_{주사 한방에 25,000실링짜리 5번}이고, 먼저 돈을 내지 않으면 치료해 줄 수가 없다."고 말했다. 아이 엄마는 어디 부탁할 곳이 없어서 호세 신부님을 찾아와서 사정을 해서 도와주었다.

그런데 일을 잘 마무리하고 돌아오신 호세 신부님의 표정에 화가 난 기색이 역력했다. 그 이유는 그 개가 분명히 이 마을 사람 중 누군가의 것이 분명한데, 마을 사람들이 모두 모르는 척하며 다른 데서 온 개라고 거짓말을 한다는 것이다. "왜 그 개 주인에게 책임을 묻지 않지? 또 결혼식이나 장례식에는 돈들을 잘 모아 주면서, 다 죽게 된 어린이를 두고는 단 한 푼도 돈을 모으는 경우가 없어. 자기 입으로 들어오는 게 없으면 죽든지 말든지 나 몰라라 하니 나 원 참. 예전에는 이렇게 인심이 험하지 않았는데 점점 더 험악해지고, 모두 돈만 밝히는 세상이 되어 버렸어."라시며 혀를 차셨다.

"정부는 어린이와 임산부 그리고 노인들 치료비는 모두 정부가 부담한다고 선전하고 있어. 그런데 실제로 병원에 가 보면 딴소리를 해. 명색이 시립 병원인데, 애가 치료 안 받으면 죽는다면서 돈 가져올 때까지 주사를 안 놓고 있는 게 말이 돼? 모성 보호 치료는 무료라 선전하면서, 두어 달 전에 어떤 애기 엄마가 아기를 낳게 되어 갔을 때도, 치료비를 선납하고 필요한 약을 사 오지 않으면 제왕절개 수술을 해줄 수 없다더라고. 그런데 사람들 어느 누구도 이런 문제에 대해 병원이나 관공서에 항의하지 않고 시키는 대로 잠자코 있으니…"라며 갑갑해 하셨다.

듣는 우리도 화나고 답답했다. 그런데 이런 상황에 우리 선교사들은 책임이 없는 것일까? 가만히 보면 사람들은 선교사들이 돈이 많을 거라 생각하고, 돈이 필요할 때면 도와달라고 우릴 찾아온다. 어쩌면 마을 사람들은 개에 물린 아이의 엄마가 선교사에게 사정을 얘기하면 도와줄 것을 알기에, 모두들 모른 척하고 있었던 것은 아닐까? 혹은 우리가 합리적이고 정의롭게 행동하는 것이 무엇인지 모범을 보이지 못한 것은 아닐까?

스와힐리어가 어느 정도 편해진 후 학교에서 기업론 수업을 담당하였다. 학생들에게 졸업하고 무엇을 할 것이냐고 물어보면 막연하게 장사하겠다는 대답이 돌아온다. 그렇다면 어떤 사업을 하고 싶은지 말해 보라고 하면 아주 힘들어 한다.

물론 사업 계획을 세우는 것은 누구에게나 쉽지 않다. 그러나 아이들은 사업 계획이 아니라 하고 싶은 사업 아이디어가 무엇인지 말하는 것도 어려워했다. 나는 각자 전공이 있으니, 전공에서 배운 걸 가지고 뭘 해보겠다는 답이 많을 거라고 예상했다. 예를 들면, 전기과 학생은 전기용품 판매상이나 가정용 전기제품 수리상, 용접과 학생이라면 철공제품 판매상 같은 것 말이다. 그런데 대부분 자기 전공과 무관하게 시내에 있는 노점상이나 구멍가게에서 자기들이 본 경험에 기초하여 그중 돈을 쉽게 벌 것 같아 보이는 것을 하겠다고 말했다.

우리 학교 학생들의 학력 수준이 탄자니아에서 중하위권이니까 그럴 수도 있을 것이다. 이 과정에서 학생들이 자기 눈으로 실제로 본 것만을 가지고 생각하고 말한다는 점을 알게 되었다. 내가 보기에 돈만 원하지 돈을 벌려면 어떻게 해야 하는지 생각하지 않는다. 모르면 배워야 하는데 배우려고 하지 않는다. 하려는 게임의 규칙도 잘 모르면서, 그 규칙을 배우려고 하지도 않는 것 같았다.

가만히 생각해 보면, 바로 이런 성향 때문에 이들이 가난하면서도 행복하게 사는 것이 아닌가 싶다. 사실 우리는 닥치지도 않은 일들을 가지고 너무나 걱정이 많아서 불행하다. "그러므로 내일을 걱정하지 마라. 내일 걱정은 내일이 할 것이다. 그날 고생은 그날로 충분하다."마태 6,34 이 같은 예수님의 말씀대로 살아가는 사람들에게 나는 쓸데없이 미리 걱정하고 계획을 세우는 어리석은 삶의 방식을 가르치고 있는 것은 아닌가 싶어 망설여질 때가 있었다.

그런데 문제는 탄자니아도 세계 시장에 노출되어 있고, 자본주의가 삶의 많은 부분을 지배하고 있다는 것이다. 탄자니아가 자본주의에 노출되지 않은 나라라면, 지표상 가난할망정 자기만의 합리성과 문화를 가지고 살아가는 것이 더 낫다고 할 수 있을지도 모른다. 가난한 것이지 비참한 것은 아니니까. 탄자니아 인구의 60퍼센트 이상은 여전히 옛날 방식으로 농사짓는 농민으로 살아가고 있다. 그러나 이제 그런 농촌지역 오지까지도 이동전화가 들어갔고 텔레비전이나 유튜브를 통해 다른 나라의 산업화 결과들, 즉 돈으로 살 수 있는 멋진 물건들을 보면서 부러워하고 있으니 문제이다.

탄자니아에 사는 동안 문화와 합리성에 대하여 이런저런 생각을

음고응고 공동체 선교사들. 가끔 의견이 달랐어도 정답게 지냈다.

자주 하였다. 문화의 차이뿐만 아니라 합리성의 기준이 다름도 크게 느꼈다. 문화의 다름이 합리성 차이와 결합되어서 문제가 발생할 때는 마치 인내심 테스트를 당하는 듯했다. '합리적이지 않은데 인간 개발이 가능할까? 특히 주민들과의 의사소통에 합리성이 없는데, 선교사가 무슨 기여를 할 수 있으려나?' 하고.

나중에 한국에 돌아와서 이런 경험들을 곰곰이 돌이켜 보면서 문화 차이나 합리성 차이 문제를 옳고 그름의 문제로 따질 일은 아님을 깨달았다. 창세기 3장에 나오는 이브와 아담이 선악과를 따먹은 게 왜 원죄인지 깨닫게 된 것이다. 세상사 모든 일을 선과 악으로 재단하는 습성이 죄이다. 내 기준에 맞으면 선, 맞지 않으면 악으로 재단하는 습성 말이다. 창세기에서 이집트에 팔려갔던 요셉은 자기를 팔아넘겼던 형들에게 "형님들은 나에게 악을 꾸몄지만, 하느님께서는 그것을 선으로 바꾸셨습니다."창세 50,20 마태오 복음서에는 "그분께서는 악인에게나 선인에게나 당신의 해가 떠오르게 하시고, 의로운 이에게나 불의한 이에게나 비를 내려 주신다."마태 5,45 그리고 로마서에는 "모든 것이 함께 작용하여 선을 이룬다는 것을 우리는 압니다."로마 8,28라는 구절도 있다.

이 모든 말씀이 누군가를 합리성이나 문화의 차이를 가지고 선악으로 판단하지 말라고 나를 깨우쳐 주신다. 왜냐하면 하느님은 악을 가지고도 선한 결과를 만들 수 있는 분이시기 때문이다. 선악을 판단하는 것은 하느님의 일이지 내 일이 아니다. 선한 결과를 내는 것도 하느님의 일이다. 선교사의 일은 선악을 판단하여 선한 일만 하겠다는 자세가 아니라 다만 인내로써 의지를 가지고 사랑하는 일이라고 깨우쳐 주신다.

선교의 아름다움

탄자니아가 위치한 동아프리카 해안에는 아주 오래전부터 아랍과 페르시아 사람들이 무역을 하며 오가던 흔적이 석조 유적들이나 이슬람 신앙으로 남아 있다. 흥미롭게도 스와힐리어에서 문명을 의미하는 단어는 '우스타아라부'Usta-arabu이다. 우스타아라부, 곧 문명화는 단어 자체에서 알 수 있듯이 '아랍화'Ustaarabu를 의미한다. 아랍처럼 되는 것, 곧 이슬람교를 믿고 무역하면서 도시에서 돌로 된 집에 사는 것을 문명이라고 생각했기에 '아랍화'가 문명이란 의미를 갖게 되었다.

우리나라에서 예전에 '서구화'가 문명과 발전을 의미했던 것과 비슷하다. 1900년대 초반 케냐에 갔던 선교사들이 남긴 기록을 보면, 그들도 문명에 대해 비슷한 생각을 했던 것 같다. 그리스도교를 전하는 것이 곧 문명을 전하는 것이라 생각했다. 그래서 학교와 보건소를 세워서 배우도록 하고, 서양 의학으로 환자를 치료하는 서구적 문명화가 선교라고 생각했고 그런 일들을 했다. 그리스도교 신앙을 받아들였던 사람들 또한 자신이 문명화된 사람이라고 생각했다.

오늘날에는 선교를 무엇이라고 생각할까? 또, 선교사는 무엇을 하는 사람인가? 선교사는 원칙적으로 긴급 구호 활동을 하거나 자원봉사나 현지에 원조 활동을 하는 것을 주된 목적으로 하는 것이 아니다. 우리는 양성을 받으면서 "선교사는 선교지에서 만나는 사람들과 어울리며 사이좋게 사는 사람."이라고 배웠다. 선교를 자원봉사나 긴급 구호 위주로 생각하면 빠지게 되는 오류가 있다. 우리나라는 이제 선진국이 되었으니 외국 선교사가 필요 없다는 생각을 하게 된다. 그러나 그렇지 않다. 선교사는 세계 어느 곳에나 필요하고, 세계 곳곳에 파견되어야 하며, 오늘날의 우리나라도 예외는 아니다.

우리나라나 세계 어디에나 그리스도를 모르는 사람도 있고, 그리스도를 알거나 신자라고 할지라도 그리스도를 제대로 알고 사랑하지 못하는 사람들도 있다. 사랑은 서로 나누어야 하고, 다양한 문화와 방식으로 그리스도를 전하는 외국 선교사들이 있는 것은 신앙을 풍성하고 다양하게 하는 데 커다란 도움이 된다

탄자니아를 떠나기 직전, 탄자니아에서 수련 중인 아프리카 출신 신학생들과 우리의 선교체험을 나눌 기회가 있었다. 우리는 그들에

사제서품 50주년 기념행사에서. 어르신 선교사들의 아름다운 모습.

게 선교 사명을 더 넓게 생각해 달라고 부탁하였다. "최근까지도 유럽이나 미국 등 선진국에서 아프리카나 동남아시아로 선교사가 파견되는 것이 일반적입니다. 그러나 이제는 오히려 아프리카에서 유럽이나 아시아로 선교사를 파견해야 하는 것이 현실입니다. 단적으로 성소자 수나 열성적인 신자들이 아프리카에 더 많지 않습니까? 그만큼 아프리카 출신 선교사들이 자기 문화를 벗어나 유럽 문화나 아시아 문화 그리고 새로운 언어나 생활 관습을 익히며 개방적인 태도를 취하고 다른 세계로 파견되어야 할 때에 이른 게 아니겠습니까?"라고 말했고, 신학생들은 진지한 표정으로 들었다.

선교사의 국제적인 파견 흐름도 이제는 일방적이 될 수 없다. 선교사가 가난한 나라에만 필요하거나 가야만 했던 것은 역사상 지난 이백 년 동안의 우연한 일이었다. 베드로나 바오로 사도만 하더라도 변방의 작은 유다에서 로마제국에 선교사로 가지 않았던가? 어느 나라나 선교사는 필요한데, 선교사의 일은 예수님이 파견하신 뜻을 따라 현지 사람들을 사랑하며 사는 것이고, 이런 일은 어디서나 필요하기 때문이다.

우리는 선교사로 50년 이상을 살아온 어르신 선교사들은 선교에 대해 어떻게 말씀하시는지 듣고 싶어 몇 분과 이야기를 나누었다. 다니엘 신부님은 스페인 출신으로 지금도 탄자니아에서 일하고 계시는데, 우리를 만날 때마다 환하게 웃으시며 아름다운 부부라며 격려해 주셨다.

"신부님은 언제 탄자니아에 파견되셨어요?"

"1970년대에 갔으니 이제 거의 60년이 되었어요."

"신부님은 어떻게 이 선교수도회에 입회하셨어요?"

"원래는 교구사제가 되려고 교구신학교에 입학했어요. 그런데 나에게 해외 선교에 대한 열정이 생겼을 때 마침 꼰솔라따 선교사 한 분이 제가 다니던 신학교에 와서 자기체험을 나누었어요. 그걸 계기로 꼰솔라따 선교수도회로 소속을 옮겨 선교사가 되었어요."

"선교사로서 언제 가장 보람을 느끼셨나요?"

"내가 탄자니아에 처음 파견되어 일할 때는 모두 유럽 선교사들이었어요. 60년이 지난 이제 아프리카 출신 선교사가 전체 수도회원 1천명의 절반을 넘어섰지요. 선교사를 받던 곳에서 선교사를 이렇게 많이 배출하다니, 엄청난 선교의 열매 아닌가요?"

작은 체구에 온화한 미소가 떠나지 않으시는 라비노 신부님은 이탈리아 출신으로 50년 이상 선교사로 사셨는데, 한때 유럽에서 선교사 양성도 하셨지만, 오랜 세월 탄자니아에서 살았고 지금도 선교지 본당 보좌신부로 계신다.

"신부님의 선교사 생활 50년은 어떠셨나요?"

"탄자니아에서 선교사 생활은 행복했어요. 왜냐하면 많은 사람들이 복음을 받아들이고, 주님을 받아들여 세례를 받고, 신자들의 삶이 바뀌는 걸 보았기 때문이에요."라며 미소를 지으셨다.

"특히 언제 가장 행복하셨나요?"

"매주 열리는 소공동체모임에서 신자들이 복음을 읽고 묵상하고 나누는 걸 볼 때, 그래서 복음을 자신의 삶에 받아들이는 걸 볼 때 그리고 젊은이들이 공부할 수 있도록 도왔을 때 특히 행복했어요."

"요즘의 기쁨은 무엇인가요?"

"제가 있는 시골 본당의 주임신부가 탄자니아 출신인데, 그와 한 공동체를 이루어 같이 기도하며 행복하게 살고 있어요."라고 대답하시는 신부님 얼굴에서 환한 행복이 퍼져 나왔다.

"선교지로 떠나는 선교사에게 어떤 조언을 주고 싶으세요?"

"모든 사람을 사랑하고, 업신여기지 말고 그들을 존중하세요. 선교사가 그들보다 많이 배웠다 해도 하느님 앞에서는 똑같은 사람이에요. 이것을 잊지 말고 판단하거나 차별하지 마세요. 선교사는 예수님을 전할 뿐이지 그들보다 위에 있는 것은 아니니까요." 부끄럽지만 우리도 가끔 이 같은 잘못을 했음을 인정할 수밖에 없었다.

콩고에서 선교사로 몇 년 일하신 후, 로마에서 선교사들을 양성하는 교수로 평생 일하신 이탈리아 출신 알베르토 신부님은 우리 수도회 로마 본부에서 만났다. 신부님께서는 "선교사로서는 사제나 평신도나 다르지 않다."시며 우리를 마치 사랑스런 자녀처럼 대해 주셨다.

"선교사의 일이 무엇이라고 할 수 있을까요?"

"선교사가 할 일은 삶, 기도, 봉사를 통해 신앙을 증언하는 것이에요. 예수님의 선교사가 되는 방법은 간단해요. 그분이 가르쳐 주신대로 우선 그분과 머무르는 것, 즉 '기도하기'예요. 그 후에 복음을 선포하고 사람들을 도우면 되지요. 그런데, 코린토 1서 13장의 바오로 사도 말씀대로 이 모든 과정에 사랑이 없으면 아무것도 아니에요. 모든 일과 행동에 사랑이 있는지 늘 살펴야 해요."

"선교사 생활의 가장 큰 어려움은 무엇일까요?"

"음식이나 언어, 문화면에서 익숙하지 않은 환경에서 살아간다는 점도 어렵지만, 믿음으로 한 형제가 되어 두 명 이상이 함께 공동체 생활을 하는데, 서로 이해와 협력, 의사소통이 잘 안 될 때 가장 어려워요. 사랑해서 같이 살겠다고 부부가 된 사람들도 얼마나 많은 어려움을 겪어요?" 하며 우리를 보고 웃으셨다. 우리도 고개를 끄덕이며 서로의 얼굴을 바라보았다.

"하물며, 본인이 원하는 파트너가 아니라 장상의 명령으로 같이 사는 공동체 관계에 어려움이 생기는 것은 피할 수 없어요. 각자 출신 국가가 달라 문화도 다르고, 정치, 경제적 수준 차이에서 오는 사고방식이나 행동방식이 달라 어려울 때도 많지요. 그런 차이가 오해와 갈등을 일으키고 대화를 어렵게 만들기도 해요. 함께 사는 선교사들끼리 정말 가족이 되어 사랑하고 격려하지 않으면 외롭지요." 우리도 "맞아요, 정말 그래요."라며 완전 공감했다.

우리는 각자의 광야를 하느님 현존 안에 사랑으로 살아내신 어르신 선교사들의 모습에서 인간의 진정한 아름다움을 보았다. 몸은 구부정하고 얼굴 주름이 쭈글쭈글해도 내면이 갈고 닦여 순수한 어린이처럼 얼마나 사랑스럽고 아름다운지. 우리는 이분들과 만나고 이야기 나누면서 선교가 무엇인지 배웠을 뿐만 아니라 커다란 위로를 느꼈고, 평생을 선교사로 살아온 그분들께 마음에서 우러나는 존경을 느꼈다.

선교지에서의 삶을 돌아보며

우리의 꿈

우리가 선교지로 파견받으면서 마음속에 품은 꿈이 있었다. 우리가 만나는 한 사람 한 사람과 좋은 관계를 맺고 살고, 더 나아가 '우리 아버지이신 하느님께 우리는 눈에 넣어도 아프지 않을 만큼 사랑스런 자녀'라는 것을 우리를 통해서 느끼게 해 주고 싶었다. 우리는 하찮은 존재가 아니라 온 세상의 왕이신 하느님을 아버지로 가진 귀한 존재임을 알려주고 싶었다. 요즘 식으로 말하면 우리 모두는 금수저라고.

꽃보다 예쁜 아이.

십자가의 길에 동행하기

벅찬 꿈을 가지고 도착했지만 초반에는 언어도 삶의 환경도 모두 낯선 곳에서 하루하루 살아내는 것 자체가 우리에게 큰 도전이었다. 주방이나 사무실에서 불쑥 나타나는 쥐, 침실로 밀려 들어오는 수백 마리의 벌레들, 벽을 타고 올라가며 검게 길을 만들어내는 또 다른 종류의 벌레들, 주방 서랍 속을 돌아다니는 바퀴벌레들, 세탁기가 고장 나 손빨래로 이불까지 빨고, 더구나 소통이 안 되는 벽과 신뢰를 잃고 갈등을 만날 때는 눈앞이 캄캄해져서 당장 집으로 돌아가고 싶다는 생각이 든 적도 여러 번 있었다.

성령의 위로와 동행 그리고 일하심

그래도 가만히 보면 힘든 십자가만 있는 건 아니었다. 맑은 하늘과 공기, 거칠면서도 아름다운 자연 풍광, 달콤한 망고, 순박하고 철없는 귀여운 학생들, 따뜻하게 반갑게 인사하는 사람들이 있었다. 토마스의 피부병을 제외하고는 크게 아픈데 없이 지낸 것도 고맙고, "함미, 언제 와? 왜 전화를 끊어야 하는데? 함미 합삐, 보고 싶어."라며 우는 손녀의 사랑을 더 절실히 느낄 수 있었고, 우리를 젊은이라 불러주시는 어르신 신부님들 덕에 젊은이로 살 수 있었다.

어떤 친구들은 부부싸움도 했느냐고 묻는데, 당연히 우리도 여느 부부처럼 싸웠다. 늘 '당장이라도 한국으로 돌아갈 것인가? 버틸 것인가?'라는 반복되는 주제로. 그러나 한국말로 의견을 나눌 수 있고 어디 가나 의지가 되는 배우자가 함께 하지 않았다면 그 시간을 사는 게 가능했을까?

무엇보다 내가 아무리 날마다 죄를 짓고 힘들다고 울며 떼를 써도 그때마다 깊은 위로와 평화를 주시는 성령께서 "너를 사랑한다."고 고백하시며 함께 계셨다. 이것은 머리로 이해하거나 아는 것이 아니라 온몸과 마음으로 체험하는 실제였다. 그래서 날마다 현존하시는 하느님께 감사하며 우리를 사랑과 위로와 평화의 도구로써 주시길 청했다.

이렇게 처음엔 말도 못하고 할 줄 아는 게 아무것도 없는 아기 같은 우리를 어머니 성모님께서 젖을 먹여주셨고, 어두운 길을 한 걸음 한 걸음 떼도록 성령께서 지팡이로 이끌어주셨다.

한 걸음 한 걸음 움직일 때마다 우리가 생각지 못했던 일들이 많이 일어났다. 본당 친구들이 바자회를 열어 우리 학생들이 좀 더 나은 식사를 할 수 있었고, 고촌 본당에서 헌금을 모아 교체한 낡은 트랙터 바퀴, 책 한 권 없이 공부했던 아이들이 찾아 볼 수 있는 교과서와 참고도서를 포함 1,000권이 넘는 도서실, 컴퓨터 한 대에 7~8명이 같이 보던 것에서 1~2명당 한 대의 컴퓨터실로 바뀐 것, 꼰솔라따 후원회원들의 후원금으로 부족한 책걸상을 보충하고 낡아 삐걱대던 학생식당 식탁을 새로 만들었던 것, 학비가 없어 학업을 중단할 위기에 처한 학생이 학업을 계속할 수 있었던 일, 보육원과 신학교 운영에 조금이나마 도움을 주었던 일 등….

맞잡은 두 손.

우리는 통로였을 뿐, 멀리 한국에서부터 미국과 케냐까지 수많은 은인들의 마음을 움직여주시고 선교지에 필요한 일들이 신기하게 이루어지는 것을 보며 "정말 성령께서 하시는 일이구나."라는 것을 다시 깨달을 수 있었다.

떠듬떠듬 말을 배워가며 예쁜 우리 학생들과 친해졌고, 가정상비약으로 치료를 해 주면서 말썽꾸러기 아이들의 가정 사정과 꿈도 들을 수 있었다. 대부분 우리 아들뻘 되는 교사, 직원들과 수다도 떨었고, 성가대에 들어가 순박하고 마음 고운 탄자니아 신자들과 춤추며 성가도 불렀고, 아픈 자매들의 가정 방문도 하고, 후반부에 함께 살았던 선교사 신부님들과 때로 의견이 달랐지만 신뢰 속에 정답고 행복한 시간을 누렸다.

계약 만료를 앞두고 우리 선교센터와 수도회, 교구의 많은 신부님들로부터 계약을 갱신하도록 권유받았을 때는 '우리가 크게 잘못 살지는 않았구나.' 하며 안심이 되었다. 시종 마음속에 꼰솔라따 한국 첫 평신도 선교사로서 잘 살아야겠다는 부담감과 책임감이 있었기 때문이다.

한편으로 드는 생각. '우리가 복음을 선포하기는 했을까? 아니, 우리의 삶을 통해서 어느 한 사람이라도 하느님의 사랑을 느끼기는 했을까?' 부끄럽지만 대답은 '잘 모르겠다.'이다. 그저 부르심을 받았고, 파견되었으며, 가서 살았다. 우리의 삶 안에 진정한 사랑이 있었다면 몇 알의 씨앗이 심겨져 자라고 있을 테고, 그렇지 않았다면 헛일을 한 셈이다.

우리는 복음을 어떻게 선포했는가? 특히 사랑의 복음을. 일방적으로 선포하지는 않았는지 반성했다. 즉, 연애하는데 일방적으로 데이트 장소를 정하고, 마구 문자를 보내면서 사랑한다고 한 게 아닐까 하는 생각도 들었다. 사랑의 속삭임이 되려면 먼저 그들의 말을 들어야 하는 데 듣기는 했는가? 듣지 않고 아는 대로, 배운 대로, 습관대로 하지는 않았는지. 만약 다시 파견되어 간다면, 그들의 사는 모습과 환경을 관찰하고 시대와 사회 변화에 맞는 도움, 그들의 공동체와 대화를 통해 그들의 의견을 듣는 선교를 하고 싶다.

로마에서의 부활

귀국한 후에 이탈리아어를 배우기 위해 2023년 봄 꼰솔라따 선교수도회의 로마 본부에 머물렀다. 그 기간에 은경축과 금경축을 맞이한 선교사들 두 그룹의 연수가 2월과 4월에 각각 한 달씩 있었다. 이분들과 로마 본부 공동체 안에 살면서 선교사의 아름다움을 보았다. 그분들과 함께 머문 것도 커다란 영광이었는데, 그분들로부터 아낌없는 사랑과 관심을 받았다. 분명 하느님으로부터 오는 사랑이 그분들을 통하여 커다란 환영과 사랑의 표현으로 우리에게 전해지는 것을 느꼈다.

은경축 선교사들과 함께 하신 프란치스코 교황님과 우리.

2월 22일에는 교황님 일반 알현 행사에 은경축 선교사들과 함께 참가하였다가 교황님과 기념사진도 찍고, 한국에서 온 평신도 선교사로 소개되는 영광도 누렸다. 교황님께서 우리를 소개 받으시고는 "한국에서 더 많은 사제들과 평신도들이 해외에 선교사로 나가야 합니다."라고 말씀하셨다.

로마에 있는 동안 예수님의 파스카를 함께 축하하였는데, 우리도 치유의 부활을 체험하였다. '이 가벼움은 무엇이지? 그간 무거웠었나?' 하고 보니, 탄자니아 선교기간 생겼던, 이젠 나았다고 생각했던 상처들이, 우리가 의식하지는 못했지만 찌꺼기처럼 가라앉았던 아픔들이 있었나 보다. 이곳에서 받은 넘치는 사랑은 우리가 미처 알지 못했던 상처와 아픔마저 말끔히 치유해 주었다.

우리는 로마에 단지 이탈리아어를 배우러 왔는데 주님께서는 이 시간을 새롭고 커다란 은총으로 풍부하게 해주셨다. 이제 우리는 새로운 힘과 희망을 갖게 되었다.

선교사를 꿈꾸시는 분들께

얼마 전에 어떤 자매로부터 연락이 왔다. "어려서부터 선교사가 되고 싶은 꿈이 있었는데, 근래 두 분의 이야기를 듣고 다시 관심을 갖게 되었어요. 그런데 우리 부부 모두 체력이 좋지 않아 어려울 것 같아요."라고 했다. 자매님 말씀을 듣고 보니, 로사도 체력이 약해 쉬 지치는 편이고, 편두통이 나면 몸살 났을 때처럼 앓아누웠고, 성격도 한 깔끔 떠는 편이고, 토마스도 불합리하다고 생각되면 못 참는 성격인데, 그런 우리가 선교지에서 어떻게 살았을까. 이 모든 인간적인 조건과 이유를 따져보면 불가능한 일이었다.

"사람에게는 불가능한 것이라도 하느님께는 가능하다."루카 18,27 그러니 우리가 초보 선교사로서 소임을 마무리 할 수 있는 것은 성령의 인도와 도우심 없이는 불가능했을 것이라 고백한다. 만약 한국의 익숙한 환경에서만 살았다면 우리가 어떤 고정관념을 가지고 있는지, 어떤 문화적 배경으로 오늘의 '나'가 되었는지 의식하지 못했을 뿐 아니라, 어떤 환경에서도 잘 살 수 있을 거라는 교만함은 아마 죽을 때까지도 깨닫지 못하고 지속되었을 지도 모른다. 이 또한 하느님의 은총이다.

선교지의 삶은 마치 물 위를 걷는 것 같다. 예수님을 바라보며 시작한 일이지만 어느새 해결이 어려운 문제들이 앞을 가득 가리고, 기쁨과 감사도 잃게 되고 속으로 외로워지는 물에 빠져들기 쉽다. 물에 더 빠져들지 않으려면 어느새 들어와 앉아 있는 내 중심의 자아를 내려놓고 예수님과 눈을 맞춰야만 살 수 있다. 그러니 우리의 힘을 빼고, 모든 일을 우리를 불러주신 성령께 맡기고, 그분 안에 머물며, 그분께서 인도하시는 대로 사는 것이 선교사에게 가장 중요한 도전이다. 이렇게 살 때 우리를 지극히 사랑하시는 아버지 하느님께서 씨앗을 자라게 하시며 열매를 거두시는 모든 일을 하심을 믿고, 혹시 나를 부르고 계시지는 않는지 여쭙고 귀를 기울여 보면 어떨까?